T0294072

LEYENDAS URBANAS DEL ROCK

LEYENDAS URBANAS DEL ROCK

JOSÉ LUIS MARTÍN

Diseño de cubierta: Regina Richling
Diseño de interior: David Saavedra
Fotografías interiores: APG imágenes

ISBN: 978-84-949285-5-0
Depósito legal: B-170-2019
Impreso por Sagrafic, Passatge Carsi 6, 08025 Barcelona
Impreso en España - *Printed in Spain*

«Soy capaz de tantas cosas y no se dan cuenta. O no quieren darse cuenta. O hacen todo lo posible por no darse cuenta. Necedades. Dicen que la vida se puede recorrer por dos caminos: el bueno y el malo. Yo no creo eso. Yo más bien creo que son tres: el bueno, el malo y el que te dejan recorrer.»

Ignatius J. Relly en
La Conjura de los necios

Índice

PRÓLOGO

Cuánto añoro aquella época en la cual, la inocencia disparaba la imaginación provocando «chutes» de adrenalina juvenil. Aquellos tiempos en los que el boca a boca te enseñaba más que los libros y sí era cierto aquello de que quien tenía un amigo tenía un tesoro, más aún si era veterano y poseía una mochila en la que guardar sus historias.

Donde la verdad era lo que te contaba un amigo, no lo que decía una red invisible que iba de sobrada. Donde las historias eran más creíbles si se las acompañaba de algo que calentara el estómago y enfriara la mente. Donde el «Tengo un amigo, que conoce a un tipo, al que le contaron que...», era el sumun de la sabiduría, el contraste más transparente y la emoción más excitante.

Ahí comenzaron a crearse nuestras leyendas, esas historias que con una pizca de realidad o sucedáneo que se le parezca, conseguían que emergiera una mitología que poco o nada tenía que envidiar a Tolkien.

Cualquier excusa era perfecta para que el más sabio o villano, se lanzara al vacío y nos deleitara con las travesuras, delitos y pesadillas de nuestros rockeros favoritos.

Una excursión al Montseny con el casete de Jimi Hendrix a un volumen distorsionador, que no alcanzaba los decibelios que escupe cualquier *smartphone* actual, pero los envolvía en magia. Un «finde» en el que el dinero solo llegaba para unas litronas, algo de humo y mucha conversación. La proximidad de un concierto alteraba la producción de endorfinas, hasta el punto de jugar en el límite de la sobredosis de felicidad. Un nuevo disco que compró fulanito y la consiguiente sesión alcohólica, sobre la que grabar las numerosas cintas de casete que venían inexorablemente tras la compra de cada vinilo. Si Metallica hubiera sabido que el intercambio de archivos no lo inventó Napster, sino un atajo de mocosos en Hospi, nos habrían decapitado en su cruzada anti piratería. Eso sí que era producción industrial elaborada, pasándonos los derechos de autor y a la SGAE por el mismo sitio que ellos se han estado pasando los beneficios durante décadas...

Todo era válido cuando el aventajado del grupo dejaba flotar por encima del humo aquello tan bonito de «sabías qué...». Claro que lo sabíamos, pero como con los tebeos, después cómics, cuanto más lo lees o escuchas, mejor, porque siempre descubres o te enteras de algo nuevo, un giro sorprendente de la historia, un guiño a otro relato, un mestizo de dos cronologías paralelas, todo era válido.

Recuerdo la primera vez que me contaron que Lou Reed en el Palacio de los Deportes de Barcelona, en el 76, año en el que posiblemente, y siendo optimista, me creciera algún pelo rizado en alguna parte todavía íntima, desgraciadamente, «se metió un pico en el escenario, con un par, se quedó pillado, hasta que se lo llevaron». Fantástico, qué historia más grande pensamos todos, ojalá hubiéramos estado allí para verlo... bueno yo no, que padezco fobia a las agujas y solo de escucharlo me temblaban las piernas.

También recuerdo la tarde que sentí unas ganas irrefrenables de matar a un tipejo que, estando «plimplando» unas birras en Las Tinajas, mítico bar de La Florida, nos dijo «eso es mentira. Fue el 18 de marzo del 75 y yo estaba allí. No se picó para nada, solo que le prohibieron tocar "Heroin", por lo de la censura de Franco y tal...». Lo hubiera degollado, no sé si por lo de haber estado allí o por destriparnos una maravillosa leyenda, quizás no urbana, pero sí nuestra.

Casi cuatro décadas después, me enfrento al reto que supone escribir un libro que habla sobre las leyendas urbanas del rock, y me planteo intentar conseguir en el lector la misma sensación de seducción y por qué no, fascinación, que yo sentí cuando escuchaba las primeras leyendas de mi pubertad. Si lo consigo o no, es probable que no lo sepa jamás, pero siempre puede ser una buena leyenda que contarle a los nietos, para que sepan que a veces contábamos verdades a medias, alguna mentirijilla que otra, le dimos credibilidad a los bulos e incluso vimos fantasmas y demonios.

Y todo esto por *It's Only Rock and Roll, But I Like It.*

INTRODUCCIÓN

Verdad o mentira, ¿truco o trato?

Seguro que casi todos los presentes nos hemos enfrentado alguna vez al juego de «Pasar el mensaje». Cuando éramos unos mocosos siempre terminábamos ayudando al tímido del grupo, que no se atrevía a decirle a Yolanda que se derretía por su mirada. En el colegio, cuando el profesor quería ganarse la complicidad de la parroquia. En el instituto o universidad, en clase de comunicación. El juego de «Pasar el mensaje», era más interesante cuanta más gente participaba.

Por si no has tenido la suerte de practicarlo, has de saber que consiste en una rueda de individuos, donde al primero se le comunica alguna noticia o hecho al oído, este a su vez le traspasa la información al segundo y así sucesivamente. Cuando el mensaje retorna al primer comunicante, se ha deformado de tal forma que en ocasiones, cualquier parecido con el original es pura coincidencia. Tú puedes decir que «Hermenegildo se fue en tren a Murcia para ver a su tía abuela, que es viejecita», que después de veinte interlocutores podría restituirse en algo parecido a que «Herminio fue arrollado ayer por el expreso de Murcia. No sabemos el por qué, pero viajaba en un autocar repleto de ancianas. No se salvó nadie, aunque hoy lo han visto comprando caldo de pollo en el supermercado». Ya tenemos la leyenda urbana de Herminio o Hermenegildo, según el interlocutor.

¿Qué son las leyendas urbanas? Para empezar hay que saber que el término «leyenda urbana», lo acuñó el historiador norteamericano Richard Dorson, licenciado en Historia de la Civilización Americana y considerado como el padre del folclore americano. Editó más de 250 libros entre los que destacan los «Cuentos populares negros» que incluyen los volúmenes: *Davy Crocket. American Comic Legend* y *American Legend.*

Para los estrictamente melómanos, Dorson viene a ser como el Alan Lomax de los cuentos, relatos e historias. Si Lomax se enfrascó en la misión de recuperar el folk americano, reavivando el blues, el country o el folk, Dorson hizo lo propio con los cuentos, mitos, fábulas y leyendas. Ambos tienen un espacio privilegiado en la Biblioteca del Congreso, dentro del Archive Of American Folk.

Dorson dejó para la posteridad dos términos, Fakelore, que definía como «producto sintético que afirma ser una tradición oral auténtica, pero en realidad está adaptada para el consumo masivo y es un engaño» (os suena a las actuales *fake news*?) y Urban Legend, «historias modernas que nunca sucedieron como en realidad se cuentan».

Entonces entenderemos que una leyenda urbana es una historia basada en hechos reales del folclore contemporáneo, pero mostrada con un tratamiento de ficción, que puede ser en clave humorística, macabra, sobrenatural o en muchos casos conspiranoica. En ocasiones es muy complicado especificar dónde está la línea divisoria entre realidad y ficción, que con el paso del tiempo se diluye para formar una nueva verdad, la del receptor popular, que la asimila como propia e inviolable.

Para que la leyenda urbana sea efectiva, su vehículo de divulgación debe ser forzosamente el boca a boca, un concepto ineludible que impide crear buenas leyendas urbanas en la actualidad, por la rapidez con la que circula la información, por la voracidad con que se desmienten los rumores y la virulencia con que se crean nuevos. Es imposible construir buenas leyendas urbanas porque vivimos en la época de las *fake news* interesadas, que asesinaron el romanticismo con el que se edificaron los mitos y las leyendas antaño.

Ese romanticismo, edulcorado con grandes dosis de inocencia y con unas más que justificadas ansias de imaginar, es lo que hizo posible que durante generaciones creyéramos que Walt Disney fue criogenizado, para que cuando la ciencia avance lo suficiente, sea descongelado y puedan curar su enfermedad terminal. Ese rumor que se ha divulgado de padres a hijos en los minutos de jolgorio, previos a algún estreno de la factoría Disney, ha conseguido que muchos sepamos que es verdad y no aceptemos que en realidad fue incinerado.

Todavía hay quien sigue pensando que existe una mujer rubia en alguna curva, que hace autostop en las noches de lluvia y que si la ves y la invitas a subir, desaparecerá una vez pasado el tramo peligroso de la carretera, que ha terminado su misión una vez que te ha salvado la vida.

El más curioso de todos esos rumores que han pasado de boca en boca, implica al dictador y golpista Francisco Franco, quien fue enterrado boca abajo para que en caso de resucitar, se hundiera más en las profundidades en lugar de salir del hoyo. Lo que no sabemos a día de hoy es si tiene el culo blanco, porque su mujer se lo lavaba con un determinado tipo de detergente.

Si ese ejercicio lo extrapolamos al rock o a la música en general, todo se distorsiona más efusivamente, porque se mezcla con esa grandilocuencia que lo rodea y ese exceso de egocentrismo que tanto gusta. En el rock las leyendas son poderosas, juegan con la vida y la muerte en más de una ocasión, los rumores se convierten en verdades y las verdades en mitos con la misma rapidez que se levanta la aguja del tocadiscos cuando llega al final del vinilo.

Las leyendas no han hecho otra cosa que engrandecer a sus protagonistas, elevarlos a la categoría de dioses, pues la de héroes se la había concedido la industria. Los fans necesitan creer cosas increíbles, necesitan poder mirar a sus ídolos y contemplar sus sueños, seguir creyendo que nada ni nadie puede acabar con su espíritu rebelde, sin caer en la obviedad de que el hecho de que ser rockero equivalga a ser rebelde; es una de las mayores leyendas urbanas que existen.

Precisamente, dependiendo de quien sea el mensajero, las leyendas pueden tomar un curso muy diferente en la historia. En el bloque comunista, durante la Guerra Fría, se extendió la leyenda de que la música rock era perniciosa para la juventud y que escucharla podría provocar homosexualidad y enfermedades mentales. Pero más sensacionalista fue la versión que decía que el rock era el instrumento que utilizaba el capitalismo para socavar la férrea moral del bloque soviético, como se refleja en el interior de este libro. Dicho sea de paso, no debía ser muy firme y consistente, si un puñado de canciones podía minarla.

En Estados Unidos, paraíso del rock n' roll, tampoco faltaron las leyendas conspiranoides. Primero por la administración, los grupos religiosos y de extrema derecha (lo cual es en sí mismo una reiteración), levantando una empecinada leyenda adoctrinadora, para alejar a los jóvenes del lado oscuro. Una cruzada que, según otras leyendas que veremos en estas páginas, se pudo cobrar algunas vidas por el camino de la ilegalidad moralmente respetable. Daños colaterales en pro de una moral impoluta y americanamente blanca y pura.

El rock lo vende todo y para todos los gustos, empaquetado y listo para ser consumido. Deforma la realidad y la muestra de manera estrafalaria, sin ningún tipo de miramientos, para el gusto de fans y demás seres faltos de cariño. Es la única forma en que podemos entender cómo es posible que alguien se crea que Keith Richards esnifó las cenizas de su padre, por muy mal que se quedara tras caerse del cocotero. O al mismo Richards sometiéndose a cambios regulares de toda su sangre, bien para desengancharse de la heroína, bien para poder seguir consumiéndola a placer.

No es del todo normal encontrar plausible que Marilyn Manson o Prince, pasaran por el quirófano para quitarse unas costillas y de esta forma poderse hacer una autofelación de forma individual. Su hedonismo era mayúsculo, pero posiblemente no tan enfermizo como muchos podrían llegar a pensar.

Son el tipo de leyenda urbana que no hemos querido tratar en este libro, no por su falta de credibilidad, puesto que ya hemos dejado claro que la veracidad de las historias es muy relativa; es más bien por la falta de buen gusto a la hora de imaginar.

No es nada interesante descifrar el número de rockeros que se supone han pasado por urgencias para hacerse un lavado de estómago, pero no de alcohol, que sigue sin ser cautivador, pero sí más admisible, sino de semen. Nombres como Elton John y Rod Stewart, han sido de los que han desmentido ese rumor, pero como todo el mundo sabe, son verdad aunque los protagonistas lo desconozcan.

Dentro de lo escatológico, el sector de las meadas famosas es un factor recurrente que han utilizado The Rolling Stones, Ozzy Osbourne, Lemmy o Steven Tyler y que no reflejaremos en estas líneas porque sería como llover sobre mojado. Sin embargo tendremos al bueno de Frank Zappa devorando un excrementicio, para aliviar la tensión de las conspiraciones. No investigaremos si Meat Loaf se inyectaba su propio pis para prevenir alergias. Tampoco si Mick Jagger comía una barrita de chocolate alojada en salva sea la parte de Marianne Faithfull, como el rumor de que Ricky Martin salió del armario de la habitación de una adolescente, para dar una sorpresa en un programa de televisión y se la encontró embadurnada de mermelada y dando de comer al perro.

Y es que por más que lo intentemos, no es posible incluir la totalidad del maravilloso mundo de las leyendas en un solo libro. Nos hemos decantado por aquellas que nos proporcionan mayor placer, que nos dejan jugar con diferentes versiones, que pueden todavía ir creciendo en un mundo que ya no cuenta leyendas. Las leyendas urbanas, rumores y mitos que aparecen en el libro, no son para tomárselas en serio, pero cuidado, tampoco las despreciemos. En algunas de ellas es más increíble la versión oficial que la leyenda en sí.

Relajaos, poned vuestra música favorita, acompañadla con un buen trago y disfrutad de la lectura. Nada es lo que parece y todo es como en realidad no se ve. Si sois algo conspiranoicos, coincidiremos que la única verdad irrefutable en el universo rock es que…

¡La culpa de todo la tiene Yoko Ono!

I. HISTORIAS INCREÍBLES

Para iniciar nuestro fantástico viaje, a través de esta dimensión intermedia entre la verdad, la mentira o la simple superstición, nos adentraremos en un primer paquete compuesto por historias realmente fascinantes. Cada una de ellas por sí sola, podría protagonizar un monográfico e incluso un libro. Desde la primera referencia existente de un músico que pactó con el Diablo para conseguir el éxito deseado, a la incombustible leyenda de la muerte de Paul McCartney. Envenenamientos, robos de cadáveres, asesinatos en clave rock, bandas sonoras fantasmagóricas, muchas drogas, mucho sexo y algo de rock'n'roll.

★

Paganini, el violinista diabólico

Todo el mundo parece estar de acuerdo en afirmar que Wolfgang Amadeus Mozart hubiera tocado rock de haber nacido dos siglos más tarde, de hecho, hay quien sin ningún tipo de rubor asegura que fue el primer músico heavy de la historia, al igual que Ludwig van Beethoven, Wilhelm Richard Wagner o Felix Mendelssohn. Todos ellos músicos aventajados a su tiempo, que traspasaron la frontera de la genialidad y fueron brillantes en su época. Pues Niccolò Paganini se le podría calificar perfectamente como el primer rockstar de la historia de la música.

Fue precisamente Mendelssohn quien propició que nuestro primer protagonista fuera candidato para este libro. Tras asistir a un concierto del violinista afirmó: «Está más allá de lo imaginable… es tan original, tan único, que no parece de este mundo». Esto dicho por un músico que también tenía raíces con el más allá, recordemos su maravillosa obra «Noche de Walpurgis», colocó a Paganini en el punto de mira de la sociedad del siglo XIX, y se dispararon las leyendas en su entorno.

Niccolò Paganini nació en Génova el 27 de octubre de 1782, hijo de un aficionado a la música que le hacía practicar día y noche, castigándole sin comer si se desconcentraba. Esta conducta paterna, de claro maltrato infantil tenía su razón de ser en el inicio de la leyenda, al asegurar que el mismísimo Satanás se le apareció a su madre en sueños con la proposición de hacer de su hijo un violinista de fama mundial a cambio de su alma. Esta es la versión más extendida, aunque todo se reduzca a uno de esos padres que intentan superar sus frustraciones a costa de sus hijos, como los que hoy en día los llevan a concursos de televisión para que consigan lo que ellos ni se atrevieron a intentar.

El caso es que Paganini desarrolló un virtuosismo fuera de lo común en su niñez, hasta el punto que cuando su padre decidió que tomara clases con el prestigioso violinista Alessandro Rolla (director de la orquesta de La Scala en Milán), el adiestramiento fue extremadamente corto, alegando que no podía aprender nada que ya no supiera. Con 19 años dirigió la orquesta de la hermana de Napoleón, la princesa Elisa Baciocchi, al mismo tiempo que se lanzaba a una vida paralela, libertina y bastante endemoniada, donde el sexo y el juego eran las formas más evidentes de devolverle el pago del contrato al Diablo.

En 1813 ya había obtenido un gran éxito presentando «Le Streghe» (Las Brujas) en la Scala de Milán, pero fue acusado de secuestrar y emancipar a una menor, con la que había escapado a Génova (caso similar a los de Chuck Berry o Jerry Lee Lewis). En 1820 publicó las 24 obras llamadas «Caprices», solo para violín, donde ríete de los *guitar hero* de los sesenta y setenta.

Su afición al juego le dejó en la ruina en numerosas ocasiones, a pesar de que su popularidad se extendió por toda Europa realizando giras

Paganini y su figura demoníaca

de hasta 40 conciertos con todas las entradas agotadas y encareciendo el precio de las mismas de forma desorbitada. En una ocasión se le tuvo que prestar un violín para poder tocar, ya que había empeñado los que poseía para saldar deudas suculentas. Un adinerado hombre de negocios, llamado Livron, le prestó un violín hecho por el gran lutier Giuseppe Guarneri (con prestigio igual o mayor que Antonio Stradivari), instrumento que se negó a recuperar una vez que vio la interpretación de Paganini, se desconoce si el regalo fue por fascinación o por miedo a que el instrumento estuviera poseído.

Su otra gran pasión, el sexo, le aportó una destructiva sífilis, que le dejó sin dientes y con una figura esquelética, debido al tratamiento a base de mercurio y opio, lo que sumado a su atuendo todo de negro, con su gran melena negra y su tez pálida marcada por la enfermedad le dotó de una figura cadavérica (estética similar a músicos góticos, siniestros o emos).

Comenzaron a rondar miles de rumores y leyendas en su entorno. Había quien aseguraba haber visto la figura del Diablo detrás de él mientras tocaba. Otros apuntillaban que de su violín salían los gritos de mujeres hermosas a las que había asesinado; es más, se aseguraba que fue condenado a galeras por el asesinato de una actriz y que allí, una vez contraída una tuberculosis mortal, había pactado con el Diablo su curación y su virtuosismo a cambio de su alma y la de sus futuras víctimas.

Paganini, lejos de defenderse de los rumores, los explotó y magnificó. Acudía a los conciertos en un coche fúnebre arrastrado por cuatro caballos negros y se dijo que en alguna ocasión llegó dentro de un ataúd. Además de su virtuosismo incomprensible, tocaba sin partitura gracias a su memoria fotográfica, y utilizaba trucos efectistas como tocar el violín en la espalda o el más popular de ellos, ir rompiendo una a una las cuerdas del instrumento (Jimi Hendrix también lo hizo), extrayendo sonidos agudos que el público identificaba como los gritos de sus víctimas.

Todo esto levantaba odios y pasiones a la par, lo que le granjeó un sinfín de enemigos al mismo tiempo que un ejército de acólitas damiselas dispuestas a entrar en pleno aquelarre con el músico (un siglo más tarde se les llamaría *groupies*).

Paganini falleció en mayo de 1840 en Niza, a los 58 años, debido a un cáncer de laringe. El mito diabólico le persiguió tras su muerte, puesto que se negó a recibir el último sacramento y la Iglesia católica lo consideró hereje, prohibiendo que se enterrara en suelo sagrado. Su ataúd fue recluído en un sótano durante algo más de cinco años, hasta que la Duquesa de Parma levantó la prohibición de enterrarlo, lo que no evitó que la superstición religiosa obligara a exhumarlo en dos ocasiones, finalizando su éxodo en el cementerio de Della Villeta de Parma, en 1876.

Por si te interesa, el virtuosismo de Paganini era debido a un gran conocimiento del instrumento, a su inteligencia privilegiada y a una enfermedad que padecía llamada Síndrome de Ehlers-Danlos, que se caracteriza por una excesiva y dolorosa flexibilidad de las articulaciones; pero esto último no se lo cuentes a nadie; quizás es mejor seguir llamándole Hexensohn o Hijo de las Brujas.

La leyenda de Robert Johnson

El film *O Brother, Where Art Thou?*, dirigido por Joel y Ethan Coen, narra las vicisitudes de tres prófugos, encarnados por George Clooney, John Turturro y Tim Blake Nelson. En realidad se trata de una versión encubierta de *La Odisea* de Homero, pero marcada por la fuerte tradición del sur de los Estados Unidos y toda su superstición, heredada de la cultura africana.

En la huida de la penitenciaría donde están recluidos y obligados a trabajos forzados, los tres protagonistas, Everett (Clooney), Pete (Turturro) y Delmar (Nelson), se cruzan con un músico de color llamado Tommy Johnson (interpretado por el músico Chris Thomas King), un joven virtuoso de la guitarra que les asegura que ha realizado un pacto con el mismísimo Diablo, que consistía en poseer las dotes de un *bluesman* excepcional a cambio de su alma. Un personaje real en una cinta de ficción, una historia que refleja la magia y superstición de los cruces de caminos, ese lugar tenebroso que está marcado en negro en muchas culturas, con un folclore pseudoreligioso y del que se aprovechó Tommy para su propio beneficio.

Tommy Johnson nació en Misisipi, posiblemente en 1896, aunque no está documentado su nacimiento como el de tantos otros afroamericanos de finales de siglo XIX. Para muchos fue una de las primeras figuras del blues del Delta, pero, sin embargo, no cuenta con una extensa obra musical. Tan solo dejó grabadas 14 canciones entre 1928 y 1929, pero se encuentran algunos clásicos del blues como «Canned Heat Blues», de donde extrajo su nombre el grupo americano Canned Heat.

Tommy decía que: «Si quieres aprender a tocar como yo, lleva tu guitarra a un cruce de caminos. A las 12 de la noche toca algo. Aparecerá un hombre negro, te pedirá la guitarra y la afinará, tocará una canción y te la devolverá. Así podrás tocar todo lo que quieras».

Tommy era un músico de gran calidad y bastante excéntrico, en sus actuaciones parecía que entraba en trance y tocaba la guitarra entre las piernas y colocándola a la espalda, nada sobrenatural, ya que lo había aprendido de Charlie Patton, otro *bluesman* de finales del mismo siglo, conocido como el Padre del Delta Blues.

Tommy Johnson no disfrutó mucho de su popularidad, al tener una puerta giratoria entre la cárcel, las mujeres y el alcohol, pero fue el primer músico de blues en explotar el Pacto con el Diablo, hasta que el 1 de noviembre de 1956, tras un concierto, el Demonio se cobró su alma con un ataque al corazón.

De toda la superstición del sur de los Estados Unidos sobre supuestos contratos con las fuerzas oscuras, la más extendida y popular hasta nuestros días es la leyenda de Robert Johnson, renombrado como *The King Of The Delta Blues*. A pesar de su efímera carrera y su escueta aportación musical, ha sido y es venerado por generaciones de músicos posteriores, entre los que podríamos destacar a Eric Clapton, The Rolling Stones, Bob Dylan, Allman Brothers, Jeff Beck, Ry Cooder o John Mayer.

The King Of The Delta Blues

Robert Leroy Johnson nació el 8 de mayo de 1911 en Misisipi, fruto de una relación extramatrimonial de su madre con un aparcero de la plantación donde trabajaban. Undécimo hijo de Julia Major Doods, hasta los 6 años no conoció cuál era la identidad de su verdadero padre, Hoah Johnson, de quien automáticamente adoptó el apellido. El joven Robert no estaba hecho para los estudios y aunque a muy corta edad lo pusieron a trabajar recogiendo algodón en la plantación Robinsonville, al sur de Memphis, no entraba en sus planes ser un jornalero algodonero y con 14 años era asiduo a garitos tipo Honky Tonk o Barrelhouse, transformándose en un imberbe pendenciero, mujeriego y aficionado al alcohol destilado de dudosa procedencia. Al mismo tiempo que se reventaba el hígado y flirteaba con todo tipo de enfermedades venéreas, se aficionó al blues, resultando ser un mediocre guitarrista y un pésimo cantante.

Con 18 años se casó con Virginia Travis de 16, quien se había quedado embarazada y por quien Robert sentía pasión, pero la desgracia le abordó impidiendo que Virginia y el bebé superaran el parto. Con 19 años se dedicó a vagar al mismo tiempo que intentaba aprender blues de los maestros que se prestaban a ello de mala gana. Willie Brown y Son House fueron dos de sus instructores forzados, pues Robert Johnson acudía a todas sus actuaciones y los miraba intentando grabar en su cerebro todos los movimientos, recibiendo desprecios y broncas en numerosas ocasiones. Son House en más de una ocasión comentó que le esputaba al muchacho desaires como «Robert, no toques la guitarra. No sabes tocar. ¿Por qué no tocas la armónica?», pero el chaval era un penoso cabezón que siempre quería tocar aprovechando los descansos de los verdaderos músicos. «La gente se volvía loca. Salían fuera y me decían, ¿por qué no entras y le quitas la guitarra al chico? Nunca has oído un barullo como ese.»

Única foto existente de Robert Johnson

Con escasos 20 años Robert abandonó Robinsonville y emprendió un viaje iniciático en busca de su verdadero padre y es aquí donde nace la leyenda. Una de las versiones dice que conoció a Ike Zinnerman, *bluesman* de Alabama que poseía grandes dotes de guitarrista, adquiridas de forma sobrenatural al aprender por las noches tocando en las lápidas de los cementerios, a poder ser sobre las tumbas de otros músicos de gran talento. Robert fue acogido por una viuda adinerada llamada Esther Lockwood, con quien al parecer tuvo un hijo y abandonó su vida nómada durante un par de años, sin nada más que hacer que dejarse querer por la viuda y aprender todo lo posible de Ike Zinnerman.

Al regresar a Robinsonville, Willie Brown y Son House se quedaron más que asombrados con la mutación de Robert, quien ahora poseía una técnica exquisita con la guitarra y un dominio de la interpretación del blues que producía gozo y envidia. La leyenda se disparó: desaparece, regresa hecho un maestro, una catarata en su ojo izquierdo se entendió como una superstición vudú del «ojo del Diablo» y para aderezar el condimento, muchos temas de su repertorio hablaban del Diablo.

Corrió como la pólvora que Robert, traumatizado por la muerte de su esposa y su bebé, había decidido convocar al Diablo para llegar a un acuerdo. Todo apuntaba que Robert Johnson se presentó en el cruce de las actuales autopistas 61 y 49, intersección que se encuentra en Clarksdale, Misisipi. Llegada la medianoche, comenzó a deslizar sus torpes dedos sobre el mástil de la guitarra y allí se presentó Lègba, figura importantísima en el vudú, porque es el encargado de autorizar o negar a los humanos el trato con el submundo. Robert Johnson habría podido firmar con el Diablo un contrato según el cual él sería un virtuoso del blues y Satanás obtendría su alma imperecedera; aunque posiblemente no pensó que el periodo para ejecutar esta cruel hipoteca era muy breve.

Johnson actuó por todo el sur de los EE.UU., levantando admiración por allí donde pasaba, pero su comportamiento comenzó a cambiar. No aguantaba mucho tiempo en el mismo lugar, a pesar de tener ofertas para seguir tocando. A menudo se levantaba y actuaba de espaldas al público si comprobaba que alguien observaba su forma de tocar muy detenidamente e incluso dejaba de tocar y se marchaba del local si quien espiaba era un músico, celoso de que pudieran copiar su técnica y trucos. Convertido en un músico errante fijó su residencia más o menos habitual en Helena, Arkansas, por donde pasaban asiduamente grandes nombres del blues como Elmore James, Sonny Boy Williamson, Howlin' Wolf, Memphis Slim y Johnny Shines, compartiendo escenario con algunos de ellos como Shines, que afirmaba que Johnson era capaz de escuchar por primera vez un tema de fondo en un bar y acto seguido reproducirlo de memoria. Su carácter se volvió más inestable y huraño, recurriendo al alcohol o la marihuana como medio de socializar.

Obsesionado por alcanzar la cumbre de su profesión, por ser el más grande, decidió que tenía que grabar discos. Tan solo dos sesiones, la primera en una habitación de un hotel de Texas en 1936 y al año siguiente en un almacén de Dallas. En total una colección de 29 canciones en 42 tomas diferentes, de las cuales solo «Terraplane Blues» tuvo cierto éxito vendiendo unos pocos miles de copias. Todas las grabaciones fueron para American Record Corporation, que las lanzó en 11 discos de 78 rpm en el sello Vocalion, con Robert Johnson vivo, más un disco después de su muerte.

El cobro de la deuda

En verano de 1938 regresó a Robinsonville para tocar en un local llamado Three Corners, situado en un cruce de caminos señalado por la magia vudú como maldito, en la cruceta de las autovías 82 y 49-E, y que fue donde ofreció su última actuación. Aquí es donde se disparan las habladurías y finales dispares. Fue apuñalado por una mujer celosa, asesinado a tiros por un padre deshonrado y la más conocida y popular, que no por ello más verídica.

En su última actuación compartía escenario con el gran Sonny Boy Williamson, perro viejo y curtido en mil batallas que vio cernirse la tragedia e intentó evitarla. Alguien le trajo una botella de whisky abierta a Robert Johnson, Sonny Boy se la arrebató y la lanzó al suelo advirtiéndole: «Tío, no bebas de una botella abierta. Nunca sabes lo que puede haber dentro», a lo que un despechado Robert Johnson contestó: «Nunca vuelvas a quitarme una botella de la mano». Así lo hizo y la segunda botella de whisky se la trajeron abierta y Johnson se la bebió como maná del cielo. A mitad de su actuación dejó de tocar y salió del local para desplomarse en la calle. El whisky contenía estricnina, manteniendo a Robert Johnson con un horrible tormento hasta que dos semanas más tarde, su agonía terminó el 16 de agosto de 1938, a los 27 años, cerca de otro cruce de caminos, en Greenwood (Misisipi).

Tal y como narra la canción del grupo The Stone Foxes, «I Killed Robert Johnson», el dueño del local donde actuaba lo envenenó al descubrir que el músico había traspasado la línea roja, intimando con su esposa.

«Contraté a ese chico de color para tocar su guitarra blues,
Para entretener a los blancos y le pagaría en alcohol.
Oh, pero se volvió agrio rápidamente cuando fue por mi esposa.
Incluso el chico de Sonny Williamson no pudo salvar su vida.
Nunca cojas una botella de la mano de otro hombre.
Obtuvo un final lento y doloroso bajo la tierra de Misisipi.
Ahora no estoy diciendo que se lo merecía, oh, por cruzar la línea.
Pero maté a Robert Johnson, con estricnina.
Soy discreto, soy discreto, soy muy detallista.
Pero él está muriendo.

Puede que nunca le diga al público la razón por la que está muerto.
Solo el sabueso del infierno puede sacar esta verdad de mi cabeza.
No digo que me arrepienta después de todos estos años.
Pero maté a Robert Johnson».

«I Killed Robert Johnson» de The Stone Foxes

El Diablo se cobró la vida de Robert Johnson a los 27 años de edad, inaugurando El Club de los 27, en el que más tarde ingresarían numerosos músicos, como podremos comprobar. Pero además rescindió el contrato sin dejarle disfrutar de lo que siempre anheló, ser el más grande, el músico más legendario del blues. A finales de ese 1938, John Hammond, gran estudioso del folk americano, lo buscaba desesperadamente para encabezar el cartel de un espectáculo en el Carnegie Hall de Nueva York... fue sustituido por Big Bill Broonzy. Seguramente el Diablo sigue riéndose a carcajadas de Robert Johnson.

★

La desaparición de Gram Parsons

Gram Parsons es una de las figuras más importantes de la renovación del country americano y su visión del género es uno de los pilares del folk rock actual. Músico más respetado a título póstumo, no consiguió el éxito que anhelaba en vida y protagonizó una lenta carrera de autodestrucción, que tuvo como final de trayecto una de las historias más curiosas, morbosas y extrañas del rock.

Ingram Cecil Connor III, verdadero nombre de Parsons, nació el 5 de noviembre de 1946, en Winter Haven, Florida, en el seno de una familia acaudalada; su abuelo era el magnate John A. Snively, multimillonario que poseía prácticamente todo el negocio de cítricos del estado. Sin embargo su familia estaba muy desestructurada, su padre un veterano de la Segunda Guerra Mundial condecorado como héroe de guerra y su madre un ama de casa desengañada que sufrió numerosas infidelidades. Los dos eran alcohólicos declarados, acrecentado el problema con una supuesta bipolaridad del padre que le empujó al suicidio el 22 de diciembre de 1958, en plena Navidad.

Avis Conner, su madre, se volvió a casar con Robert Parsons, adoptando este a Gram y su hermana menor Little Avis, circunstancia que facilitó el cambio de apellido y el recorte del nombre.

Desde muy joven se inclinó por la música y con una familia como la suya no tuvo problemas. Sin ser un gran estudiante, no se vio obligado a trabajar para costearse su pasión.

La familia se resquebrajó cuando su madre, que comenzó a beber de nuevo, falleció de cirrosis en 1965. Con el núcleo familiar roto Gram terminó los estudios obligatorios y tras un breve paso por la universidad, los abandonó para centrarse al completo en la música.

En 1966 crea junto a otros músicos de la escena folk local The International Submarine Band, grupo con el que graba un disco llamado *Safe At Home*, que se editó en el 68, cuando la formación se había separado.

Roger McGuinn y Chris Hillman, le llaman para formar parte de los reformados The Byrds, con quien solo llegó a grabar el disco *Sweetheart of the Rodeo*, de 1968. Estando de gira por el Reino Unido abandona The Byrds porque la banda firma un contrato para actuar en Sudáfrica y Parsons se posiciona claramente en contra del *apartheid* y se niega a actuar.

Hillman sin embargo nunca se creyó la reivindicación de Parsons y hace más responsable a su reciente amistad con Keith Richards y Mick Jagger. The Rolling Stones habían terminado de grabar el maravilloso *Beggars Banquet*, donde además del blues se sumergen en el country. Keith Richards estaba muy interesado en profundizar en ese estilo musical y Gram Parsons fue la persona ideal para ello. Según Phil Kaufman, contratado como asistente por los Stones, Parsons y Richards se pasaban horas en casa del segundo, tocando viejas canciones country y consumiendo todo tipo de sustancias. Kaufman, acababa de cumplir condena por tráfico de marihuana en la prisión de Terminal Island, California, donde fue compañero de Charles Manson, con quien llegó a tener una buena amistad.

Parsons regresa a Los Angeles y forma junto a su compañero en The Byrds, Chris Hillman, el grupo The Flying Burrito Brothers, editando en febrero de 1969 el álbum *The Gilded Palace of Sin*, un exquisito trabajo donde fusiona un estilo tan anquilosado como el country, con el blues, soul, góspel e incluso el rock psicodélico. Un trabajo muy avanzado a su tiempo, que obtuvo muy buenas críticas pero no correspondidas con las ventas, no pasando del #164 del *Billboard*. La banda rechazó la invitación de tocar en Woodstock y se lanzó a una gira por Estados Unidos, desplazándose solo en tren, debido al pánico de Parsons por volar. Un tour que fue un auténtico desastre, artístico y económico, sobre todo por el excesivo consumo de drogas y alcohol, terminando en una actuación muy corta en el desgraciado concierto de Altamont, organizado por The Rolling Stones.

En 1970 publican el segundo álbum *Burrito Deluxe*, más tranquilo y menos renovador, presionados por una compañía discográfica que veía al grupo como un generador de deudas incalculable. En ese disco aparece la primera versión del clásico de los Stones «Wild Horses»; Parsons obtuvo el permiso de Richards con la condición de que no se publicara como single. Se editó un año antes que *Sticky Fingers*, álbum donde Rolling Stones publicaron el tema.

Precisamente la amistad con los Stones iba haciendo mella en el seno de Flying Burrito, que observaban que Parsons era más un *roadie* de los Stones, que compañero suyo. Mientras que el resto de la banda pasaba penurias, debido al desastre económico del grupo, Parsons se permitía acudir a los conciertos en una limusina que costaba 500 dólares de alquiler y llevar ropa estrafalaria y de precios astronómicos, algo que le permitía la renta familiar de 30.000 dólares que recibía al año. Finalmente llegó a un acuerdo con su compañero Hillman y abandonó la banda definitivamente.

Parsons pasó a convivir con el productor Terry Melcher, que había trabajado con The Byrds y The Beach Boys, otro personaje que también tuvo contacto con Charles Manson, prometiéndole un contrato discográfico que luego le negó. Con Melcher no consiguió ninguna grabación decente, probablemente porque en aquella época los dos estaban enganchados a la cocaína. Nunca salieron a la luz las cintas con las sesiones de grabación de Gram Parsons con Terry Melcher de productor, no se sabe quién de los dos las hizo desaparecer, pero durante muchos años se especuló con la posibilidad de publicarlas, manteniéndose inéditas a día de hoy.

Parsons se trasladó a la casa que Keith Richards tenía en el sur de Francia, justo cuando la banda estaba en proceso de composición

El Ángel afligido del country

y grabación del álbum *Exile On Main Street*. Hay una leyenda que apunta que Parsons participó en la grabación del disco y ayudó en diferentes composiciones, pero no sale acreditado en el álbum. Lo cierto es que Parsons y Richards pasaban mucho tiempo juntos, lo que preocupaba a Jagger, que lo veía como un molesto retraso en el trabajo del disco. Las sesiones de los dos terminaban la mayor parte de las ocasiones con Parsons y su novia, Grettchen Burrell, discutiendo violentamente. No se sabe si fue Anita Pallenberg o el mismo Jagger, pero Gram Parsons y su novia fueron invitados a salir de la casa.

En 1971 se casó con Burrell, en un matrimonio que sus amigos afirmaban estar condenado al fracaso. Primero por el temperamento celoso de Burrell y segundo por la frustración de abandonar su carrera como actriz, para seguir a un músico por todo el país.

El ángel afligido

En 1973 edita el disco GP, grabado con algunos de los músicos de The TCB Band, formación que acompañó a Elvis Presley desde 1969 hasta su muerte en 1977. El disco presenta como vocalista a Emmylou Harris, con quien inicia una relación profesional que poco a poco irá minando la confianza de Burrell por sus enfermizos celos. Salen de gira Gram Parsons & The Fallen Angels, acompañados de la mujer de Parsons y Phil Kaufman, que es contratado como *road manager* y asistente de Parsons. Una de las funciones de Kaufman era evitar que Parsons consumiera cocaína y que llegara sereno al escenario, pero terminó encargándose de que la mujer de Parsons no diera problemas con Emmylou.

Parsons volvió a contar con Harris y The TCB para grabar en el verano del 73 su último disco, *Grievous Angel*, publicado a título póstumo. El 14 de julio de ese año, su amigo y compañero de The Byrds, Clarence White, fue atropellado mortalmente por un conductor ebrio, mientras cargaba su equipo para dirigirse a una actuación. En el funeral católico de White, Parsons le dijo a Kaufman que él no quería ser enterrado con tanta pomposidad e hipocresía y realizaron una mutua promesa: Si uno de los dos fallecía, el otro quemaría su cuerpo en Joshua Tree National Park, para después esparcir sus cenizas en Cap Rock, una roca característica e icónica del parque.

Para terminar ese verano, la casa de Parsons se prende fuego por culpa de la colilla de un cigarro mal apagado, perdiendo todas sus pertenencias, salvo su guitarra y un Jaguar de su propiedad. También se separa de Burrell e inicia una nueva relación con una antigua amiga de la escuela llamada Margaret Fisher. Con Fisher y una pareja de amigos, Michael Martin y Dale McElroy, se marchó el 17 de septiembre de 1973 a The Joshua Tree National Park, para pasar unas pequeñas vacaciones y desconectar, mientras Kaufman terminaba de preparar la gira de otoño. Un lugar donde Parsons iba a menudo desde finales de los sesenta, habiendo participado en experimentos psicodélicos y reuniones de avistamientos de ovnis.

Las dos noches siguientes Parsons consumió excesivos barbitúricos, sumados a una gran cantidad de ingesta de alcohol. El 18 de septiembre Martin consiguió marihuana, pero Parsons quería algo más fuerte como cocaína, sin embargo tras una noche excesivamente etílica, se conformó con comprar morfina a un desconocido y pinchársela nada más llegar a la habitación. No se sabe si por el mal estado de la morfina, la cantidad de alcohol en sangre o simplemente porque se le fue la mano, se provocó una sobredosis.

Curiosamente Fisher no llamó a los servicios de urgencias, dejó vigilando a McElroy y se fue a buscar hielo, entre las dos lo metieron en la bañera con agua fría y todo el hielo que pudo conseguir, con la intención de reanimarlo. Fisher marchó otra vez de la habitación, en esta ocasión para traer café e intentar reanimarlo, pero cuando regresó se encontró con McElroy realizándole masajes de reanimación, situación que se prolongó con varios intentos de las dos chicas sin resultados positivos. Cuando llamaron a la ambulancia nada se pudo hacer, tan solo certificar su muerte en el High Desert Memorial Hospital, a las 12:15 a.m. del 19 de septiembre de 1973. Como causa: una sobredosis de morfina y alcohol.

The Joshua Tree

En toda esta situación, se pone en duda el comportamiento tan extraño de su novia, que tardó una eternidad en llamar a urgencias, pero no había terminado lo rocambolesco de esta historia.

El padrastro de Parsons, reclamó el cadáver para enterrarlo en Luisiana, no ya para cobrar los *royalties* de su carrera musical, sino para conseguir quedarse con la herencia familiar de su abuelo, al demostrar que residía allí.

Burrell, su expareja, pero todavía su mujer ya que no había firmado los papeles del divorcio, reclamó para ella todo lo que deseaba el padrastro. Ni padrastro, ni expareja contaron con la promesa que le había hecho Phil Kaufman a Gram Parsons en vida.

Trasladaron el cadáver al aeropuerto internacional de Los Angeles, pero Kaufman y Michael Martin se las ingeniaron para sustraer un coche fúnebre y robar el ataúd. En referencia a la sustracción del cuerpo hay varias historias; falsificaron papeles de la patria potestad, sobornaron a los funcionarios, se hicieron pasar por empleados de la funeraria… la mitología del rock creó algunas realmente hilarantes.

Kaufman y Martin viajaron borrachos como cubas hasta Joshua Tree National Park, y en Cap Rock sacaron el cuerpo del féretro, lo depositaron en tierra junto a la gran roca y como si de un ritual vikingo se tratara, lo quemaron con diez litros de gasolina y siguieron bebiendo.

Cuando vieron las luces de un coche de vigilantes que llegaba alertado por el fuego en mitad de la noche, cogieron la parte de las cenizas que pudieron y huyeron hacia el desierto.

Kaufman y Martin fueron arrestados y puestos en libertad de forma inmediata, ya que en California no estaba tipificado como delito el robo de cadáveres. Se les multó con 700 dólares por arrojar basura en el parque nacional y hacer fuego sin permiso.

Parte de los restos de Parsons que la policía pudo recuperar están enterrados en el cementerio Garden of Memories de Luisiana, tal y como deseaba su padrastro. No obstante la peregrinación pertinente que mandan los cánones del rock, con una cultura realmente curiosa de adorar las tumbas de los héroes caídos, se realiza en Cap Rock, donde miles de amantes de la música de Parsons y de la mitología del circo del *show business* han depositado sus anhelos y sus *selfies*. El modesto y humilde motel Joshua Tree Inn parece un museo póstumo al músico incomprendido, mientras que la habitación nº 8, donde se alojó Parsons, solo se la alquilan a los auténticos fans, previa demostración económica más que generosa.

Gram Parsons fue un gran músico, que intentó y a título póstumo consiguió, renovar el country. Adoptó la autodestrucción como forma de vida, de inspiración y de rebeldía, una autodestrucción que no le dejó mostrarnos toda la creatividad que tenía... Siempre será el Ángel Afligido.

★

The Dark Side Of The Oz

Llegados a este punto, nos vamos a centrar en una de las leyendas del rock más divertidas, o al menos curiosas. Se trata de la sincronía existente entre dos obras maestras de dos disciplinas diferentes: Cine y música, música y cine.

Me estoy refiriendo al disco de 1973 *The Dark Side Of The Moon*, del grupo Pink Floyd y la película de 1939 *Wizard Of Oz*, dirigida por Victor Fleming y basada en un libro de Frank Braum. En un principio

Imagen publicitaria de *The Dark Side Of Oz*

no tienen ninguna relación aparente entre ellas, más que ser dos obras representativas, de gran éxito y que han marcado a varias generaciones. Pero con casi cuatro décadas de diferencia, la imaginación de los fans y mucho tiempo libre, las unieron para siempre, en algo que se conoce como *The Dark Side Of The Rainbow* o *The Dark Side Of The Oz*, mezclando el nombre del disco con el tema «Somewhere Over The Rainbow», popularizado por Judy Garland en el celuloide, o con el famoso *Mago de Oz*, meta intrascendente del film.

The Dark Side Of The Rainbow viene a demostrar que existe una sincronización sorprendente entre la música de Pink Floyd y la película, que genera dudas sobre si su composición estuvo marcada por el film o simplemente es una de esas casualidades que le alegran la vida a un fan ocioso.

El rumor, leyenda o simplemente factoide de *TDSOTR*, surgió a mediados de los ochenta, cuando un puñado de fans de Pink Floyd comenzó a intercambiar opiniones sobre la sincronización de música y película a través de USENET, plataforma de comunicación entre computadoras previa a la comercialización de Internet. Lo que parecía una conversación de un grupo de fans frikis, se expandió cuando en 1992 se superó el millón de ordenadores conectados al World Wide Web. De hecho, la leyenda ya había corrido como la espuma sin necesidad de la rapidez de Internet, con el ansia de los fans que consumían todo a través de revistas o el «tengo un amigo, que conoce a alguien, que le han dicho que...».

El caso es que el autor de este libro intentó averiguar lo certero de la sincronización a principios de los noventa, con un VHS de la película y el álbum en vinilo, con un resultado catastrófico por no decir ridículo.

En 1995 un periódico de gran tirada de Indiana, realiza un artículo sobre la sincronía de *The Dark Side Of The Rainbow*, citando como fuente de información alt.music.pink-floyd, grupo de noticias alrededor de Pink Floyd. Pero fue en 1997 cuando la leyenda alcanza su máximo seguimiento, al ser incluida dentro de la sección de noticias de la todopoderosa MTV.

Ni que decir tiene que muchos fans de la banda ya lo habíamos podido comprobar y, olvidando el fracaso de la primera intentona, se consiguió sincronizar perfectamente con un Compact Disc y un DVD; eso sí, siguiendo unas instrucciones oportunas que eran de dominio público.

1. Colocar el CD de *The Dark Side Of The Moon* en el reproductor y cuando aparecen los dígitos 00:00, marcar el pause.
2. Saltar el menú del DVD y comenzar a visionar la película, muteando el sonido porque no es importante para la experiencia.
3. Cuando el famoso león de la Metro-Goldwyn-Mayer Studios (MGM) ruge por tercera vez, activar el play del CD y todo fluirá correcto.

Los fans de Pink Floyd y de *El Mago de Oz*, afirman que hay más de 100 sincronías a lo largo del visionado, quizás es pecar de demasiado optimista, pero sí que es cierto que algunas de las mezclas de imagen y música, son enigmáticas y dejan una duda razonable sobre si la sincronización es fruto de la casualidad o premeditada. Algunas de las más interesantes son:

- Cuando Dorothy se balancea en la valla, está sonando «Breathe» y se puede escuchar «Te mantienes sobre la ola más grande, corres hacia una tumba temprana».
- Dorothy se cae en el momento que comienza «On The Run».
- Con este tema Dorothy canta la famosa canción «Somewhere Over The Rainbow», mirando al cielo. Como tenemos el audio del film anulado, podemos ver como la niña mira los helicópteros que van volando de un altavoz a otro.

Dorothy entrando en Oz sobre el tema «Any Colour You Like»

- Cuando termina «On The Run», se escucha un trueno en el disco, momento que la cámara mira al cielo anunciando una tormenta.
- Uno de los momentos más curiosos lo tenemos en «Time», que parece un videoclip del tema. En el momento que suenan los relojes y campanillas entra la profesora en bicicleta. Con la entrada de percusión Dorothy se mueve de un lado a otro nerviosa, dibujando una coreografía que parece dictada por la música. En el solo de guitarra se puede leer el letrero del Profesor Marvel, donde se indica «Pasado, presente y futuro» a modo de analogía del tema.
- En la canción «Great Gig in the Sky», Dorothy es engullida por un tornado y toda la secuencia vuelve a encajar en la música, incluso en el momento que la ventana golpea a la niña en la cabeza y baja la intensidad de la misma.
- Al entrar el tema «Any Colour You Like», el film que había comenzado en blanco y negro, es ya en color.
- Dos puntos muy interesantes para finalizar. El Espantapájaros canta «si solo tuviera un cerebro» al mismo tiempo que suena «Brain Damage» (Daño Cerebral) y cuando Dorothy y el propio Espantapájaros intentan escuchar el corazón inexistente de El Hombre de Hojalata, se termina «Eclipse» con un latido de corazón persistente.

Hemos repasado algunas de las casi 100 sincronías que se han encontrado, algunas de ellas con bastante imaginación y buena voluntad, pero también se hacen referencias al diseño del disco y su ilustración, donde un haz de luz blanco, atraviesa un prisma y se transforma en un arcoíris, en el interior del álbum se invierte el término para cerrar en blanco. *El Mago de Oz* comienza en blanco y negro, se transforma en color y termina de nuevo en blanco y negro.

Los componentes de Pink Floyd siempre han negado que *Wizard of Oz* influyera en la composición del álbum y lo consideraban una auténtica tontería, sin embargo la leyenda se hizo tan popular, que el canal americano de televisión por cable, *Turner Classic Movies*, realizó en el año 2000 una emisión de *Wizard Of Oz*, sin sonido y con la música del álbum como banda sonora.

Siendo realista es muy complicado llegar a creer que el disco está marcado por la película más allá de un acto de fe, primero porque los temas de *The Dark Side Of The Moon* están compuestos por diferentes músicos de Pink Floyd y luego consensuados entre todos, pero es más, algunos de los temas ya estaban compuestos antes de adentrarse en la grabación de ese disco. Por otro lado, aceptando que si hay una sincronía pretendida, el álbum tiene menor duración que la cinta cinematográfica y se debe volver a colocar, volviéndose a encontrar más puntos de sincronías imposibles de planear.

Con esto no quiero negar la evidencia de que existen sincronías realmente curiosas, pero no solo en este disco, en el folclore floydiano hay más sincronías.

«Echoes», tema del álbum *Meddle* (1972), parece sincronizarse a la perfección con el fragmento llamado «Jupiter and Beyond The Infinite», de la película de Stanley Kubrick *2001: Odisea del Espacio* (1968). El tema «Wish You Were Here», del álbum del mismo nombre de 1975, se ha sincronizado con ciertas escenas de *Metropolis* (1927) de Fritz Lang. Escenas de *Alicia en el País de las Maravillas*, la película de Disney de 1951, las han ligado con el «Run Like Hell» o el «Comfortably Numb» del álbum *The Wall* de 1979; un disco que otros más visionarios han podido cuadrar con la cinta de 2008 *Wall-e*, de Pixar y Disney. Por último se ha vuelto a sincronizar *The Dark Side Of The Moon* con el *Episodio VII* de *Star Wars: El Despertar de la Fuerza*.

Una cosa está clara, el mundo está lleno de frikis, tienen mucho tiempo libre, además de muy pocos amigos.

Charles Manson, el psicópata que quería ser un *rock star*

¿Quién es Charles Manson? Seguramente todos estaremos de acuerdo que es una de las mentes criminales más famosas del siglo XX, un psicópata asesino, macabro y desquiciado que cometió uno de los crímenes más horrendos de la década de los sesenta, incitando al asesinato de nueve personas con una crueldad que no conocía límites. Uno de los asesinatos, el cometido sobre la persona de Sharon Tate, esposa del cineasta Roman Polanski, embarazada de ocho meses y que resultó brutalmente apuñala, le concedió una fama inusitada y lo aupó como icono del terror, satanismo, culto al mal e incompresiblemente, en una figura estelar de la cultura pop, que sigue siendo reivindicada hoy en día, un año después de su muerte.

Otra visión de Charles Manson, nos lo muestra como un ladronzuelo desarraigado y de mente enferma, que soñó con ser estrella del rock y que en su demencia, recreó una realidad paralela que desembocó en los trágicos asesinatos del 9 de agosto de 1969 en Cielo Drive. Todo lo que llevó a tan macabra conclusión es lo que se refleja a continuación.

Charles Milles Maddox nació en Cincinatti, Ohio, el 12 de noviembre de 1934, hijo de Kathleen Maddox, joven de 16 años alcohólica y de vida desordenada y de padre desconocido. El apellido Manson lo adoptó de un matrimonio bastante breve con otro alcohólico llamado William Manson. Las continuas desapariciones de su progenitora, obligaron a que el pequeño se criara a cargo de sus abuelos y en la calle, donde desde edad muy temprana aprendió a agenciarse coches ajenos y desvalijar todo tipo de comercios.

Con 9 años lo detuvieron por robar en una tienda y lo encerraron en un correccional, comenzando una carrera imparable de entradas y salidas de instituciones para delincuentes juveniles, que lejos de reformarle, supusieron una gran escuela del hurto y en vandalismo.

A los 19 años contrajo nupcias con una joven camarera dos años más joven llamada Rosalie Jean Willis, con quien cruzó la frontera del estado en un coche robado, cometiendo un delito federal y consiguiendo de esta forma su primera entrada en prisión, concretamente durante tres años en el penal Terminal Island de San Pedro, Califor-

Manson consiguió ser un *rock star* a su manera

nia. Charles Manson intentó escapar de la prisión al conocer que Rosalie lo abandonó al año de dar a luz al pequeño Charles Manson Jr., aumentando su condena en dos años más.

En 1959, mientras estaba con la condicional, ejerció de proxeneta de una chica de 16 años y se volvió a casar con una prostituta llamada Leona. Con ellas dos se marchó a México violando de esta forma la Ley Mann (ley que prohíbe el comercio interestatal de mujeres con propósitos de prostitución, libertinaje o cualquier otro motivo inmoral), por ello fue condenado a diez años en la Penitenciaría de McNeill Island de Washington.

Comienza una nueva etapa en la mente de Charles Manson, un periodo de tiempo donde se inicia en varias religiones, entre las que destaca la cienciología y el budismo, al mismo tiempo que comienza a desarrollar una gran pasión por The Beatles. En prisión forjó una buena amistad con uno de los capos del clan del famoso Ma Baker, el gánster Alvin «Old Creppy Karpis», quien le enseñó a tocar la guitarra. Su expediente carcelario especifica que durante el año 1966 Charles Manson aprendió a tocar la guitarra y la batería, se pasaba el tiempo componiendo canciones (casi 100 temas se atribuyen a aquella época) y dando largos paseos cabizbajo por el patio. El mismo documento afirma que Manson manifestó su intención de encontrar trabajo como músico o incluso cantante de un grupo, al conseguir la libertad.

Karpis le presentó a otro recluso que estaba dentro de la industria musical, un tal Phil Kaufman, que había trabajado en producciones de teatro y cine de Hollywood y había sido condenado por contrabando de marihuana. Phil Kaufman trabajó al salir de la prisión con Mick Jagger durante la grabación de *Beggar's Banquet* de The Rolling Stones y más tarde pasó a ser el mánager y amigo de Gram Parsons, protagonizando un episodio que aparece también en este libro. Manson mantuvo una fuerte amistad con Kaufman, que pensaba podría tener una oportunidad en el mundo del *show business*, más como cantante y compositor que como guitarrista, por lo que habló de Manson a su amigo Gary Stromberg de Universal, a quien convenció para que grabara una demo con él cuando saliera en libertad.

A pesar de tener muchas esperanzas en su lanzamiento como cantante, Manson pidió a las autoridades que no le concedieran la libertad y que lo dejaran encerrado de por vida, argumentando que de sus 32 años, más de la mitad los había vivido encerrado y le resultaba imposible adaptarse al mundo exterior. En prisión su mente era libre y lo único que necesitaba eran sus paseos y tocar la guitarra. Evidentemente las autoridades ignoraron su petición y salió en libertad en marzo de 1967.

Aterrizando en la era hippie

Pero Manson se equivocó por completo, porque su mente enferma aterrizó en el San Francisco hippie del verano del amor, donde hordas de jóvenes buscaban la conciencia colectiva a base de baños de LSD, marihuana y cantidades incalculables de anfetaminas. Manson encontró un ejército de jóvenes desubicados, mentes de voluntad débil o fáciles de manipular ofreciéndoles universos de libertad lisérgicos, seres dispuestos a escuchar a un transgresor más veterano que ellos y que había pasado por la cárcel en su lucha contra el sistema, encontrando la anhelada paz entre el yo y el universo.

En la primavera de 1968, Manson contaba con una serie de acólitos seguidores, principalmente mujeres, que pasaron a denominarse The Manson Family.

La tribu de Manson recorrió California en un viejo autobús escolar pintado de negro, en una comitiva que sirvió para que el líder consiguiera más miembros para su parroquia. El cuartel general se instaló en San Francisco, en casa del músico Gary Hinman, que no terminó de introducirse en la familia, pero que se dejaba querer por las prestaciones sexuales que le ofrecía Manson con sus discípulas.

En ese tiempo Manson grabó con Gary Stromberg sus primeras canciones, en una sesión que desterró la idea de Stromberg de seguir los consejos de su amigo Kaufman y apoyar a un músico errático y mediocre, pero sobre todo anárquico a la hora de enfrentarse a una grabación. Un varapalo para Manson que pronto pasó al olvido, al entablar una extraña relación con Dennis Wilson, batería de Beach Boys. Dos de las discípulas de Manson fueron recogidas haciendo autostop por Wilson, quien rápidamente vio la oportunidad de ejercer su enorme vanidad, regalándose los oídos con su popularidad, éxito y trayectoria musical. Los tres terminaron en su casa de Sunset Boulevard protagonizando una orgía de sexo y drogas que tanto gustaba al músico, verdadera oveja negra de Beach Boys. Cuando Wilson regresó a su hogar de madrugada tras una sesión de grabación con la banda, se encontró a la familia Manson al completo de okupas en su casa, pero lejos de parecerle una intrusión a su intimidad, se dejó enganchar por las promesas de sexo y drogas ofrecidas por Charles Manson, quien pasó a tener bastante influencia sobre el músico, que representaba para Manson la llave de su lanzamiento musical.

Manson se convirtió en unos días en el traficante de sexo y drogas de muchas figuras del entorno musical de Wilson, entre los que destacaban John Phillips de Mamas & The Papas, Neil Young, Phil Kaufman que ya había salido en libertad y Gary Stromberg, que a pesar de no apoyar la carrera de Manson le sirvió de trampolín para conocer a otra pieza de su plan, Terry Melcher, productor, entre otros, de los Beach Boys y The Byrds. Dennis Wilson convenció al resto de la banda para dejar el estudio de los Beach Boys a Charles Manson y hacer una nueva sesión de grabación con Stephen Despar, técnico de sonido del grupo. Otra grabación caótica, que sin embargo trajo dos nuevos detalles a nuestra historia; el primero fue la grabación del tema «Cease to exist», canción que Dennis Wilson se empeñó en grabar con Beach Boys, pero cambiándole el título por el de «Never Learn Not to Love», así como algunas partes de la letra; el segundo fue el supuesto interés que mostró Terry Melcher por la música de Manson.

La familia Manson

Terry Melcher vivía en una mansión en el 10050 de Cielo Drive, del opulento barrio de Bel Air, la misma casa donde se cometerían los crímenes de la familia Manson un año más tarde.

En agosto de 1968 Charles Manson intentó violar a la novia de Dennis Wilson, quien sentía pánico por su enigmático inquilino, más sabiendo que tarde o temprano se enteraría que habían grabado una canción suya sin su consentimiento y sin haberle acreditado para el cobro de *royalties*, por lo que optó por escapar de la casa con su novia, tres meses antes de finalizar el contrato de alquiler, dejándole al propietario la tarea de echar de su propiedad a la familia. Tan urgente fue la huida de Dennis, que dejó atrás objetos valiosos como discos de oro de Beach Boys, que pasaron a ser propiedad de los Manson.

The Manson Family se instalaron en un viejo rancho del Valle de la Muerte, propiedad de George Spahn, famoso por haber sido el escenario de varios westerns de éxito. La manera de formalizar el alquiler fue ofreciéndole concubinas al anciano propietario que permitió encantado que los hippies deambularan por su rancho olvidado de la mano de Hollywood.

En primavera de 1969, Terry Melcher fue a una nueva audición de Charles Manson, pero en esta ocasión no mostró ningún interés por lo aportado y la esperanza de un contrato discográfico se esfumó y Manson comenzó a desarrollar un odio visceral hacia el productor. Esto dio inicio a una paranoia mental que terminaría trágicamente. Durante el juicio un miembro de la familia aseguró que en esos días Manson les dijo: «No puedes llegar al sistema. Yo lo intenté, pero no me escucharon. Ahora tenemos que destruirles».

Paralelamente a su afán por conseguir triunfar en el mundo de la música, Manson fue creando una filosofía propia, pseudoreligiosa y mística, que le ayudó a ir adoptando seguidores para su familia. A los estudios de budismo y cienciología que practicó en prisión, se deben añadir conocimientos de ciencias ocultas, satanismo e incursiones en la Iglesia de Satán, creada en San Francisco en 1966 por Anton LaVey, que se autodenominaba el «Papa Negro». Todo eso se mezclaba confusamente con la Biblia y las canciones de los Beatles, en un cóctel inconsistente, pero que le sirvió para adoctrinar a sus discípulos y para convencerse de que él era una persona elegida y con un destino grandioso en este mundo.

Charles Manson vaticinaba un apocalipsis cercano, donde los negros se rebelarían contra los blancos, transformando el planeta en un infierno racial. La guerra se decantaría para el lado negro, pero no conseguirían mantener el poder debido a su inestabilidad intelectual e innata inferioridad como raza. Manson y su ejército se mantendrían ocultos durante el conflicto racial, pero resurgirían para arrebatarles el poder a los negros, reducirlos a esclavos y convertirse en el nuevo amo y señor del mundo.

Obedeciendo a The Beatles

En noviembre de 1968 The Beatles editan el *White Album* y fue el detonante de la locura de Charles Manson. Él creía que los Beatles habían escrito las canciones del disco para enviarle mensajes subliminales sobre la cercanía del apocalíptico final, el *Helter Skelter*. Todos los temas tenían alguna respuesta para Manson, por ejemplo «Revolution 9» ofrecía los sonidos de la guerra racial y les invitaba a seguir las enseñanzas marcadas en el capítulo 9 del Libro del Apocalipsis, que en inglés se llama Revelation 9. En ese capítulo el quinto ángel (Charles Manson) manda una lluvia de estrellas a la Tierra, los cuervos profetas con rostro de hombre y cabellos de mujer (The Beatles) crean una plaga de langostas que Manson entiende que son escarabajos. «Revelation 9» contiene el interruptor de la locura de Manson, porque en el minuto 2:34 se escucha a John Lennon y Yoko Ono diciendo Right (correcto), pero Manson creyó escuchar Rise (Alzaos), lo que significaba que había llegado el momento.

Manson detenido con la esvástica tatuada en la frente

En «Blackbird» los Beatles instigaban a los negros levantarse en armas para iniciar la revolución, «Blackbird singing in the dead of night / Take those broken wings and learn to fly / All your life you were only waiting for this moment to arise» (Pájaro negro cantando en la muerte de la noche / Coge tus alas rotas y aprende a volar / Toda tu vida has estado esperando este momento para alzarte). En «Piggies» la banda explica con detalles lo que los negros deben hacerle a los blancos. «What they need's a damn good whacking / Everywhere there's lots of piggies living piggy lives / You can see them out for dinner with their piggy wives / Clutching forks and knives to eat their bacon» (Lo que necesitan es una maldita paliza / En todas partes hay muchos cerditos viviendo sus vidas asquerosas / Puedes verlos cenando con sus esposas cerditas / Agarrando tenedores y cuchillos para comer su tocino.)

Así una tras otra, todas las canciones del *White Album* escondían mensajes para Manson, siendo «Helter Skelter» la más explícita de todas. «When I get to the bottom I go back to the top of the slide / and I stop and I turn and I go for a ride / and I get to the bottom and I see you again / Well do you, don't you want me to make you / I'm coming down fast but don't let me break you / tell me tell me tell me the answer.../ Helter Skelter, Helter Skelter, Helter Skelter / look out! helter skelter / she's coming down fast / yes she is yes she is / I've got blisters on my fingers!» (Cuando llego al fondo, vuelvo a la parte superior de la rampa / y me detengo y giro y voy a dar un paseo / y llego al fondo y vuelvo a verte / Bueno, ¿no quieres que te lo haga?/ estoy bajando rápido pero no dejes que te rompa / dime dime dime la respuesta ... / ¡Helter Skelter, Helter Skelter, Helter Skelter / cuidado! Helter Skelter / Ella está bajando rápido / sí, ella está sí, ella / ¡Tengo ampollas en los dedos!)

Charles Manson llegó a la conclusión de que el único error que tenía el Helter Skelter era que los negros no escuchaban a los Beatles y no sabían cómo llevarlo a cabo, así que su misión sería enseñarles a hacerlo.

El cielo se mancha de sangre

Su primera víctima fue el músico Gary Hinman, que los había acogido en su casa el año anterior. El 27 de julio del 69, Bobby Beausoleil, Susan Atkins y Mary Brunner de la familia Manson, asaltaron la casa de Hinman, lo ataron a una silla y torturaron para averiguar donde escondía el dinero sin resultados positivos. Manson se presentó en la casa, le torturó cortándole una oreja (recordad la escena de *Reservoir Dogs*, donde Tarantino se inspiró en Charles Manson) y al ver que no conseguía nada ordenó a Bobby matarlo, porque «Ya no sirve para nada».

Bobby apuñaló a Hinman numerosas ocasiones y con su sangre escribió en las paredes «Political Piggie» (Cerdo político), al mismo tiempo que «garras», símbolo de las Panteras Negras, para que la policía cayera sobre la organización afroamericana e iniciar el conflicto. El plan salió mal, porque el 6 de agosto fue detenido Bobby Beausoleil conduciendo el coche de Hinman y acusado de asesinato.

Tres días después de la detención de Bobby, Charles «Tex» Watson, Susan Atkins, Linsa Kasabian y Patricia Krenwinkle, bajo las órdenes de Charles Manson, se dirigieron a asaltar la casa del 10050 de Cielo Drive, hogar hasta hace pocas fechas de Terry Melcher, productor que enterró la carrera musical de Manson. La casa estaba ahora habitada por Roman Polanski y su esposa Sharon Tate, embarazada de 8 meses. Polanski se encontraba en Europa rodando una película y esa noche Sharon se encontraba con unos amigos celebrando una pequeña reunión. Al primero que se encontraron los asesinos fue a

Steve Parent de 18 años, que salía de visitar a William Garretson, cuidador de la finca. Estaba a punto de marchar en su coche cuando le dispararon cuatro veces a bocajarro.

Al entrar en la casa se encontraron con Sharon Tate, al famoso peluquero de Hollywood Jay Sebring, Voytek Frykowski, amigo de Polanski y su novia Abigail Folger. La escena que descubrió la policía describía uno de los crímenes más dantescos y horribles que podían imaginar. Frykowski y Folger parecía que habían intentado escapar y estaban a pie del jardín con el cráneo aplastado por golpes y numerosas puñaladas; Sebring posiblemente hubiera intentado proteger a Tate y tenía un disparo a quemarropa y múltiples puñaladas, mientras que Sharon Tate recibió 17 puñaladas, muchas de ellas alcanzando al bebe nonato y provocando la muerte de los dos. Usaron una toalla empapada en sangre de Tate para escribir en la puerta de entrada la palabra «Pig».

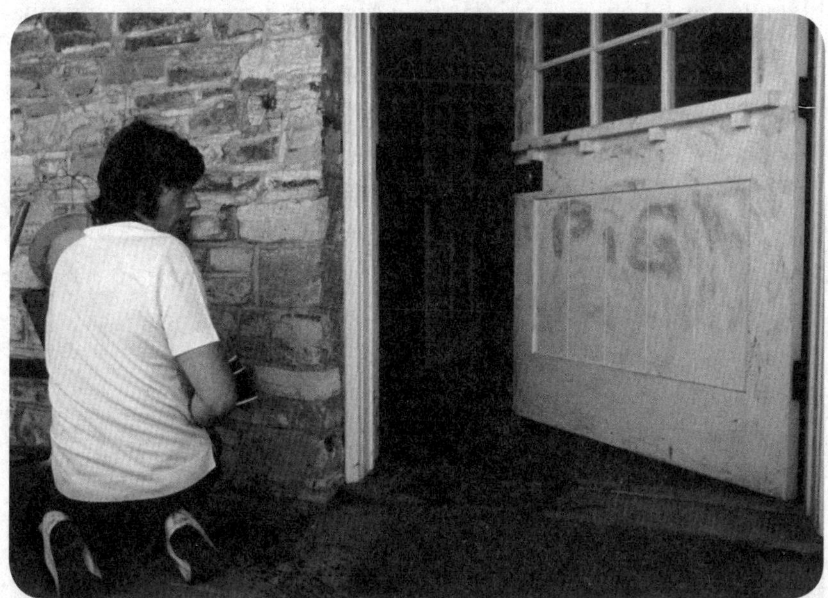

Polanski limpiando la sangre de su esposa

El 10 de agosto, Charles Manson y sus seguidores entraron en otra casa de Waverly Drive, de la zona residencial Los Feliz, reteniendo en su interior al matrimonio formado por Leno y Rosemary LaBianca. Al parecer Manson acompañó a sus sicarios para enseñarles cómo hacerlo sin tanto ruido como el día anterior. Una vez reducido el matrimonio, ordenó a Tex Watson, Leslie Van Houten y Patricia Krenwinkel que los asesinaran, mientras que él, Susan Atkins, Linda Kasabian y Ste Grogan esperaban en el coche. Los cadáveres de los LaBianca fueron descubiertos por sus hijos a la mañana siguiente. Leno estaba en el salón, las manos atadas a la espalda con un cable que le rodeaba el cuello, el rostro tapado por una almohada empapada en sangre y numerosas puñaladas y un tenedor clavado en el estómago, con la palabra «War» grabada en el pecho. Rosemary estaba en el dormitorio, al aparecer asesinada con el mismo ritual de manos, cuello y almohada, había recibido más de 40 puñaladas. Con la sangre de las víctimas habían dejado escrito «Rise» (Alzaos) en una pared, en la opuesta «Dead to pigs» (Muerte a los cerdos), mientras que en la nevera habían escrito mal «Healter Skelter». Más tarde se supo que en la finca de al lado vivía Phil Kaufman y que muy probablemente era el objetivo principal de Manson, pero no se encontraba en su domicilio.

Patricia Krenwinkel, Susan Atkins y Leslie Van Houten

Desgraciadamente el caso pudo quedar sin esclarecer debido a la inoperancia del departamento de policía de Los Angeles y la falta de colaboración con el sheriff del condado, que no supieron relacionar el crimen de Hinman con estos últimos. La policía decidió que la masacre de Cielo Drive había sido un asunto de drogas que se torció, mientras que la prensa colocó en el punto de mira a Roman Polanski, acusándole de satanista y de celebrar orgías de sexo y drogas en su mansión, que todo tenía un gusto macabro relacionado con la película *La semilla del Diablo* del cineasta. Como suele pasar en numerosas ocasiones, los medios convirtieron a la víctima en culpable.

De asesino a *rock star*

La familia Manson se refugió en el Rancho Barker, en el Desierto de Mojave, California, donde en octubre de 1969 el sheriff del condado les arrestó por vandalismo e invasión de la propiedad, lo que se hubiera saldado con una multa y unos días de arresto si no fuera porque la novia de Bobby Beausoleil confesó que Charles Manson había ordenado a su novio y a Susan Atkins el asesinato de Gary Hinman. Mientras estaba encarcelada en el Instituto Sybill Brand de Los Angeles, esperando el juicio, Atkins presumió delante de otras reclusas de haber cometido la masacre de Cielo Drive y el asesinato de los LaBianca, desmontando el Helter Skelter pronosticado por Charles Manson.

El juicio de la familia Manson comenzó en junio de 1970 y de lo acontecido en sus sesiones se podría escribir un libro entero.

El 24 de enero de 1971, el jurado leyó el veredicto, declarando a Charles Manson, Charles «Tex» Watson, Patricia Kenwinkel, Susan Atkins y Leslie Van Houten, culpables de asesinato en primer grado y conspiración para cometer asesinato. El tribunal condenó a los cinco a pena de muerte.

En otro juicio posterior, Charles Manson, Bobby Beausoleil, Tex Watson, Bruce Davis y Steve Grogan, fueron condenados a muerte por el asesinato de Gary Hinman. En 1972, la Corte Suprema de California abolió la pena de muerte por lo que las condenas fueron conmutadas por varias cadenas perpetuas.

Charles Manson ingresó en la Prisión Estatal de Corcoran, California, donde falleció el 19 de noviembre de 2017 a los 83 años de edad. Le fueron denegadas 12 peticiones de libertad condicional, la última en abril de 2012, y la próxima estaba prevista para 2027.

Manson recibía una media de 70.000 cartas anuales, concedió entrevistas a medios de comunicación, grabó un disco de canciones acústicas con Henry Rollins de productor, llamado *Completion*, fue declarado Hombre del Año en 1970 por el periódico *Tuesday's Child* y portada de la revista *Rolling Stone*. Se han rodado al menos cuatro documentales sobre su historia y una docena de películas o series de televisión basadas en su persona. Numerosos grupos de rock han grabado versiones o compuesto canciones sobre él, utilizando en algunos casos su voz real de entrevistas o incluso del juicio. En definitiva Charles Manson sí que se convirtió en un *rock star*, aunque posiblemente no de la forma que lo planeó.

★

Groupies de leyenda

Qué sería de la industria musical sin los fans, esas legiones de admiradores que siguen a sus ídolos adonde vayan, compran todo lo que les vendan y aumentan sustancialmente sus pingües beneficios. El fenómeno fan se concentró y comenzaron a aparecer en la geografía musical los clubs de fans, que crecieron y se reprodujeron en la década de los setenta y los ochenta, la mayoría de ellos pagados o subvencionados, de tapadillo, por las propias compañías discográficas, que alimentaban su funcionamiento con premios, concursos, viajes a conciertos, indumentaria y todo lo necesario para que fueran lo más escandalosos posibles, para llamar la atención de los no iniciados, para trabajar de ganchos, de trileros, y para hacer más grandes si cabe a sus ídolos.

Pero si eso es cierto, no menos cierto es preguntarse, qué hubiera sido del rock en los sesenta sin las *groupies*. Y no confundamos, porque no es lo mismo *groupies* que fans, aunque se puedan confundir. Partimos de la idea de que en toda *groupie* hay escondida una fan, pero no toda fan acabará siendo una *groupie*.

Las *groupies*, por definición, son admiradoras de un músico o grupo musical, al que siguen mientras está de gira y asisten a la mayoría de apariciones públicas de la estrella en cuestión, generalmente con la esperanza de conocerles más concienzudamente.

Pamela Des Barres y las GTOs

En contra de lo que se pueda creer actualmente, no siempre era con la intención de terminar manteniendo un encuentro sexual con el músico, pero las que mantenían esta actitud son las que le han dado un vuelco al término *groupie* y han aposentado la creencia de que eran jóvenes que perseguían a los músicos con la intención de follárselos y marcar una muesca en su alerón particular, cual piloto de cazas tras una escaramuza aérea.

Era Robert Plant de Led Zeppelin el que distinguía perfectamente a las chicas que querían un encuentro sexual ocasional, de las *groupies*, que viajaban con ellos una temporada y que ejercían de novias eventuales, cuidadoras e incluso en ocasiones como auténticas madres. Esto ayuda a comprender porqué muchas de las *groupies* famosas terminaron abandonando su afición para emparejarse e incluso casarse con alguna estrella antaño perseguida. Por otra parte la bacanal de descontrol que suponía perseguir a los músicos famosos en los sesenta, implicaba adentrarse en mundos, como mínimo, peligrosos que se llevaron por delante a muchos protagonistas que terminaron enaltecidos en la mitología rock, adorados por los medios de comunicación y endiosados en libros como este; mientras que las *groupies* también sucumbieron a esa vorágine salvaje de opulencia y desfase del rock, pero prácticamente nadie se acordó de ellas cuando hubieron muerto.

El término *groupie*

Es curioso, pero la primera referencia al término *groupie* llega desde un ámbito ajeno al musical. La escritora estadounidense Mary McCarthy, utilizó el término en su libro debut, llamado *The Company She Keeps* y publicado en 1942. Una novela dividida en varios capítulos donde la protagonista busca su identidad como mujer joven, en un momento histórico en el que se producían las primeras manifestaciones del feminismo liberal. El término *groupie* se utiliza para describir a una mujer de alegre dispendio sexual, evitando definirla o confundirla con una prostituta.

La primera referencia musical la encontramos en el álbum *Freak Out!*, editado por Frank Zappa y su «The Mothers Of Invention» en 1966. De las sesiones de grabación de ese disco falta el tema «Groupie Bang Bang», con textos muy descriptivos, por lo que fue censurada por la compañía:

«Byrds y Stones cavan en la fosa en que baila
Y, por supuesto, uno se mete en los pantalones
Paul McCartney y Ringo también
dicen que ella es mejor que Epstein.
Ella es mi *groupie* Bang Bang
groupie Bang Bang...
La llevé a casa conmigo anoche. Me
quité la ropa y apagué la luz.
Tenía su *boogie* en mi regazo.
Cuatro días después, tuve que aplaudir».

Un año más tarde, 1967, Jimi Hendrix, jugaba con los textos de «Foxy Lady», pero sin utilizar el término. De todas formas, el tema no dejaba cabida a las interpretaciones distorsionadas:

«Sexy. Sexy
Sabes que eres una pequeña y guapa rompecorazones
Sexy
sabes que eres una pequeña y dulce creadora de amor
Sexy

Quiero llevarte a mi casa
no te voy a hacer ningún daño, no
Tienes que ser toda mía, toda mía.
Oooh, Dama Sexy».

Sin embargo es en febrero de 1969 cuando la revista *Rolling Stone* publica un artículo llamado *Groupies: The Girls of Rock*, donde describe la relación de los rockeros con chicas jóvenes que los persiguen como trofeos sexuales y acuña definitivamente el significado de *groupies*.

Hay infinidad de referencias musicales a las *groupies*, algunas ciertas y otras alardeando de muchísima imaginación. La portada de *Electric Ladyland* que se publicó en el Reino Unido, incluía una foto de David Montgomery, con 19 jovencitas totalmente desnudas sobre fondo negro; pues hay quien quiere leer un guiño a las *groupies*, pero en realidad es una portada que desagradó a Hendrix y obligó a cambiarla. Actualmente la familia del guitarrista, que tiene todos los derechos sobre su obra, prohíbe que se reedite el disco con esa portada, alegando que Hendrix la consideraba ofensiva.

Otros que también sucumbieron a los encantos de las *groupies* fueron The Beatles, quienes en el álbum *Abbey Road* (1969), incluían el tema «She Came in Through the Bathroom Window», donde se narraba el supuesto robo en casa de Paul McCartney ejecutado por un grupo de *groupies* llamado Apple Scruffs, conocidas por acampar delante de los estudios Abbey Road durante semanas, para ver si podían ver salir a algún Beatle. Por otro lado, existen serias dudas sobre la veracidad del robo, y es más plausible que Paul le escuchara a otra persona la historia y se la agenció como propia.

«Ella llegó por la ventana del baño,
protegida por una cuchara de plata.
Pero ahora ella se chupa el dedo y vagabundea
por los bancos de su propia laguna.
¿Que nadie le dijo nada?
¿Que nadie vio nada?»

The Rolling Stones contaban una historia sórdida y por la que ahora les podrían condenar a la hoguera. Su posible relación con una *groupie* que al menos en el tema, «Stray Cat Blues» del álbum *Beggars Banquet* (1968), es una menor de edad. ¿Te imaginas?

«Escucho el chasquido de tus pies en las escaleras,
sé que no eres de ojos miedosos
Habrá una fiesta si vienes arriba
pero no es un asunto importante.
No es un crimen capital,
veo que tienes quince años.
No, no quiero tu I.D.
Y he visto que estás muy lejos de casa,
pero no es asunto importante.
No es un crimen capital.
Oh sí, eres una extraña gata callejera.
Oh sí, no te rasques así.
Oh sí, eres una extraña gata callejera.
Apuesto a que tu mamá no sabe que gritas así.
Apuesto a que tu madre no sabe que puedes escupir así.
Te ves tan rara y estás tan lejos de casa,
pero realmente no extrañas a tu madre.
No pareces tan asustada, no soy un oso de cerebro loco.
Pero no es asunto importante.
No es un crimen capital».

Y no es necesario que las experiencias sean realidad. En la húmeda Belfast de 1964, apareció un grupo de rhythm & blues capitaneado por un vocalista llamado Van Morrison. Se hicieron populares con sus actuaciones en el The Maritime Hotel, donde se presentaban como una banda poderosa con un cantante desconcertante, sin disciplina y siempre *ad líbitum*, improvisando. Cuenta la leyenda que Morrison deseaba a una chica que estaba en primera fila de todos sus conciertos, bailando y enloqueciendo. Tanto la deseaba que una noche improvisó la letra de una canción, donde imaginaba que ella caería en sus brazos. En ese tema, llamado «Gloria», Van Morrison estaba buscando una *groupie*.

«Ella viene por aquí
cerca de la medianoche.
Ella me hace sentir tan bien, Señor.
Quiero decir que ella me hace sentir bien,
viene caminando por mi calle.
Luego ella viene a mi casa,
Ella toca mi puerta
y luego ella viene a mi habitación.
Sí, y ella me hace sentir bien
G-L-O-R-I-A
¡Gloria!
G-L-O-R-I-A
¡Gloria!»

Pink Floyd reflexionaban sobre la relación con las *groupies* en su disco *Atom Heart Mother* de 1970. Una reflexión marcada en el tema «Summer 68».

«Nosotros decimos adiós antes de decir hola
yo mismo no te gusto, no debería importarme,
nos conocemos apenas desde hace seis horas,
la música estaba demasiado alta.
En tu cama gané un día y perdí un maldito año.
Me gustaría saber,
cómo te sientes tú, cómo te sientes tú, ¿cómo te sientes tú?»

Groupies famosas

De una forma u otra las *groupies* se extendieron por la geografía roc-kera de finales de los sesenta y los setenta. Eran un decorado más de las extenuantes giras de las estrellas del rock, alcanzando alguna de ellas una fama inusitada.

No había grupo o músico que se preciara de ser estrella, que no tuviera un séquito de chicas adolescentes acompañándoles.

Algunas de ellas llegaron a ser sus musas particulares e incluso parejas estables y esposas, otras se hicieron enormemente famosas y despegaron con negocios creativos o simplemente vendiendo sus experiencias en li-

Anita Pallenberg y Marianne Faithfull

bros y revistas, pero la gran mayoría pasó desapercibida, abatidas por las drogas y el alcohol, devastadas, usadas y tiradas a lo largo de la carretera por rockeros infames, que se creyeron dioses nadando en la abundancia y con patente de corso para hacer lo que quisieran y con quien quisieran, intocables. Una cultura machista y despreciable que siempre ha acompañado al rock, y que jamás ha conseguido quitarse las manchas de esa vergüenza, vendiendo por glamour lo que simplemente era un machismo desbocado y a todas luces despreciable.

De todas ellas, las más respetables o respetadas, fueron Marianne Faithfull y Anita Pallenberg, primero porque no fueron consideradas *groupies* 100%, y las dos eran consideradas como las musas de los Rolling Stones, pero su comportamiento y curriculum no distaba mucho de las chicas alocadas que perseguían a Mick Jagger o Keith Richards. Marianne estuvo con Jagger, Richards, Brian Jones e incluso Bob Dylan, además de presuntos amantes ocasionales como Hendrix, Bowie y Leonard Cohen que le escribió el tema «So Long Marianne». Mientras que Anita «La Diablesa», pasó de fan de la banda y muñeca de cualquier fiesta *underground* a novia de Brian Jones, más tarde pareja y madre de tres hijos con Keith Richards, pero mantuvo un romance encubierto con Mick Jagger y otro con tintes macabros con Scott Cantrell, un muchacho de 17 años, trabajador de la casa de Richards, que se pegó un tiro en su cama con la pistola de Keith Richards.

El primer grupo de *groupies* famosas fueron las Apple Scruff, de las que ya hablamos en este capítulo. Ellas alcanzaron tal sintonía con The Beatles, que aparecen haciendo coros en «Across The Universe» y George Harrison les dedicó el tema «Apple Scruff» de su álbum *All Things Must Pass*.

Otro grupo famoso son las GTO (Girls Together Outrageously), formado por *groupies* que circulaban por el ambiente de Frank Zappa, Captain Beefheart y el Sunset Strip en general. Frank Zappa les produjo un álbum en 1969, llamado *Permanent Damage*, que no tuvo mucho recorrido y tan solo actuaron en cinco ocasiones. Sin embargo algunas de sus componentes se constituyeron en leyendas, con un curriculum impresionante y elevando el término *groupie* al estrellato.

Miss Pamela, más tarde Pamela Des Barres, se hizo popular por pintar un cuadro de los genitales de Mick Jagger, pero tras escribir varios libros y siempre dando el beneplácito de creerla, por su cama pasaron Mick Jagger, Jimmy Page, Keith Moon, Nick St. Nicholas de Steppenwolf, Noel Redding, Jim Morrison, Chris Hillman de The Byrds, Gram Parsons, el DJ Waylon Jennings y los actores Brandon de Wilde, Michael Richards, Woody Allen y Don Johnson.

Myss Cynderella, cuyo verdadero nombre es Cynthia Sue Wells, terminó casándose con John Cale de The Velvet Underground. Un matrimonio que se acabó a los cuatro años tras numerosas infidelidades. Cale le dedicó el tema «Guts», donde encontramos versos tan explícitos como «El insecto en las mangas cortas se folla a mi esposa / Lo hizo rápido y terminó / De vuelta a casa, fresca como una margarita está Maisy, oh Maisy». La esposa está claro quien era, el insecto se le atribuye a Kevin Ayers, pero podría ser otro diferente.

Miss Christine estuvo emparejada con Alice Cooper y hay quien opina que ella fue quien construyó el personaje teatralizado de Cooper, también se la relacionó con Todd Rundgren y Chris Hillman en su etapa en Flying Burrito Brothers, banda que se inspiró en ella para el tema «Christine's Tune (Devil in Disguise)». Murió de sobredosis de heroína el 5 de noviembre de 1972, a los 22 años.

Las tres GTO que nos faltan son Miss Lucy y Miss Sandra, quienes fallecieron en 1991, la primera a consecuencia del SIDA y la segunda de cáncer, más Miss Sparky, que desapareció de la escena musical y se desconoce su paradero.

Desgraciadamente, disfrazado de revolución sexual, de liberación de ataduras y de libertades personales, el fenómeno *groupie* no fue otra cosa que una demostración más del machismo existente en la industria musical, donde las chicas solo eran objetos que existían para

Pamela Des Barres (delante) junto a Miss Cynderella, Miss Sandra y Miss Christine

la distracción de las estrellas, a las que se les permitía auténticas barbaridades que eran banalizadas por la propia industria y magnificadas, justificadas y alabadas por la prensa, en un ejercicio despreciable y que no hace otra cosa que colocar a las estrellas del limbo rock en una posición más merecida, la de gusanos indeseables.

Christine Boris tenía solo 16 años cuando se iba de gira con Led Zeppelin o Bad Company, pasando de ciudad en ciudad, de concierto en concierto y de cama en cama. Antes de cumplir la mayoría de edad tuvo que ser internada en un frenopático para ser tratada de graves trastornos psicológicos por abusos sexuales y consumo de drogas.

A Lori Maddox, como a la mayoría de las *groupies*, nadie la obligó a meterse en la cama de ningún rockero, pero la inercia del sistema, la magia que se vendía como agua de colonia o perfume, el espejismo de los medios y la egolatría de los protagonistas, la llevaron a ser la *groupie* de David Bowie cuando solo tenía 14 años... un delito a todas luces.

Mucho peor sería su relación con Jimmy Page, todavía siendo menor de edad, con quien mantuvo un romance tumultuoso y con aspectos sórdidos. Como Maddox no podía volar con Led Zeppelin de estado en estado, vivía recluida en el hotel de Page para alegrarle la vida cada vez que regresaba. Todo decorado con un supuesto romance hipnotizador, que terminó bruscamente el día que el guitarrista apareció con otro capricho llamado Bebe Buell, *groupie* que fue amante de Steve Tyler de Aerosmith, con quien tuvo a Liv Tyler.

Vidas destrozadas por héroes de la guitarra, dioses del rock, que vivían en su propio jardín del Olimpo, sin preocuparse de qué flores dejaban pisoteadas por el camino.

Una de las leyendas más execrables de este firmamento *groupies*, es la que apunta al comportamiento de Richard Manuel de The Band, quien pedía fotos Polaroid de las supuestas candidatas a subir a su habitación, de entre las que elegía a las afortunadas que iban a gozar de su compañía.

Posiblemente una de las historias más tristes es la de Nancy Spungen, quien con solo 17 años se sumó a la *troupe* de bandas como Aerosmith, The New York Dolls, Ramones y The Heartbreakers, con quien se trasladó de gira al Reino Unido, donde conoció a Sid Vicious, a quien se unió sentimentalmente, en una relación tormentosa de menos de un año, cargada de violencia y drogas. Nancy fue encontrada en el baño de su habitación con una puñalada en el abdomen, supuestamente asestada por Vicious. Nancy murió desangrada a los 20 años.

Las Plaster Casters

El tema de las *groupies* podría retenernos durante muchas páginas más, porque existe una mitología rockera propia, más allá del simple hecho de ser un divertimento sexual de las estrella del rock. Las *groupies* fueron en algunos casos auténticas musas, llegaron a inspirar y a ayudar a componer grandes canciones, como es el caso de Marianne Faithfull y la canción «Sister Morphine» de los Stones; reorganizaron las carreras de algunos músicos perdidos y amueblaron la cabeza de muchos otros. Aunque su mayor aportación fue la engañosa imagen de jugar al amor libre y la libertad sexual.

Cynthia y Dianne, las Plaster Caster

Vamos a centrarnos en los dos últimos ejemplos de *groupies*, que podríamos denominar como inteligentes y productivas, levantando la controversia con algún lector por los dos adjetivos.

La primera de ellas es Pennie Lane Trumbull, quien con 16 años comenzó a asistir a conciertos ejerciendo de *groupie*, hasta que recién alcanzados los 18 se mudó a Los Angeles. Allí creó un grupo llamado The Flying Garter Girls, a medio camino entre la banda de *groupies* que las rockstars deseaban y de empresa de promoción y representación. El grupo estaba formado por Trumbull como líder, más Marvelous Meg, Sexy Sandy, The Real Camille y Caroline Can-Can. Durante tres años trabajaron con grandes bandas de rock, disfrutaron de las mieles del *show business* y amasaron una buena cantidad de capital que les permitió dejarlo e iniciar sus propias carreras, fuera del circo en el que se habían metido. Trumbull es una afamada empresaria que posee su propia marca de vino y su historia sirvió de inspiración para la película *Almost Famous*, dirigida por Cameron Crowe, en una cinta autobiográfica donde el personaje masculino, reportero de *Rolling Stone* (inspirado en Crowe), gira con una banda que no puede esconder la realidad, se trata de Allman Brothers con algunas referencias a Led Zeppelin, para escribir un artículo. Termina enamorándose de una *groupie* llamada Pennie

Lane. Se trata de una de las mejores películas grabadas sobre el rock en los sesenta y setenta, cruda y real como la propia realidad.

Por último hablaremos de las Plaster Casters, y en particular de Cynthia Plaster Caster, sin lugar a dudas la *groupie* más famosa, debido a su extraña afición de crear moldes de los penes de las estrellas de rock.

Tímida para contactar con el sexo contrario, se metió de lleno en la vorágine del sexo libre a mediados de los sesenta, pero sin mucho éxito, ya que no quería convertirse en una *groupie* cualquiera o al menos no seguir los estándares de chica fácil de poseer y olvidar.

Su profesor de arte de la universidad les mandó como trabajo, «crear con yeso algo sólido que pudiera retener su forma», por lo que Cynthia pensó rápidamente en el miembro fálico. Su primer héroe candidato fue Paul Revere, quien llegó a Chicago con sus Riders. El músico se la llevó a la cama, pero se negó a hacerle de modelo. Según Cynthia declaró años más tarde, fue su primera vez, un desengaño que no la paró en su idea.

A finales de la década, consiguieron convencer a Jimi Hendrix para que se prestara como modelo. La dinámica era sencilla, su amiga Dianne se encargaba de la erección del miembro, mientras que Cynthia lo enfundaba dentro de la pasta. Según Noel Redding, bajista de la banda de Hendrix, la experiencia no tenía nada de erótico, más bien parecía una ceremonia médica y bastante incómoda. Noel fue el segundo modelo y Mitch Michell, el batería, se negó tras comprobar la depilación a la que fueron sometidos sus compañeros al retirar el molde; muy dolorosa, desagradable y a todas luces inhumana.

La prensa se encargó de encumbrarlas y en poco tiempo eran conocidas como las chicas de los penes del rock'n'roll. Habían conseguido el pene de Hendrix, toda una osadía que les abrió muchas puertas de camerinos y habitaciones. Se pusieron el nombre de las Plaster Casters (las Yeseras). Frank Zappa las financió con la intención de realizar una surrealista exposición de penes de músicos. El socio de Zappa, otro personaje irreverente y sobre todo más siniestro, se encargó de guardar los trofeos para la exposición, con la intención de quedárselos en propiedad y hacer un negocio redondo con ellos. Una sentencia judicial definió la autoría de la obra sobre Cynthia, en un juicio que hubiera sido digno de presenciar.

Las Plaster Casters consiguieron 75 penes inmortalizados en yeso con nombres como Jimi Hendrix, Noel Redding (The Experience), Eddie Brigati (The Young Rascals), Harvey Mandel (guitarrista), Zal Yavonksy (Lovin 'Spoonful), Aynsley Dunbar y Ricky Fataar (Beach Boys). Actualmente sigue ejerciendo de yesera, siendo uno de los últimos modelos el vocalista de pop británico Jake Shillingford.

El año 2000 realizó una exposición de penes en el Soho de Nueva York y en 2017 en el prestigioso MoMA PS1 en Brooklyn comenzó a vender reproducciones de los penes originales por encargo.

Durante un tiempo se dedicó a crear moldes de pechos de mujeres, siendo su primera modelo Suzi Gardner de L7, a la que siguieron algunos nombres más como Karen O (vocalista de Yeah Yeah Yeahs), Peaches, Laetitia Sadier (cantante y tecladista de Stereolab) y Margaret Doll Rod (cantante y guitarrista para Demolition Doll Rods), aunque al parecer no le ha dedicado tanto empeño, sigue en la labor de conseguir más senos famosos.

En su página web vende camisetas con el logo de Plaster Casters y la leyenda «Hecha a mano», y además se ha postulado en varias ocasiones a la alcaldía de Chicago, pero sin tener resultados relevantes.

Curiosamente hay dos canciones inspiradas en Cynthia, «Five Short Minutes» del cantautor Jim Croce y la más conocida, «Plaster Caster», de KISS. En ninguno de ambos casos, fueron clientes de Cynthia, aunque posiblemente ganas no faltaron.

«El bebé se pone ansioso, la hora se hace tarde.
La noche casi termina, ella no puede esperar.
Oh, las cosas se complican, mi amor está en sus manos,
y no hay más espera, ella entiende.
El yeso se está poniendo más duro y mi amor es la perfección.
Una muestra de mi amor para su colección, su colección.
Plaster Caster, agárrate de mí más rápido.
Y si quieres ver mi amor, solo pregúntale.
Y mi amor es el yeso.
Y sí, ella es la coleccionista».

«Plaster Caster», Kiss

Paul is dead

Paul is Dead (Paul está muerto) es el nombre por el que se conoce la leyenda urbana que asegura que Paul McCartney, vocalista, bajista y compositor de The Beatles, falleció en un accidente automovilístico el 9 de noviembre de 1966, siendo reemplazado por el ganador de un concurso de imitadores.

Esta teoría de la conspiración es posiblemente la más inconsistente de todas las mostradas en este libro, pero inexplicablemente a día de hoy, todavía tiene adeptos, que encuentran pistas, mensajes, pruebas para demostrarlo.

Para intentar entender esta leyenda es necesario un poco de imaginación y saber en todo momento que estamos jugando una partida, donde el tablero no distingue entre la verdad y la mentira, entre lo real y la mera superstición. Vamos a detallar cómo se teje la red sobre la que el arácnido conchabanza la trama y presenta pruebas ante un tribunal que ya sabe cuál es la sentencia antes de que se abra la sesión: *Paul is Dead*.

La leyenda *Paul is Dead* nace el 12 de octubre de 1969, cuando Russell Gibb, disc jockey de la emisora *WKMR-FM* (actualmente llamada *WNIC*) de Detroit, recibió una llamada en directo de un hombre que se identificó como Tom, estudiante universitario de la ciudad de Ann Arbor, asegurando que Paul McCartney había muerto en 1966.

Gibb, pensando que podría ser divertido y sin dotarle de mucha credibilidad, dio paso en antena al misterioso personaje, dando comienzo a esta entramada teoría de la conspiración *PiD (Paul is Dead)*. Tom explicó que la portada del disco *Abbey Road*, donde los cuatro Beatles cruzan el paso de cebra más famoso de Londres, es en realidad un cortejo fúnebre, en el cual McCartney es el cadáver. También expuso que el resto de la banda había dejado pistas del fallecimiento de Paul en los textos de sus canciones, aunque en la mayoría de las ocasiones se debían escuchar al revés para entenderlas, con la famosa técnica de *backmasking*, que tantos quebraderos de cabeza trajo en la década de los sesenta y setenta.

Nueve días después, el Dj Roby Yonge, de la emisora *WABC* en la ciudad de Nueva York, se hizo eco de la misma noticia, en un episodio que como mínimo es divertido. Yonge había fichado por la emisora en 1967, en principio para hacer píldoras de cinco minutos con sucesos de la historia del rock, que tampoco es que fuera muy abundante en esos años. Poco a poco fue escalando hasta que se quedó con la franja horaria nocturna, pero su comportamiento problemático le produjo algún que otro contratiempo con la dirección, hasta que a principios de octubre del 69, el director de programas Rick Sklar, le comunicó que no renovaría a final de año. La venganza de Yonge fue colosal. El 21 de octubre, gracias a que Chris Randall, productor del programa de la *WKMR-FM*, le había facilitado las cintas con la grabación de la teoría de *PID*, Yonge comenzó a proclamar la noticia de que Paul McCartney había muerto y enumeró una a una las pistas que lo demostraban. En esa fecha la emisión cubría más de 38 estados y se podía escuchar en diferentes países. La centralita se colapsó y directivos de la emisora le llamaron para obligarle a parar la emisión. Yonge, que se encontraba solo de madrugada en la emisora, hizo oídos sordos a la petición de la directiva y durante casi dos horas siguió con el mismo tema, hasta que otro DJ de la estación, Les Marshak, consiguió entrar y continuar con el programa sustituyendo a Yonge, que fue despedido inmediatamente.

Comienza la especulación

Sin embargo la primera vez que se hace pública la teoría de *PID*, fue el 17 de septiembre de ese mismo año, cuando el estudiante de segundo año de la Universidad de Drake, Iowa, Tim Harper, publica un artículo en el periódico local *The Times Delphic*, con el espectacular titular: *Is Beatle Paul McCartney Dead?* Aunque se sabía que algunos círculos de beatlemaníacos se cuestionaban desde hacía años sobre la posible muerte de Paul, fue Harper el primero en dar una serie de pistas, que resultaron coherentes en su momento. Él y la editora del periódico, Maury Leavitt, se dedicaron a realizar entrevistas en numerosas emisoras de radio, cobrando diez dólares cada cinco minutos de teléfono y cifras más importantes si las entrevistas eran presenciales, incluyendo desplazamientos en avión y hoteles si se trataba de programas de televisión. Todo terminó el 7 de noviembre de 1969, cuando la revista *Life* Magazine publicó un artículo, *Paul is still with us (Paul todavía está con nosotros)*, donde revelaban que Paul se había retirado a su aislada finca escocesa, en una época en que la relación de los Fab Four estaba muy deteriorada.

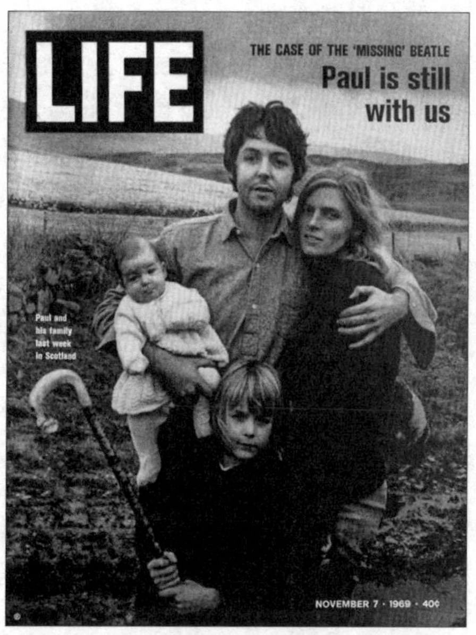

Portada de *LIFE* del 7 de noviembre de 1969

El 14 de octubre de ese mismo año aparece otro artículo titulado *McCartney ha muerto. Nuevas pruebas salen a la luz*, publicado por Fred LaBour, un estudiante de la Universidad de Michigan, en el periódico de la institución, *Michigan Daily*. LaBour recoge la llamada del misterioso TOM a la *WKMR-FM* de dos días antes y además aporta el nombre del supuesto impostor, un canadiense que ganó un concurso, no de imitadores de The Beatles, sino de Paul McCartney, llamado William Campbell. LaBour, al igual que Harper, disfrutó de un tiempo de opulenta popularidad, que le abonó el camino para aposentar un inicio de carrera periodística, más la aureola de éxito ficticio y perecedero.

Una versión más antigua de la leyenda, comenzó a popularizarse en Inglaterra a principios de 1967, pero no llegó a tener la importancia de la versión americana. El bulo británico aseguraba que McCartney había fallecido en un accidente de motocicleta el 26 de diciembre de 1965 en Liverpool. Dicho sea de paso, un accidente que se produjo en realidad, al derrapar la moto de Paul y salir disparado el piloto, arrastrándose por el suelo unos metros. El Beatle se partió los labios y un diente, como máxima expresión de la gravedad del accidente. Por un tiempo, Paul aparece en algunas fotos promocionales con el diente mellado, hasta que a mediados de 1966 se colocó una funda.

Cuando la revista *Life* publica el artículo *Paul is still with us* el 7 de noviembre de 1969, intentó desmontar las supuestas teorías de la conspiración, pero el resultado conseguido fue contrario al deseado. La propia revista apuntaba las diferencias existentes entre la voz de McCartney en «Yesterday» grabada en 1965, anterior a su supuesta muerte y «Hey Jude», registrada una vez fallecido, presuntamente por William Campbell. Como a todo circo le crecen los enanos, la revista *Life* consiguió el testimonio de un doctorado de la Universidad de Miami, Henry Truby, quien testificó que existía una duda razonable sobre la teoría de la usurpación vocal.

El jefe de prensa de The Beatles, Derek Taylor, declaró que hacía años que recibían llamadas en la oficina preguntando sobre la muerte de Paul, pero que había llegado un momento que la cuestión era preocupante, puesto que a fans histéricos se sumaron djs de emisoras de radio y productores de televisión. Finalmente *Apple Records* tuvo que publicar un comunicado del propio Paul McCartney que aseguraba: «Estoy vivo y nada preocupado por los rumores que dicen que he muerto. Pero si hubiese muerto, yo sería el último en enterarme».

Deconstruyendo una conspiración

La leyenda de la muerte de Paul McCartney tiene como punto de referencia el 9 de noviembre de 1966, en una noche lluviosa que la banda estaba recluida en Abbey Road, trabajando en la grabación del magnífico *Sgt. Pepper's Lonely Hearts Club Band*. La banda no se ponía de acuerdo en uno de los temas y Paul estalló en cólera manteniendo una fuerte discusión, que al parecer casi desemboca en una agresión mutua entre Lennon y McCartney. Ante el giro que tomó el asunto, Paul decidió abandonar el estudio cerca de las 5 de la madrugada, marchando con su Austin Healey en un momento que llovía a cántaros. Por el camino Paul se detuvo y se ofreció a llevar a una chica que caminaba sola por la calle, empapándose con la tormenta. La chica no reconoció al músico en un principio, pero cuando lo hizo, se comportó como una fan histérica,

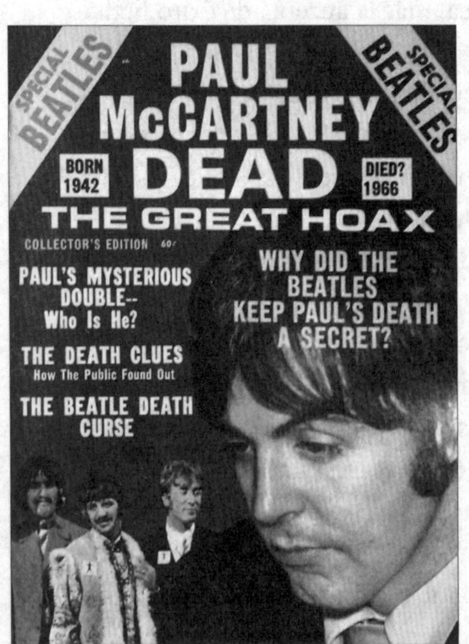

30 years on , for you to cut out and keep, The Mirror's front page celebrating man's greatest achievement

Daily Mirror

"BOSTON STRANGLER" CONVITED!

SPECIAL ISSUE

Wednesday morning at 5:00am

TICKET TO DIE

THE WILD FIGHTS WITH JANE ASHER AND HIS BOOZED-UP FINAL RIDE

Clues about Paul McCartney's sad death have surfaced this morning. A new era of history began yesterday morning at 5.00 when his his sports car collided with cars parked on the motorway. Before McCartney's vehicle came to a full stop, he smashed through a barrow made of Norwegian wood in the marketplace, as well as an elderly woman, whom was recorded telling the paramedics on the scene that she knew what it was like to be dead. Lovely Jane Asher has yet —

We say goodbye to the star of the century— one whom has found a permanent place in history. At just 25 years old, he was in the prime of his life.

FULL STORY - CENTRE PAGES

KOSMOS 138 LAUNCH — FOLLOWING

LEICESTER CITY'S MASSIVE 3-0 TRIUMPH OVER ARSENAL — BACK PAGE

THE Sun

THE FAB FOUR NOW THREE

6p TODAY'S TV PAGES 12 and 13

PAUL IS DEAD

25 and alone in terrifying car wreck

PAUL MCCARTNEY, the loved rock'n'roll star, at the prime of his life, died last night at just 25 years old.

A TWISTED STORY . . . The crippled and wrecked Lotus sports car the young rock'n'roll star Paul McCartney was driving much too fast last night in London

He blew his mind out in a car

NEXT

1967 VOLKSWAGEN BEETLE

IT CAN CARRY THAT WEIGHT

70,000 AMERICAN TROOPS ADDED TO FIGHT IN NORTH VIETHAM BY L.B.J.

LOCAL MAN SAYS ISSUES SORTED – Page 2

Prensa sensacionalista, panfletos basura

abrazando a Paul y consiguiendo que perdiera el control del vehículo, que circulaba a una velocidad excesiva. Paul se saltó un semáforo y fue embestido por un furgón de reparto, en un choque muy virulento que relanzó su vehículo, empotrándolo contra un poste de teléfonos. La chica logró escapar del vehículo, pero Paul quedó atrapado entre el amasijo de metal, que automáticamente se incendió con el músico dentro. Por si la historia no pudiera complicarse más, al llegar los bomberos el Austin Healey explotó, negando cualquier posibilidad de rescate *in extremis*.

Un reportero de un periódico local había seguido al músico en busca de una historia que finalmente había logrado. Seguramente conseguiría la fama y sería la primera portada de una carrera prometedora que acababa de despegar. La policía comprobó que el coche era de Paul McCartney y avisaron a su mánager, un Brian Epstein frío e insensible que telefoneó a todas las cabeceras de revistas y periódicos hasta que dio con el que iba a publicar el tsunami periodístico. Sobornó al tabloide, parando máquinas y censurando el artículo y la carrera del novato periodista. Se encargó de una buena dádiva a la comisaría que hizo el atestado para que renunciaran a la identificación del cadáver, siendo la parte más creíble de esta historia, dejando como último fleco comunicarlo al resto de la banda.

Nosotros seguiremos con la leyenda, pero de entrada, hay un detalle que no cuadra en esta primera parte. Paul no se pudo marchar el 9 de noviembre, de la grabación del álbum *Sgt. Pepper's Lonely Hearts Club Band*, porque The Beatles comenzaron a grabar el disco en EMI Studios (nombre de los estudios Abbey Road hasta 1970) el 24 de noviembre.

Lennon, Harrison y Ringo, pensaron en deshacer la banda de inmediato, pero una vez más Epstein les dejó clarito que los compromisos que tenían cerrados les obligaban a seguir con o sin Paul. La solución pasó por buscar un sustituto de Paul para fotos promocionales, vídeos y películas, organizando un concurso de imitadores del bajista. El ganador del *casting* sería un escocés afincado en Ontario, Canadá, llamado William Campbell, aunque otras informaciones definen a un tal Billy Shears como impostor de McCartney. La banda hacía tres meses que había decidido dejar de tocar en directo, su última aparición fue el 29 de agosto del año 1966 ante 25.000 fans en Candlestick Park (San Francisco), por lo que Campbell o Shears no debía pasar la prueba del directo.

Con el paso del tiempo, los tres miembros vivos de la banda sintieron remordimientos por lo que habían hecho y comenzaron a dejar pistas, donde anunciaban que Paul no estaba con ellos. Aunque hay muchas imprecisiones e incluso pruebas que preceden a la presumible expiración, es la parte más divertida, entretenida y sugestiva de la leyenda PID.

El juego de las pistas

Ahora vamos a repasar la cosecha de pruebas aportadas por el ministerio fiscal, la mayoría de ellas, resultan infantiles o inocuas, pero formaron parte de la mitología Beatles y lo que es más curioso, siguen existiendo expertos en leyendas que piensan que todo lo dicho aquí es cierto.

En la portada de *Rubber Soul* de 1965, la fotografía es un contrapicado; muy efectivo para que los conspiranoicos apuntaran que se disparó desde la tumba de Paul y que el que aparece es su impostor. ¿Cuál es el problema? ¿No habíamos quedado que el accidente fue en noviembre de 1966?

En *Yesterday and Today*, álbum publicado para el mercado americano con la famosa portada de los carniceros, rápidamente censurada por la compañía americana y sustituida por una foto de los Beatles posando con un baúl, podemos despacharnos un rato. En primer lugar la carnicería hace referencia a cómo quedó el cuerpo de McCartney, siendo la cabeza entre las piernas un símbolo de su decapitación y la dentadura que está colocada encima de su brazo derecho es indicativo de la pérdida de dientes en el accidente. Por otro lado, todos sonríen menos Paul que bosteza, porque ya le ha llegado la hora de parar. Para colmo de males, la portada remplazada con el baúl, muestra a McCartney dentro del mismo y el resto fuera; la conclusión definitiva es que se trata de un ataúd y dentro está el difunto. En el tema «Yesterday» existe el mensaje: «Yo no soy el hombre que solía ser», que podemos ahorrarnos las explicaciones, mientras que en «Nowhere Man» se dice «Tú no sabes lo que te estás perdiendo, hombre de ningún sitio», un tanto más ambiguo. Pero este álbum se editó el 15 de junio de 1966.

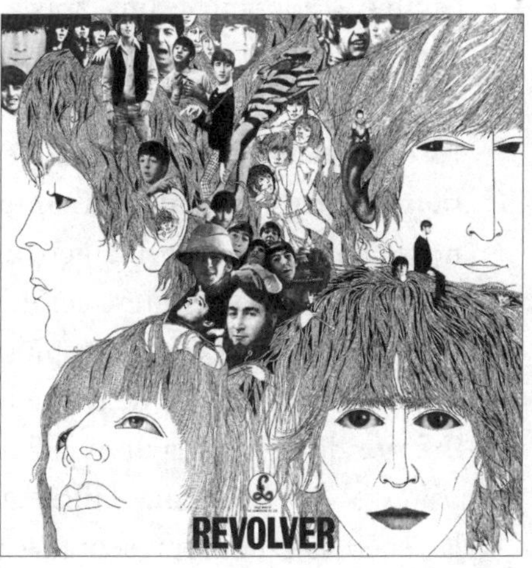

En la portada de *Revolver* de 1966, aparece por primera vez la «Mano Abierta», gesto que los sacerdotes utilizan para dar la bendición y extremaunción a los que se van de este mundo, mientras que en la cultura hindú significa muerte. Sobre la cabeza de Paul se puede apreciar la mano abierta, al mismo tiempo que se aseguró que es el único que está de perfil, porque todavía no se había operado algunas diferencias existentes en la cara, es decir que es Campbell.

En el interior de las canciones también aparecen los mensajes de «Taxman»: «Si conduces un coche...», «Si tienes mucho frío...» y cuando acaba la canción se escucha a Lennon decir «Ahora mi consejo para los que mueren / Declaren sus peniques en sus ojos».

En «Eleanor Rigby» parece que describe el entierro de Paul. «El Padre MacKenzie, se sacude la tierra de las manos / Mientras se aleja de la tumba». Inicialmente el nombre del sacerdote debía de ser McCartney, pero sería una broma que no entenderían los padres del bajista. Podríamos definir el Submarino Amarillo como el ataúd de McCartney, pero eso sería una sobredosis de imaginación poco saludable. Tampoco aceptamos la referencia que aparece en «Got to Get You Into My Life», «Me di una vuelta / No sabía lo que iba a encontrar», se refiere a Campbell entrando por primera vez en el coche de Paul; pero los teóricos del *PID* sí. Hay más pistas en *Revolver*, pero volvemos a darnos de bruces con el mismo problema, se editó el 5 de agosto de 1966, meses antes del deceso.

Sgt. Pepper's y sus paranoias

Llegamos a la estrella de la conspiración *PID*, el *Sgt. Pepper's Lonely Hearts Club Band*, supuestamente el álbum durante el cual Paul McCartney tuvo el accidente mortal. El disco significó un paso de gigante en la historia de la música, en la forma de grabar los discos y desde luego un cambio explícito en el seno del grupo. La imagen de Beatles cambió y adoptaron una nueva identidad, *La Banda de los Corazones Solitarios del Sargento Pimienta*, como broma a los estrafalarios grupos de la época hippy; una idea que fue expuesta por Paul McCartney. Es una evidencia incuestionable que el *collage* de la portada es un entierro, pero si nos fijamos en que aparecen los músicos en blanco y negro con su anterior imagen, no era muy complicado asimilar que el sepelio es por la defenestración de una parte de su historia.

Pero claro, para los conspiranoicos todo va mucho más allá. Todo se trata de un funeral de despedida al difunto McCartney. En la parte inferior de la portada unos jacintos amarillos dibujan lo que parece un bajo y por su posición, se diría que es para zurdos, como Paul. Además las cuerdas están representadas por tres palos verdes, porque en realidad falta la cuarta cuerda, Paul. Si le añadimos mucha imaginación, pero mucha, los jacintos parece que definan la incógnita ¿«PAUL?».

Justo al lado del bajo aparece una estatuilla de Shiva, una diosa menor hindú, que siempre se ha dicho que significa la destrucción, omitiendo la información no necesaria para que el *PID* se desarrolle perfectamente. En realidad Shiva es una diosa de tres atributos complementarios: creación, destrucción y regeneración, mucho más acorde con la etapa creativa de The Beatles que con la supuesta pérdida.

La muñeca de la derecha, con una camiseta donde se lee Welcome The Rolling Stones, tiene un guante ensangrentado y en su pierna derecha hay un coche de juguete Austin Healey, la correlación es evidente. No tan sencilla es la conclusión de la televisión apagada, pero rápidamente se asoció a la mordida que ofreció Epstein a la prensa por su silencio impoluto. No os deslumbréis demasiado y dejad capacidad sorpresiva para colocar un espejo en mitad de las palabras «Lonely Hearts» del bombo del centro, porque entonces se puede leer: «IONEIX HE/DIE», que rápidamente se configura como «I ONE IX HE / DIE», es decir, «Noviembre, 9. Él / Muere». Ya tenemos la fecha de la muerte de McCartney, pero si existiera alguna duda el signo «/» apunta directamente a Paul.

Los cuatro Beatles del centro sostienen una sección de viento, pero mientras Ringo, Harrison y Lennon agarran instrumentos metálicos brillantes, McCartney tiene uno de madera y negro, el color de la muerte. Para más INRI, el actor y cómico británico Issy Bonn, una de las numerosas personalidades elegidas por The Beatles para aparecer en la portada, tiene la «Mano abierta» encima de la cabeza de Paul.

Como si todavía no tuvieran claro los Beatles que las pistas no dejaban espacio a la duda, osaron implantar más en la contraportada. Primero de todo la fotografía en que aparecen los cuatro de Liverpool, solo McCartney está de espaldas, porque era en realidad William Campbell. Paul está más alto que sus compañeros, cuando en realidad el verdadero era de la misma estatura, y sobre su cabeza reza «Without You» (Sin ti), del tema «Within You, Without You», que tiene todo el texto impreso en su espalda.

En la fotografía del interior de la carpeta, Paul lleva una insignia en el brazo donde se puede ver «O.P.D», que entendieron como las iniciales de «Officially Pronounced Dead» (Declarado Oficialmente Muerto). En realidad el parche es «O.P.P», Policía Provincial de Ontario, Canadá, país donde residía Campbell.

El ingenio no tiene límites y prueba de ello es ver que George Harrison está señalando el verso «Wednesday morning at five o'clock» (miércoles por la mañana a las 5), hora de la colisión de McCartney, pero además el 9 de noviembre de 1966 era miércoles.

Otro apartado interesante es el referente a las letras. En el tema «Sgt. Pepper's Lonely Hearts Club Band» se dice: «Así que permitid que os presente / Al único y verdadero Billy Shears» quien como ya hemos visto antes es la otra opción del impostor. Aunque existe una teoría que apunta que Campbell y Shears, son la misma persona. En «Good Morning», hay una serie de detalles que parecen hablar del accidente: «Nada que hacer para salvar su vida / Y ahora estás solo, estás en la calle / Gente corriendo alrededor / Son las 5 ». No obstante es en «A Day In a Life», donde la historia del accidente es más clara: «Se voló la cabeza en un coche / No se dio cuenta de que el semáforo había cambiado».

El mágico misterio

En 1967 se editó *Magical Mistery Tour* como un EP en Gran Bretaña y un LP en los EE.UU. Capitol Records incluyó en la versión americana las canciones de la película del mismo título, temiendo que el EP no tuviera una salida exitosa al mercado. En vinilo incluía un libreto de 24 páginas que no tiene desperdicio, pero que jamás se editó en el CD.

Paul McCartney aparece en todo el libreto descalzo, que es como se entierra normalmente a las personas, también estaba descalzo en la portada de Abbey Road, que veremos más tarde.

En la página tres aparece sentado en un escritorio con una placa donde se ve la inscripción «I was you» (Yo era tú). En la página 4, Paul disfrazado de mago sostiene una varita mágica con la derecha, pero él es zurdo. La caricatura de la página 9 refleja el tema «Fool on the Hill», pero la última «L» parece que abre la cabeza de Paul, como si de una metáfora del accidente se tratara. En varias fotografías del libreto se ve el bombo de la batería de Ringo con la leyenda «Love The 3 Beatles», cuando en realidad siempre han sido cuatro. Pero en una de las fotos hay unos zapatos manchados de rojo mientras que Paul, justo al lado, toca el bajo descalzo. En la página 23, los cuatro están con esmoquins blancos, pero mientras tres llevan un clavel rojo en la solapa, Paul lo lleva negro.

La portada tiene el nombre del grupo hecho con estrellas, pero si se mira con un espejo se puede leer «8341735», mientras que si se pone la carpeta boca abajo, el número cambia al «5371438». La leyenda dice que si llamabas al primero un miércoles a las 5 de la madrugada, se escuchaba un mensaje que decía «Te estás acercando», mientras que si llamabas al segundo te saltaba una funeraria.

La portada también trajo la polémica de quien es la morsa negra, que en algunas culturas significa un mal presagio, pero en el interior hay una fotografía donde la morsa está tocando el piano, por lo tanto se trata de John Lennon.

Retomamos el tema de las letras de las canciones para encontrar unas cuantas joyas, como el verso que aparece en «I am the Walrus», «Entiérrame, entiérrame, entierra mi cuerpo. Oh, muerte inesperada. ¿Qué? ¿Está muerto?». En «Hello Goodbye» escuchamos «Tú dices adiós y yo digo hola», como si se tratara de una tarjeta de presentación de Campbell y una despedida de McCartney… pero ¿eso no se había hecho en *Sgt. Pepper's Lonely Hearts Club Band*?

Cuando el tema «Strawberry Fields Forever» llega al final, se escucha a Lennon gritar «I buried Paul» (yo enterré a Paul), o eso parece, porque en realidad está haciendo gala de su sentido absurdo del humor gritando «cranberry sauce» (salsa de arándanos). Otro mal entendido sin importancia se encuentra en «All You Need Is Love», que los conspiranoicos entendían «Yes, he's dead. We love you, yeah, yeah, yeah» (Sí, está muerto. Te queremos, sí, sí, sí), cuando en realidad eran títulos de anteriores canciones: «Yesterday, She Loves You, yeah, yeah, yeah».

White Album

El año 1968 vio la edición del *White Album*, disco sobre el que todos los amantes de la conspiración usan para diseccionarlo concienzudamente. Se trata de uno de los discos más complejos y bellos de The Beatles, donde el grupo estaba despedazándose y cada uno intentaba hacer la guerra por su cuenta, pero la portada es la más simple de toda su discografía; todo blanco donde se puede leer el nombre del grupo. En las primeras ediciones de vinilo, The Beatles estaba en relieve.

De esta forma era imposible descifrar ningún mensaje sobre *PID* en la portada, pero para eso habían incluido un póster en el interior. En la esquina inferior izquierda, encontramos una foto de Paul McCartney con gafas y bigote, irreconocible, por lo que se extrajo la teoría que se trata de Campbell antes de pasar por el quirófano. En la esquina superior derecha está Paul con los ojos cerrados y medio sumergido en una bañera; es ahí donde muchos quisieron ver una alegoría del Beatle muerto; mientras que en la esquina inferior izquierda está Paul bailando en lo que parece un vagón de tren, sin embargo aparecen por detrás dos manos esqueléticas que lo sujetan por la cintura como para llevárselo o bailar la conga.

El apartado de letras de este disco es muy interesante. El «Glass Onion» se dice que es una metáfora de un ataúd de cristal, pero en su interior vuelve a salir el tema de la morsa de *Magic Mistery Tour*, John Lennon canta sin tapujos: «Les hablé de la morsa y yo / Somos muy íntimos / Aquí tienen otra pista / La morsa era Paul». Muchos aquí apuntan que la banda se mofaba de los seguidores de la conspiración, sobre todo porque al final del tema «While My Guitar Gently Weeps» se escucha «Paul, Paul, Paul, Paul» a medio camino entre el sollozo y el lamento.

En «I'm So Tired» comenzamos con escuchas al revés y con mensajes escondidos, para encontrar un tramo del vinilo donde imputan a John Lennon el texto «I wish I were no a Beatle» (Ojalá no fuera un Beatle), como un sentido arrepentimiento de lo hecho, mala conciencia por haber sustituido al amigo por el negocio. Finalizando el mismo tema, hay otro tramo que revolucionando hacia atrás y con mucha imaginación, podría decir «Paul is a dead man. Miss him, miss him» (Paul está muerto. Le echamos de menos, le echamos de menos).

En «Don't Pass Me By» es Ringo el que repite el temario del siniestro mortal, «Sufriste un accidente de coche / Y perdiste tu pelo». Así llegamos al tema estrella para los amantes del *PID* y uno de los más extraños del disco, un experimento *avant-garde* de Lennon, en el que introduce numerosos sonidos callejeros, coches, un claxon, lo que parece un accidente de automóviles y un incendio, es decir de nuevo una narración pormenorizada de la muerte de Paul. El tema marca en repetidas ocasiones «Number Nine», que reproducido con la técnica *backmasking*, suena «Turn me on, dead man» (Enciéndeme, hombre muerto). En realidad el número 9, viene de la frase que grababa el técnico antes de cada sesión, «Estamos en el estudio 9 de EMI», pero si empiezas a estar algo conspiranoico, has de saber que nueve son las letras de McCartney.

Abbey Road

En nuestro particular juego de las pistas, obviaremos el disco *Yellow Submarine*, donde los muy interesados pueden encontrar de nuevo la mano sobre la cabeza de McCartney, pero en esta ocasión es Lennon quien coloca una mano cornuda, que ya veremos su significado en el libro, pero no tiene nada que ver con la *PID*, salvo que tú quieras. Por otro lado, algunas canciones ya fueron diseccionadas en el *Magical Mistery Tour*.

De esta manera cerramos el círculo, porque fue con la portada de este disco cuando explotó la leyenda de *Paul is Dead* y será con la que los Beatles dejan de funcionar como tal. Se trata del último disco que grabaron, aunque se editó posteriormente el disco *Let It Be*, se había grabado con antelación a *Abbey Road*.

Si para los padres de la teoría *PID*, *Sgt. Pepper's Lonely Hearts Club Band* significaba el entierro de Paul McCartney, *Abbey Road* era la comitiva fúnebre, donde John Lennon, vestido de blanco y caminando delante, es el clérigo; Ringo Star de negro en segundo lugar es el encargado de las pompas fúnebres, aunque hubo quien apuntó que era el representante de la industria discográfica para asegurarse que existía el cadáver; Paul McCartney descalzo no puede ser otro que el difunto y George Harrison, cerrando la comitiva y vestido con ropa menos formal es el enterrador. Los detalles de que Paul es el muerto en la comi-

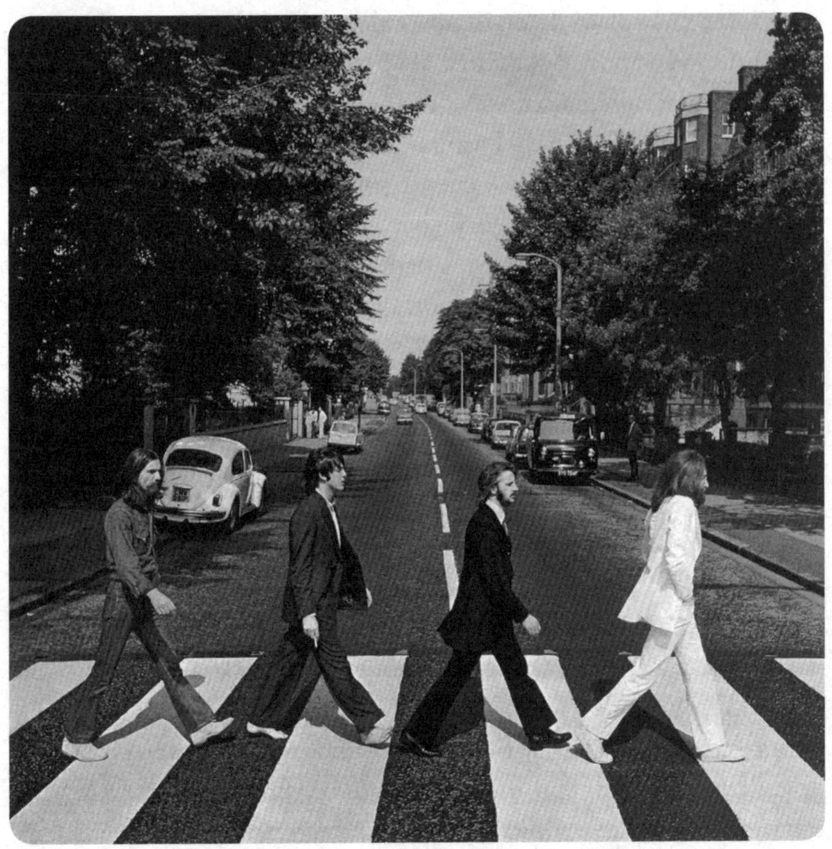

The Beatles en el paso de peatones más popular de la Tierra

tiva son varios: El primero es que va descalzo, lleva los ojos cerrados, lleva el paso cambiado al resto y aunque está fumando, lo hace con la mano derecha siendo zurdo.

El paso de peatones más famoso de Londres esconde más pistas. El Volkswagen Escarabajo que está aparcado encima de la acera izquierda, esconde en su matrícula «28 IF» que traducido alegremente como «28 SI» significa que el Beatle tendría 28 años si no hubiera desaparecido en el accidente; pero eso no es cierto, porque Paul McCartney tenía 27 años cuando grabó este disco. No pasa nada, la conspiración tiene solución para todos los contratiempos, así que algunas culturas cuentan los meses de gestación como tiempo vivido, así que de esta forma Paul tenía 28 años y no se hable más. Pero la imaginación a veces se dispara hasta el campo de la ciencia ficción, ya que las letras superiores de la placa de matrícula indican «LMW», que rápidamente significan «Linda McCartney Weps» (Linda McCartney llora). El melodrama lacrimógeno no puede ser cierto porque en 1966, año de la muerte de Paul, él y Linda Eastman no se habían conocido.

Dos pistas más a tener en cuenta son el coche de policía aparcado a la derecha: es un homenaje al silencio que guardaron de la muerte y suplantación de McCartney. A nadie se le ocurrió pensar que posiblemente la policía tuviera que cortar el tráfico para poder realizar la sesión de fotos, una explicación más pueril y realista. Al igual que el coche que se ve al fondo y que todos apuntaban que se dirigía directamente a Paul como una metáfora del accidente, pero que nadie pensó que siendo Inglaterra y una calle de doble sentido como apunta la posición de los autos aparcados, el coche no viene, se aleja.

La contraportada nos deja varios detalles. A la izquierda de las baldosas con el nombre Beatles hay 8 puntos que si se unen dibujan un 3, indicando que la banda son solo tres músicos y como prueba de ello, la pared muestra una grieta que atraviesa el nombre para dejar claro que el grupo está resquebrajado.

Las letras vuelven a dejarnos mensajes interesantes como en «Come Together» que Lennon canta «Uno y uno y uno son tres. / Hay que estar guapo porque es difícil de ver»; una referencia clara que la banda son tres y que quien falta es el Beatle guapo, Paul. El surrealismo más absoluto lo encontramos en «You Never Give Me Your Money», con el texto «Uno, dos, tres, cuatro, cinco, seis, siete. Todos los niños buenos van al cielo», porque si sumamos los números nos saldrá el 28, edad que se supone que tendría Paul al editarse el álbum.

Para finalizar con «She Came In Through the Bathroom Window», donde el supuesto William Campbell canta «Dejé el departamento de policía y conseguí un trabajo fijo», porque tras el silencio de la policía, él ingresó como Beatle de por vida.

La leyenda debería haber acabado cuando Paul McCartney concedió una entrevista a la revista *Life*, que publicó en el nº7 de noviembre, tres meses después de editarse *Abbey Road*. McCartney declaró: «Quizás el rumor comenzó porque últimamente no he estado mucho en la prensa. He hecho suficiente prensa para toda la vida, y no tengo nada que decir en estos días. Estoy feliz de estar con mi familia y trabaja-

ré cuando trabaje. Estuve encendido durante diez años y nunca me apagué. Ahora me apago siempre que puedo. Preferiría ser un poco menos famoso en estos días».

Pero la teoría de la conspiración ha continuado hasta nuestros días. En 1980, Paul McCartney fue detenido por posesión de marihuana en Japón, un periódico nipón afirmó que las huellas dactilares que se le tomaron no coincidían con las del pasaporte y ¡zas! de nuevo saltaron todas las alarmas. Hasta el propio McCartney hizo sarcasmo del *PID*, cuando en 1993 editó un directo llamado *Paul Is Live*, cuya portada es él mismo, en el famoso paso de peatones de *Abbey Road*, en una postura algo extraña y acompañado de un perro. En el mismo lugar donde había un Volkswagen Escarabajo en la portada de *Abbey Road*, hay otro que en la matrícula se puede leer «51 IS» (Tiene 51).

Las leyendas tienen la duración que los interesados quieran darle, sumando la imaginación que deseen aportar los oyentes, por eso para muchos es cierto que «media humanidad piensa que Paul McCartney murió en 1966, mientras que la otra mitad sabe que es verdad».

II. CADÁVERES INCOMPRENDIDOS

La frase «Vive deprisa, muere joven y deja un bonito cadáver» de la novela de 1947 *Knock On Any Door*, escrita por Willard Motley, atribuida erróneamente a James Dean y Truman Capote, es una de las consignas del rock, con el Club de los 27 como mayor exponente. Sin embargo, hay otro dogma muy recurrente, además de paranoico en ocasiones, que pone en duda la muerte del artista, cuestiona la versión oficial e incluso orquesta una conjura de asesinato. En este apartado podrás encontrar más de una duda razonable.

★

Jimi Hendrix, ¿suicidio o asesinato?

En este apartado de «Cadáveres Incomprendidos», vamos a tratar el caso de tres de los socios del llamado Club de los 27, Jim Morrison, Janis Joplin y Jimi Hendrix, prestigiosa asociación de fiambres que cuyo único requisito era tener 27 años. No se trata de una leyenda urbana, ya que más bien es una casualidad perversa que los unió a todos y provocó de inmediato el flujo imaginativo de fans, prensa y escritores. No trataremos el Club de los 27 en este libro, pero sí a muchos de sus protagonistas, que alejados del espacio VIP, ya arrastran suficientes leyendas por sí solos.

Ahora nos centraremos en Jimi Hendrix, guitarrista zurdo que maravilló al mundo y que murió en circunstancias poco claras, dejando volar la imaginación y construyendo una auténtica leyenda urbana.

Hendrix, como todo buen aficionado al rock sabe, falleció el 18 de septiembre de 1970 en Londres, ahogado en su propio vómito, tras una ingesta descontrolada de barbitúricos y alcohol, algo que no sorprendió a nadie, debido al currículum que poseía con el alcohol y las drogas.

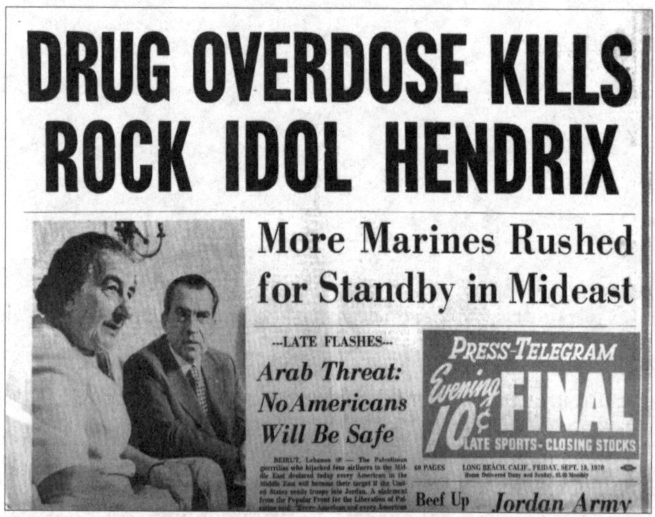

DRUG OVERDOSE KILLS ROCK IDOL HENDRIX

More Marines Rushed for Standby in Mideast

—LATE FLASHES—

Arab Threat: No Americans Will Be Safe

BEIRUT, Lebanon — The Palestinian guerrillas who hijacked four airliners to the Middle East declared today every American in the Middle East will become their target if the United States sends troops into Jordan. A statement from the Popular Front for the Liberation of Palestine said: "Every American and every American

PRESS-TELEGRAM Evening FINAL 10¢ LATE SPORTS - CLOSING STOCKS

60 PAGES LONG BEACH, CALIF., FRIDAY, SEPT. 18, 1970

Beef Up *Jordan Army*

Noticia en la prensa sobre la muerte de Jimi Hendrix por sobredosis de droga.

Pero antes de entrar en materia sobre las diferentes teorías conspiranoides que existen, vamos con la versión oficial, que no tiene que ser la más creíble.

Jimi Hendrix pasó casi todo el día 17 de septiembre junto a Monika Dannemann, su última pareja, siendo la única testigo de sus últimas horas.

Según el relato realizado a la policía, cenaron en el apartamento del Hotel Samarkand de Lansdowne Crescent, Notting Hill, sobre las once de la noche y compartieron una botella de vino. A la 1:45 de la noche, Monika le acercó a casa de un amigo, indeterminado, donde

Hendrix estuvo algo más de una hora, regresando juntos al apartamento. Se durmieron sobre las 7 de la madrugada y a las 11 de la mañana, cuando despertó, vio que Hendrix estaba inconsciente, aunque todavía respiraba con dificultad.

Llamó a urgencias a las 11:18 minutos, presentándose los médicos nueve minutos después. Viendo la gravedad del estado del guitarrista, lo trasladaron al Hospital St Mary Abbot donde se firmó su muerte a las 12:45 del 18 de septiembre de 1970.

La autopsia la realizaron los forenses Gavin Thurston y Robert Donald Teare, el 21 de septiembre, entregando sus conclusiones el 28 del mismo mes. El deceso se produjo por aspiración de vómito, causándole asfixia. Presentaba una fuerte intoxicación de barbitúricos.

Monika Dannemann declaró posteriormente que Hendrix había tomado nueve comprimidos de Vesparax, medicamento prescrito para poder conciliar el sueño. La dosis que declaró Monika es muy superior a la prescrita por los médicos.

Diferentes conspiraciones, mismo resultado

La primera teoría de la conspiración apunta al FBI y en especial a John Edgar Hoover, director de la Oficina de Investigación Federal desde 1924 hasta su muerte en 1972. Auténtico inquisidor de la moralidad y política americana del siglo pasado. Artífice de la Caza de Brujas, persiguiendo a todo aquel que le parecía comunista, ideológicamente de izquierdas o culturalmente peligroso. Hoover, con el beneplácito de Richard Nixon, que ganó las elecciones presidenciales en enero de 1969, se encargó de vigilar, investigar ilegalmente y perseguir a todo intelectual que se había postulado en contra de la Guerra del Vietnam y entre ellos estaban nombres como Jimi Hendrix, Janis Joplin, Jim Morrison y John Lennon, todos ellos muertos en su mandato y los tres primeros mientras se ejercía el Cointelpro, programa de contrainteligencia que actuaba con patente de corso y la mayoría de las ocasiones al margen de la legalidad y sobre el que también hay serias dudas en su implicación en los asesinatos de J.F. Kennedy y Martin Luther King.

La argumentación de esta teoría se refuerza si tenemos en cuenta que el 3 de mayo de 1969, Jimi Hendrix fue detenido en el Aeropuerto Internacional de Toronto, al encontrar en su equipaje facturado he-

Jimi Hendrix fue detenido en el Aeropuerto Internacional de Toronto, el 3 de mayo de 1969.

roína y marihuana. Hendrix salió en libertad bajo fianza de 10.000 dólares canadienses. En diciembre de ese mismo año, el juicio mostró muchas irregularidades y finalmente se le absolvió de los cargos por no poderse probar que fuera él quien pusiera la droga en el equipaje. Tanto Noel Redding, como Mitch Mitchell, siempre aseguraron que ese incidente fue una encerrona que de haber salido bien hubiera mandado a Hendrix a prisión durante una década.

Lógicamente, los conspiranoicos apuntan a que fallaron en Toronto, pero no en Londres en 1970.

La segunda teoría es la que cuenta con más seguidores y apunta a Monika Dannemann como principal sospechosa del crimen. Monika era alemana, entrenadora de patinaje artístico sobre hielo y pintora. Conoció a Hendrix tras un concierto en Dusseldorf en 1969. Quedó tan impresionada con el guitarrista que lo dejó todo y se marchó a Londres para encontrarlo. Pocos la reconocen como pareja de Hendrix, aunque ella siempre afirmó que tuvieron un maravilloso romance de 18 meses y que incluso el guitarrista le solicitó matrimonio. Lo cierto es que fue la última persona que vio a Hendrix con vida.

Una de las principales incógnitas es saber el por qué Monika tardó 18 minutos en llamar a urgencias, desde que se despertó y vio a su compañero con dificultades para respirar e inconsciente. ¿Qué hizo durante esos 18 minutos?

Cuando llegó la policía y los servicios de urgencia el apartamento estaba vacío, solo se encontraba el cuerpo de Hendrix y la puerta completamente abierta. Sin embargo Dannemann declaró que ella estaba con él, y que cuando la ambulancia se lo llevó, todavía respiraba. Monika acusó a los servicios de urgencias de negligencia médica y de ser los auténticos culpables de su muerte.

El testimonio de Dannemann fue contradictorio y con diferentes versiones durante el proceso de investigación, pero extrañamente la policía nunca la consideró sospechosa.

Tras la muerte del guitarrista, Monika Dannemann se convirtió en una celebridad e hizo carrera de *rock star* como «la prometida de Hendrix». Entrevistas cobradas, apariciones en documentales, libros con sus conversaciones, titulares y portadas de revistas del corazón y creó un santuario de Jimi Hendrix en su casa de Seaford, Sussex.

Kathy Etchingham, anterior novia del guitarrista, con la que mantuvo una relación de tres años, rota por la intervención de Dannemann, acusó públicamente a Monika de estar involucrada en el asesinato de Hendrix.

Etchingham estuvo tres años investigando las circunstancias de la muerte de Jimi Hendrix, llegando a la conclusión que Monika mentía en su narración. Realizó un expediente de 34 páginas en el que mostraba las incongruencias de Dannemann, con declaraciones de los compañeros del músico desaparecido y de personas de su entorno, que no compartían la misma versión que Monika. Se puso en duda que tuviera una relación duradera con Hendrix, sino más bien de algunos días, sobre todo el día de su muerte. Kathy Etchingham, creyó demostrar que la actitud de Dannemann, era enfermiza y tan solo deseosa de una notoriedad que consiguió.

Scotland Yard reabrió el caso por el expediente de Etchingham, pero sorprendentemente se volvió a cerrar, sin explicaciones ni conclusiones. Hecho que reafirma a quienes sostienen la primera teoría y que apuntan que Monika Dannemann podría haber sido el brazo ejecutor de J. E. Hoover.

Un instante de la ceremonia fúnebre de Jimi Hendrix

Dannemann mantuvo una relación de 17 años con Uli Jon Roth, ex componente de Scorpions. En 1995 publicó el libro *El mundo interior de Jimi Hendrix*, donde narra sus experiencias en el universo Hendrix. Fue denunciada por Kathy Etchingham, por amenazas, insultos y ofensas a su honor, en un juicio que terminó el 3 de abril de 1996. El juez la encontró culpable, de los cargos y de violar una sentencia anterior que le prohibía menospreciar el honor de Etchingham en público. Aunque la pena solicitada por la demandante era la prisión, el juez la dejó en libertad a la espera de una posible apelación.

El 5 de abril, dos días después del juicio, Monika Dannemann fue encontrada muerta en su Mercedez Benz, asfixiada por inhalación de monóxido de carbono, en lo que se declaró como un caso claro de suicidio. Uli Jon Roth y su entorno familiar no aceptaron la resolución de suicidio y siempre pensaron que se trataba de un caso muy turbio, apuntando al asesinato. Teoría que refuerza más todavía la primera tesis de conspiración.

Llegamos a la tercera de las grandes teorías, a Jimi Hendrix lo asesinó su mánager Michael Jeffery.

En junio de 2009 se editó el libro *Rock Roadie*, en el cual James Wright, cuenta sus experiencias cuando trabajó de *roadie* de nombres como Tina Turner, Elvis Presley o Jimi Hendrix. En dicho libro Tappy, seudónimo de James Wright, afirma que Jeffery se confesó culpable del asesinato de Hendrix en 1971, tan solo un año después de la muerte de Hendrix, lo cual de por sí, constituye un delito de omisión, al no haber denunciado su conocimiento de la ejecución de un delito.

Jeffery había entrado en la habitación de Hendrix por la noche y le había introducido en la boca un buen número de somníferos, para luego obligarle a beber dos botellas de vino tinto.

Esa confesión, publicada 38 años después de conocerla, tiene muchas lagunas, como por ejemplo, dónde estaba Monika Dannemann. Dudas que se pueden solventar con el argumento de la policía, que asegura que el apartamento estaba abierto y Monika no estaba. Entonces, ¿cómo pudo llamar a urgencias?

El historial de Jeffery da credibilidad a la teoría, porque su comportamiento mafioso ya se demostró cuando era mánager de The Animals. Todos los componentes del grupo acusaron a Jeffery de ser el culpable de la separación de la banda y de robarles la mayor parte de las ganancias. Con Hendrix hacía lo mismo, él se quedaba casi un 60% de los beneficios, y poseía los derechos de numerosos temas de Hendrix, como «Stone Free» o «Voodoo Child». Cuando Noel Redding discutió con él por el reparto, consiguió que se acabara la Experience.

La verdadera razón del asesinato sería que Hendrix se había cansado de su corrupción y sus numerosos engaños y pensaba despedirle, al mismo tiempo que Jeffery era el beneficiario de un seguro de vida de Hendrix, por el que recibiría dos millones de dólares. Jeffery falleció en un accidente aéreo en Nantes, el 5 de marzo de 1973, por lo que no puede ratificar o desmentir la versión de Tappy, quien afirma que las palabras de Jeffery fueron: «Fui a la habitación del hotel, le puse un manojo de pastillas en su boca, y luego le hice tomar varias botellas de vino tinto para que tragara. Tuve que hacerlo. Jimi valía más para mí muerto que vivo. El guitarrista iba a dejarme. Si lo perdía, perdía todo».

Por otro lado, volvemos a los amantes de la nueva teoría, que asumen el accidente de Jeffery como un ejemplo más de la larga mano oscura de J. E. Hoover. Poco les importa a los conspiranoicos que Hoover estuviera criando malvas desde el 2 de mayo de 1972.

La misteriosa muerte de Janis Joplin

Tan solo 16 días después de la muerte de Jimi Hendrix, fallecía Janis Joplin de una sobredosis de heroína en Los Angeles, cuando también contaba con 27 años.

Sobre su muerte no existen tantas teorías conspirativas como en el caso de Hendrix o Morrison, lo cual no es indicativo de la transparencia de los informes y de la oscuridad y misterio que sobrevuela en torno a ella.

Las circunstancias de su muerte todavía generan hoy en día controversias. El sábado 3 de octubre de 1970, Janis Joplin estuvo en el estudio de grabación Sunset Sound Recorders de Los Angeles, inmersa con su nueva banda, Full Tilt Boogie, en la grabación del que sería su último disco, *Pearl*.

El álbum estaba prácticamente terminado, tan solo faltaba una canción y la banda había grabado su parte de «Buried Alive in the Blues». Janis estaba entusiasmada con el sonido del disco, que para muchos sería su mejor trabajo. Dejó para el día siguiente la grabación de sus voces para, de esta forma, estar fresca y que todo terminara redondo, había terminado de grabar la voz de «Mercedes Benz» y no quería forzar más las cuerdas vocales.

Cuando estaban a punto de marchar, Janis recibió una llamada que le informaba que su novio, Seth Morgan, con quien había quedado el día anterior y no se presentó en Los Angeles, se encontraba en su casa en una fiesta con algunas mujeres que había conocido la noche anterior. No era la primera vez que pasaba, Morgan era un estudiante de la Universidad de Berkeley, traficante de heroína y futuro escritor de novelas. Los dos llevaban una relación tóxica desde hacía meses, donde la dependencia de la heroína de Janis, era la fuerza de unión de ambos. Aunque en repetidas ocasiones le había sido infiel, Janis manifestó que estaba dispuesta a contraer matrimonio con Morgan.

La triste y solitaria Pearl

Esta situación le provocó una crisis de angustia en el propio estudio de grabación. Janis, que aparentemente estaba superando su adicción a la heroína decidió ir de copas al Barney's Beanery con Ken Pearson, organista de su formación. Se desahogó bebiendo algo y se marchó a descansar a su habitación del Landmark Motor Hotel.

El domingo 4 de octubre por la tarde, Janis no apareció por el estudio, por lo que rápidamente su productor, Phil Rothschild, se preocupó. Janis jamás había llegado tarde a una grabación y se irritaba desmesuradamente cuando alguien no respetaba el horario.

John Cooke, mánager de la banda fue a buscarla, encontrando su automóvil en el aparcamiento y que no respondía a sus llamadas. Pidió las llaves en recepción temiendo lo peor y al entrar en la habitación se encontró a Janis Joplin muerta, tirada en el suelo justo al lado de la cama.

La causa oficial de su muerte fue una sobredosis de heroína, mezclada con grandes cantidades de alcohol. John Cooke declaró que Janis probablemente cambió de vendedor, puesto que al seguir un estricto proceso de desintoxicación, no tenía contacto con sus antiguos camellos. La heroína proporcionada era casi pura, cerca de diez veces más fuerte que lo que normalmente se podría inyectar, una dosis mortal por necesidad.

Janis había sufrido sobredosis en otras ocasiones, pero siempre con gente alrededor, pero en esta ocasión estaba sola. El forense testificó que el óbito se produjo alrededor de la 1.45 de la madrugada, por lo que cuando la descubrió Cooke llevaba más de 14 horas muerta.

Lo más extraño es que no se encontró la jeringuilla con la que se inyectó la heroína, y se especuló que otra persona podría estar con ella en el momento de la sobredosis. Ken Pearson declaró que solo estuvieron en el Barney's Beanery y que Janis bebió con moderación porque deseaba estar al máximo de potencial para el último tema.

No hubo en toda la zona ningún caso más de sobredosis, por la pureza de la droga, algo que es habitual cuando un traficante novato introduce en el mercado una mercancía de alta pureza.

Peggy Caserta declaró en 2018 que Janis Joplin jamás murió de sobredosis, que todo fue un triste y lamentable accidente, que se resbaló en la habitación, pero que a todos les era más rentable la muerte por sobredosis, tanto detractores, como fans, mánager y compañía discográfica. Tampoco aportó pruebas y quedó solo en una opinión.

El 26 de octubre en Lion's Share, un local de San Anselmo, California, se organizó una fiesta en su honor a la que asistieron amigos y familiares. Estaba escrito en su testamento, en el cual dejó 2.500 dólares porque «Las copas son por Pearl», y se sirvieron brownies de marihuana por deseo de la vocalista. Unos días antes, sus padres y su tía materna, realizaron una ceremonia de incineración en el crematorio de Pierce Brothers Westwood Village en Los Angeles. Después y por deseo de Janis, las cenizas fueron esparcidas desde un avión en el Océano Pacífico a lo largo de Stinson Beach.

Janis Joplin siempre fue una mujer solitaria en busca de cariño, pero no lo consiguió. Hay quien asegura que si visitas el Landmark Motor Hotel, ubicado en el 7047 de Franklin Ave, y solicitas alojarte en la habitación 105, algunas noches el espíritu de Janis Joplin regresa esperando encontrar algo de afecto y ternura.

★

La burla de Jim Morrison

Jim Morrison falleció el 3 de julio de 1971, o al menos esa es la versión oficial del deceso. La muerte de Morrison es una de las leyendas urbanas más populares de la historia del rock y como todas ellas hay que tomarlas como lo que son, teorías conspiranoicas que pueden tener mayor o menor credibilidad, pero solo eso.

Para poder entender la leyenda que nos ocupa, debemos remontarnos a ciertos acontecimientos que suceden a lo largo de su carrera musical con The Doors y que inician un camino de autodestrucción, que supuestamente tuvo su final en París.

Morrison era hijo de un almirante de la marina americana, y como tal, estuvo sometido a una educación y disciplina muy rígida que le obligó a rebelarse desde muy joven, hasta el punto de romper lazos de unión con su familia. Sin embargo, la autoridad dominante del padre siempre fue un componente oscuro en la cabeza de Morrison.

Otro punto gris fue la visión de un accidente de tráfico que presenció con su familia en 1947 en Nuevo México. Morrison, con tan solo 4 años, retuvo en su retina las imágenes del accidente, hasta el punto de describirlo en el poema «Dawn's Highway» y en el tema «Peace Frog». El coche familiar se cruzó en plena carretera con un accidente que se había producido entre un furgón de trabajadores indios y otro vehículo, reflejando una escena dantesca a los ojos de un niño.

> «Yo y mi madre y padre, la abuela y el abuelo.
> Conducían por el desierto, al amanecer, y un camión lleno de trabajadores indios.
> Habían chocado con otro coche, o algo así.
> Había indios desparramados por todas partes de la carretera, desangrándose. Era la primera vez que sentí el miedo…
> Y en ese momento, las almas de aquellos indios muertos estaban danzando por allí, creo que una o dos, no lo sé, se metieron en mi alma.
> Ellos están todavía aquí.»

Los padres de Morrison siempre mantuvieron que ese incidente no sucedió, que fue un sueño del pequeño Jim, pero lo cierto es que sueño o no, le persiguió toda la vida. Morrison, aunque parezca difícil de creer, iba a seguir la carrera militar de su padre, con la más que probable posibilidad de ingresar en la Academia Naval de Annapolis, pero con la adolescencia descubrió el alcohol y las drogas, sumergiéndose en una inercia de borracheras y falta de disciplina que obligaron a sus progenitores a enviarle con sus abuelos a Florida.

Allí comenzó a despertar un súbito interés por la literatura, poesía, filosofía, las religiones y las culturas nativas americanas. Ese periodo de su crecimiento intelectual estuvo marcado por los poetas malditos del siglo XVIII y IX, sobre todo el británico William Blake y los franceses Charles Baudelaire y Arthur Rimbaud. En 1963 fue detenido en la Universidad Estatal de Florida, por realizar una broma pesada durante un partido de fútbol americano, en estado de absoluta embriaguez. Este hecho provocó su salida de la Universidad de Florida y su ingreso en la Universidad de UCLA, en Los Angeles, donde se inició en el teatro y el cine, además de adentrarse en una escena bohemia, que reforzó sus lazos con las drogas y el alcohol, además de moldear al Jim Morrison que todos conocemos. En esa época conoció a Pamela Courson, de 19 años, con quien mantendría una relación bastante atormentada y tóxica, cargada de violencia, numerosas infidelidades y separaciones esporádicas, pero que fue el gran amor de su vida, su «Compañera Cósmica», que lo acompañó hasta la muerte.

En enero de 1967, The Doors, banda que había creado junto a Ray Manzarek, Robby Krieger y John Densmore, editó su primer álbum, *The Doors*, con un éxito fulminante, gracias al #1 alcanzado por el single «Light My Fire». La banda se presentó con un rock oscuro, provocativo y agrio, que chocaba de frente contra la amalgama de mensajes ñoños de la escudería hippy. Es en está época cuando Morrison corta definitivamente los lazos con sus padres. Hay una anécdota que apunta que su madre y uno de sus hermanos, fueron a saludarle en un concierto en Washington, pero no los quiso recibir, cuando los vio sentados en primera fila se acercó durante la interpretación de «The End» y les cantó a la cara la siguiente estrofa:

«Visitó a su hermano, y entonces él
avanzó por el pasillo
y llegó hasta una puerta……y miró dentro
Padre, ¿si hijo?, quiero matarte.
Madre... quiero... follarte»

Fue la última vez que vio a su madre.

Jim Morrison ejerciendo de Rey Lagarto

Camino a la autodestrucción

La fama de la banda y su éxito iban de la mano de los escándalos y provocaciones de Morrison. En este libro os hablamos del escándalo de su actuación en *El Show de Ed Sullivan*. Sus conciertos se convertían en auténticas ceremonias tribales, donde él, más que un cantante se convertía en el chamán que dirigía la ceremonia, llevando en ocasiones al público a un éxtasis ancestral. Morrison se fue convirtiendo en un agitador de mentes, un provocador nato que despertaba la percepción de la muchedumbre y les incitaba a rebelarse ante cualquier estado, físico o mental, preestablecido. Su grito de guerra pasó a ser «¡Queremos el mundo y lo queremos ahora!».

En la gira de presentación de *Strange Days*, su segundo disco, era habitual que los conciertos terminaran con altercados, auténticos motines del público con invasiones de escenario y pseudo orgías en ocasiones, lo que puso en estado de alerta a promotores y autoridades que recogían la comitiva. No tardó en ser arrestado, el 9 de diciembre de 1967 en New Haven, en un episodio que sería la antesala del precipicio para Morrison.

Morrison se había colado con una chica en las duchas del recinto, en una de las numerosas infidelidades cometidas. Un agente de policía pensaba que era un indeseable del público y les interrumpió con espray antiviolación dejándole parcialmente ciego durante un buen rato. Nada más comenzar la actuación, un Morrison ostensiblemente borracho, narró la historia provocando una reacción violenta del público, para finalizar le quitó la gorra a un policía que se encontraba en el foso para impedir que hubiera invasión de escenario. Automáticamente varios agentes salieron de los laterales, le tiraron al suelo y se lo llevaron esposado, finalizando el concierto con graves altercados. Morrison durmió en prisión acusado de lenguaje obsceno y resistencia a la autoridad, saliendo al día siguiente tras pagar una notable fianza. Ya nada fue igual.

La gira de 1968 presentando su tercer álbum, *Waiting for the sun*, fue tremendamente caótica con un Morrison provocando disturbios en numerosas actuaciones al incitar enfrentamientos del público con la policía. Cada vez más metido en la bebida, el Rey Lagarto, seudónimo por el que se le conocía tras el tema «The Celebration Of The Lizard», perdió el control de sus provocaciones y se le volvieron en contra. Muchas veces dudaba si la gente iba a escuchar su música o para ver qué pasaba esa noche, cuándo lo detenían, a quién iba a insultar. En el último concierto de la gira en Los Angeles, se enfrentó al público: ¿«Habéis venido a ver algo más? ¡Pues os vais a joder. Hemos venido a tocar!».

Al recorrido autodestructivo de Morrison, se le sumó la relación con Patricia Kennealy, editora de la revista *Jazz & Pop*, con la que mantuvo una relación oscura, además de introducirse en los ritos de la cultura celta. En uno de esos ritos, Morrison y Patricia terminaron casados el 24 de junio de 1970, un juego para él pues nunca reconoció la boda, pero algo serio para ella que siempre sostuvo que fue real, hasta el punto de ganar una batalla legal en la década de los noventa para poder llevar el apellido Morrison. El rito consistía en realizarse un corte en la mano, mezclar la sangre en una copa y beber de la misma, en una liturgia oficiada por sacerdotes de la comunidad religiosa a la que pertenecía Patricia. Se dice que la relación terminó cuando Patricia se quedó embarazada y Morrison le sugirió abortar.

En febrero de 1969, Morrison asistió a las cinco representaciones de *Paradise Now* en la Universidad del Sur de California. Una obra vanguardista y experimental dirigida por Julian Beck, que estimulaba al público a romper las barreras y donde todos, público y actores terminaban completamente desnudos. En la última representación, el viernes 28 de febrero, la policía entró cargando contra los actores que comenzaban a desnudarse, deteniendo a toda la compañía y suspendiendo la obra.

Jim Morrison notablemente tocado por lo visto, debía actuar al día siguiente en el Dinner Key Auditorium de Miami. Los promotores vendieron más del doble de las entradas del aforo permitido, convirtiendo el lugar en una auténtica olla a presión. Morrison, que se presentó tarde y tremendamente borracho, como si no hubiera dejado de beber desde el final de la representación, agarró el micrófono y mientras que la banda comenzó a tocar, se dedicó a insultar al público: «¡Sois un puñado de idiotas! Sois todos un puñado de esclavos».

Se arrodilló delante de Robby Krieger y simuló hacerle una felación, algo que hemos visto en numerosos conciertos, pero era 1969.

Entonces llegó el escándalo más magnificado de su carrera. Jim preguntó a los fans para qué habían venido. «¿No queréis escuchar mi música, verdad? ¡Queréis algo más! ¿Queréis ver mi polla, verdad? ¿A eso habéis venido?». El gentío enloqueció, ya tenían lo que venían a buscar, Morrison se levantó la camisa, abrió la cremallera de su pantalón y al parecer sacó un dedo por la misma gritando: «¿Lo habéis visto? ¿Habéis visto mi polla?». No pasó nada más destacable y el grupo marchó de vacaciones, pero el 3 de marzo el *Miami Herald* escribía en una crónica:

«El hipnotizador erótico Morrison hizo creer que se masturbaba en presencia de su público, gritando obscenidades y exhibiéndose. Se volvió violento, agrediendo a varios agentes de la autoridad antes de que él mismo fuera lanzado al público».

Jamás ha existido un documento gráfico de esos hechos, tampoco testigos de que entre otras cosas, Morrison enseñara el pene en el escenario, sin embargo el 5 de marzo, la ciudad de Miami emitió una orden de arresto contra James Douglas Morrison por cargos de «Comportamiento lascivo, exhibicionismo, blasfemia y embriaguez pública». Por

Jim Morrison fue declarado culpable de los cargos de blasfemia y exhibición indecente.

esos cargos podría ser condenado a siete años en la prisión de Radford, una de las más duras del país. Morrison aconsejado por sus abogados se entregó y fue puesto en libertad tras pagar una fianza, a la espera el juicio.

El incidente provocó una reacción en cadena que no se pudo parar. Más de una veintena de conciertos de The Doors fueron cancelados de inmediato, numerosas estaciones de radio prohibieron a sus Dj's radiar la música del grupo, numerosas tiendas de discos devolvieron a la compañía las existencias de sus vinilos y toda la prensa se puso en su contra, incluso la prensa musical como *Rolling Stone*, que publicó una aberrante portada con la leyenda «Wanted In The County Of Dade», y en el interior un artículo titulado «El indecente pene de Morrison».

Cuando preparaban la gira de *The Soft Parade*, su cuarto álbum, los promotores les obligaban a firmar una cláusula por la cual el grupo se hacía cargo de los gastos provocados por los altercados del vocalista. En la mayor parte de las ciudades les esperaba la policía, que les acompañaba al recinto y no se despegaba de ellos hasta que no abandonaban los límites territoriales. Los escenarios estaban rodeados de policías preparados par actuar al mínimo desequilibrio de Morrison, tal y como contaban Ray Manzarek: «Los de narcóticos a la izquierda, los de antivicio a la derecha. Todos con órdenes de arresto con nuestros nombres y firmadas, esperando añadir el delito».

Cuando llegó el juicio por los cargos de Miami, Morrison había engordado más de 20 kilos y su deterioro era más que evidente, y para disimular la hinchazón de la cara por el abuso del alcohol, se dejó barba abundante. El 9 de noviembre de 1969 se presentó en la Corte de Miami, pero el juicio se aplazó hasta el 10 de agosto de 1970, cuando The Doors ya habían editado su nuevo y para muchos el mejor disco, *Morrison Hotel*.

Tras un mes de juicio, Jim Morrison fue declarado culpable de los cargos de blasfemia y exhibición indecente, fue condenado a 8 meses de trabajos forzados en la penitenciaría de Florida, más dos años y cuatro meses de libertad vigilada. Tras la apelación de su abogado la sentencia quedó aplazada hasta el nuevo juicio. Antes de que llegara la sesión de apelación, Jim Morrison había muerto.

Huída y muerte

En enero de 1971, The Doors terminaron de grabar *L.A. Woman*, el último disco que grabó Morrison, quien anunció la intención de marchar a París para descansar y desengancharse de la bebida. Pamela se marchó el mismo mes de enero y Morrison lo hizo el 11 de marzo, un mes antes de la edición del álbum.

La pareja se instala cerca de La Bastilla y su compañero de la Universidad, Alain Ronay, les introduce en un círculo bohemio donde hicieron amistad con los cineastas Jacques Demy y Agnes Varda. El 2 de julio cenaron juntos en casa de Ronay, Morrison acompañó a Pamela a casa y se marchó solo al cine a ver una película que le había recomendado su amigo.

Cuando regresó a casa sufrió un fuerte ataque de tos que le hizo escupir sangre, se acostó pero a las 2 de la madrugada se levantó para darse un baño porque se encontraba mal. A las 5 de la madrugada Pamela se despertó y al no verle en la cama se extrañó. Lo encontró muerto en la bañera, con los brazos descansando fuera del agua y con una sonrisa en la cara.

A partir de aquí se suceden una serie de hechos que dan fundamento a la leyenda que asegura que Jim Morrison está vivo.

Jim Morrison y Pamela Courson en 1970

Pamela tarda mucho en llamar a los servicios de urgencia, que cuando llegan solo pueden certificar el deceso. Al no existir señales de violencia ni abuso de drogas, no se ordenó una autopsia oficial. Pamela intentó por todos los medios ocultar la noticia a la prensa y durante los siguiente días declaró que Jim estaba «muy cansado y recuperándose en un hospital», lo cual, lejos de acallar los rumores, los disparó.

Corrió el rumor de que había muerto de sobredosis de heroína en el Rock'n'roll Circus, local que era frecuentado por yonquis y traficantes. Incluso varios adictos aseguraron haber visto como Morrison sufría un colapso por sobredosis, pero que en lugar de llevarlo al hospital, por evitar el escándalo, decidieron acompañarlo a casa y meterlo en la bañera, que es un método tradicional de ayudar a quien es víctima de sobredosis. Esta teoría se desmonta por dos motivos, Jim era enemigo de la heroína, por lo que había tenido fuertes discusiones con Pamela, quien sí era adicta, además sufría una fobia horrible por las agujas, por lo que es imposible que él se inyectara.

Otra teoría de la posible sobredosis de Morrison es la que apunta a que encontró heroína de Pamela y por error la esnifó confundiéndola con cocaína, produciendo una reacción mortal con el alcohol que había consumido.

El 5 de julio, dos días más tarde la prensa británica se hace eco de los rumores de la muerte de Jim Morrison y saltan las alarmas. Electra Records de Inglaterra no sabe nada, llama a su delegación en París y lo que es peor, desconocían que el líder de The Doors estuviera en Francia, pero la embajada americana aseguraba que no tenía conocimiento que hubiera abandonado Estados Unidos, teniendo una sentencia de culpabilidad y esperando el juicio por apelación.

Bill Siddons, mánager de The Doors, llamó a Pamela para aclarar la situación y no encontró explicación alguna, solo una petición de que volara urgentemente a París. Siddons estaba en París al día siguiente, 6 de julio, donde recibió la noticia de la muerte de Jim, al mismo tiempo que se encontró con un ataúd sellado herméticamente, un certificado de defunción firmado por un médico desconocido y la ausencia de una autopsia oficial.

El entierro de Jim Morrison se celebró en una ceremonia íntima en el cementerio de Père-Lachaise, al este de París. Tan solo asistieron Pamela, Siddons, Alain Ronay y Agnes Varda. Nada más terminar la ceremonia Pamela y Siddons regresaron a Los Angeles donde se ofreció una rueda de prensa confirmando que Jim Morrison había fallecido el 3 de julio a consecuencia de un «fallo cardiaco provocado por un coágulo de sangre y una infección pulmonar». Ray Manzarek declaró años más tarde que le dijo a Siddons: «¿Cómo sabes que estaba en el ataúd?, ¿Cómo sabes que no eran 80 kilos de arena nada más? Nunca sabremos la verdad. A partir de ahora habrá mil rumores e historias»; acertó.

Con una duda razonable

Los Angeles Times publicó un titular diciendo: «¿Por qué se retrasan las noticias de la muerte de Jim Morrison?».

Una de las incógnitas más extendidas era entender cómo los franceses habían dejado que se enterrase a una estrella americana de rock en el cementerio de Père-Lachaise, considerado monumento nacional, lugar donde reposan los restos de eruditos como Balzac, Molière, Oscar Wilde o Chopin. La tumba estuvo sin marcar, sin lápida identificativa durante casi un año. Además, días antes de su muerte, varios testigos aseguraron haberle visto visitando el cementerio y Pamela confirmó que era el lugar donde insistió ser enterrado cuando muriera.

La embajada americana no recibió el paupérrimo certificado de defunción hasta el día 7 de julio, cuatro días después del deceso y solo después de que el cadáver fuese enterrado.

También comenzó la retahíla de avistamientos del supuesto difunto. Se le pudo ver el mismo día de su muerte, en el aeropuerto Charles de Gaulle, tomando un vuelo. En 1973 sacó dinero de una oficina del Banco de América de San Francisco. El 22 de octubre de 1975 la emisora WRNO de Nueva Orleans consiguió una entrevista con Jim Morrison, que se emitió el 9 de noviembre, pero con una serie de interferencias que evitaron que se identificara la voz. Se le ha visto en el Tíbet, de copas por los bares de Los Angeles, en Luisiana, en el desierto australiano, en África o en Israel.

Otras teorías apuntan que fue asesinado por extraterrestres y fuerzas ocultas, que provocó con su afición al ocultismo. Otros apuntan a Patricia Kennealy, su esposa celta, que lo asesinó a distancia con un muñeco de vudú, mientras estaba en la bañera plácidamente. También murió en un accidente de tráfico y por ahogamiento en un juego sexual con una bolsa de plástico en la cabeza. La más curiosa y extravagante de las teorías asegura que en aquel accidente de carretera, cuando Jim tenía 4 años, el espíritu de un indio chamán lo poseyó y cuando ya no pudo sacar nada más de él, lo abandonó muriendo inmediatamente.

Pamela Courson entró en una larga batalla legal contra el padre de Morrison, por la herencia y los royalties que generaba su obra. Falleció el 25 de abril de 1974 por una sobredosis de heroína, días antes de que un juez fallase a su favor en la disputa, lo que hubiera supuesto que heredaría la cuarta parte de los derechos de The Doors. Todos sus amigos opinaron que fue asesinada, pero eso es otra leyenda por resolver.

En 1974 la discográfica Capitol Records editó un álbum llamado *Phantom's Divine Comedy*. Los músicos no estaban acreditados y la voz era muy parecida a la de Jim Morrison, sin embargo en 1992 se desveló que el vocalista era Iggy Pop, acompañado de Ray Manzarek y John Densmore.

Jim Morrison especuló en varias ocasiones con fingir su propia muerte, bien para cambiar de vida o para comprobar si las ventas de discos se dispararían con la noticia. Ray Manzarek lo tenía claro: «Si existe alguien capaz de escenificar su propia muerte, conseguir un certificado de defunción falso, meter en un ataúd 80 kilos de arena y desaparecer en algún lugar de este jodido planeta, ese es Jim Morrison».

A todo esto yo me pregunto, si fue lícito configurar pruebas falsas, con testigos sobornados, para encerrar en la cárcel a un agitador como Jim Morrison, porque no es lógico que él finja su muerte, burlándose de quienes lo condenaron y sin poder hacer nada al respecto, dejándoles como auténticos inútiles. ¡Chapeau Jim!

La conspiración de Elvis Presley

Cuando en agosto de 1953, el joven de 18 años Elvis Aaron Presley, entró en Sun Records para pagarse la grabación de un acetato que debía ser un regalo para su madre Gladys, poco se imaginaba que llegaría a ser el Rey del Rock, al menos del rock blanco y que su fama se extendería de tal manera que llegado el momento no le dejarían morir en paz.

Elvis y Nixon, Rey y Presidente

Porque eso pasó, la muerte de Elvis Presley es otro motivo para que los conspiranoicos lancen las campanas al vuelo y viertan ríos de tinta.

El single que regaló a su madre, contenía «My Happiness» y «That's When Your Heartaches Begin», pero otra leyenda urbana apunta que ese no fue el verdadero motivo de la grabación. Elvis acudió a Sun Records con el propósito de que lo ficharan pero solo consiguió que lo archivaran con el comentario «Buen cantante de baladas. Retener». En enero de 1954 volvió para grabar dos temas más, «I'll Never Stand In Your Way» y «It Wouldn't Be the Same Without You», pero no llamó la atención de Sam Phillips.

Sin embargo, se acordó del joven Elvis cuando adquirió los derechos del tema «Without You», Phillips tenía la convicción que si lograba encontrar un chico blanco que cantara la música de los negros, ganaría un millón de dólares. Preparó una sesión con el guitarrista Winfield Scotty Moore y el contrabajista Bill Black, pero resultó del todo estéril y nada productiva.

Cuenta la leyenda que ese 5 de julio de 1954, cuando los músicos estaban recogiendo para salir del estudio, Sam Phillips se encerró en su despacho desconsolado, Elvis agarró una guitarra acústica y comenzó a cantar un blues de 1946 de Arthur Crudup, «That's All Right». Scotty y Black se sorprendieron y se sumaron a la fiesta, hasta que Phillips salió del despacho y gritó: «Ese es el sonido que buscaba».

Phillips grabó «That's All Right» y se lo llevó a su amigo el DJ Dewey Phillips que lo pinchó tres días más tarde en su programa Red, Hot, and Blue provocando un aluvión de llamadas de la audiencia, hasta tal punto que las dos últimas horas estuvo emitiendo la canción sin descanso. Sun Records publicó un sencillo con «That's All Right» como lado A y «Blue Moon of Kentucky», un tema bluegrass de Bill Monroe, en el reverso.

El 5 de julio de 1954 comenzó la leyenda de Elvis Presley, el Rey del Rock, que debería haber finalizado veintitrés años después, con su muerte, el 16 de agosto de 1977. Pero para muchos no fue así y ese día comenzó la auténtica conspiración de Elvis Presley.

Tras divorciarse de Priscila Presley a finales de 1973, Elvis comenzó a enfermar con frecuencia, agravado por el aumento desmesurado de peso y el consumo descontrolado de drogas, que ingenuamente

pensaba que al ser recetadas por su médico particular, el Dr. George C. Nichopoulos, eran legales y no podría sufrir efectos secundarios. Pero no fue así y en octubre de 1973 fue ingresado en estado semi comatoso por consumo de Demerol, pero a pesar de su mala salud, el Coronel Tom Parker, mánager de Elvis, le preparó una agenda de 168 conciertos en 1973 y casi igual al año siguiente. Poco a poco Elvis se fue convirtiendo en una caricatura grotesca de lo que había sido, no pudiendo acabar la mayoría de sus conciertos y transformándose en un cantante pop melódico, destinado a shows de abuelas y nostálgicos defenestrados.

Para colmo de males, dejó que su padre Vernon Presley encarrilara sus efectivos financieros y en una errónea decisión despidió a sus guardaespaldas, Red West (amigo de Presley desde los años 1950), Sonny West y David Hebler, por recortes de gastos.

Con ese panorama llegamos al 1 de agosto de 1977, cuando se edita el libro *Elvis: What Happened?*, escrito por los guardaespaldas despedidos y que sacaba a la luz todas las adicciones de Elvis, más una serie de enfermedades que padecía, glaucoma, hipertensión arterial, daños en el hígado y megacolon, como consecuencia del abuso de fármacos y otras drogas durante años.

El libro afectó demasiado a Elvis, que había intentado impedir su publicación, dejándolo completamente desolado y desnudo ante el mundo exterior, agotando las pocas fuerzas e indicios de vitalidad que le quedaban.

El 16 de agosto debía de iniciar en Memphis una gira de conciertos, aunque resulta increíble que se programaran teniendo en cuenta el estado de deterioro en el que se encontraba.

Ginger Alden, su última pareja sentimental, lo encontró inconsciente en el suelo del baño. Los médicos intentaron reanimarlo de camino al Baptist Memorial Hospital, pero fue un esfuerzo ineficaz y se constató la muerte de Elvis Presley, que se hizo pública a las 15:30 h. a consecuencia de un infarto de miocardio. El presidente de los Estados Unidos, Jimmy Carter, ofreció un comunicado presidencial en el que afirmaba: «Elvis cambió para siempre el rostro de la cultura popular estadounidense», mientras que miles de personas se reunían alrededor de Graceland para despedirse del ídolo perdido.

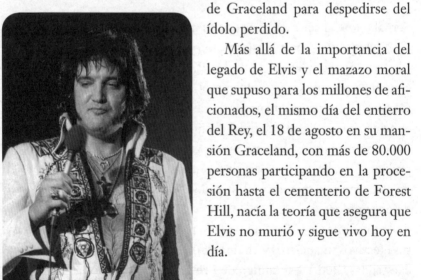

Elvis se fue convirtiendo en una caricatura grotesca de lo que había sido.

Más allá de la importancia del legado de Elvis y el mazazo moral que supuso para los millones de aficionados, el mismo día del entierro del Rey, el 18 de agosto en su mansión Graceland, con más de 80.000 personas participando en la procesión hasta el cementerio de Forest Hill, nacía la teoría que asegura que Elvis no murió y sigue vivo hoy en día.

Las conjeturas del Rey

La teoría más importante es que Elvis fingió su muerte para poder escapar de la mafia, entrando en un programa de protección de testigos del FBI. Los argumentos esgrimidos explican que Elvis fue reclutado por el FBI como agente infiltrado en una organización criminal llamada The Fraternity. La venta de un avión propiedad del cantante serviría de tapadera para adentrarse como topo en la organización, donde terminaría militando durante varios años. Años que estaría pasando la información necesaria de The Fraternity para su desmantelamiento, llegando a perder más de 10 millones de dólares en supuestas inversiones inmobiliarias promovidas por la organización criminal. The Fraternity habría descubierto el juego de Elvis y le había sentenciado a muerte, por lo que la única salida era que el FBI le sacara de Graceland y la vida pública y le introdujera en el programa de protección.

El primer dato que ayuda a esgrimir esa teoría, es el avistamiento de un helicóptero negro sin identificaciones que fue visto varias horas antes de la localización del cuerpo, aterrizando en el interior de Graceland y despegando de inmediato; como si hubiera dejado o recogido pasajeros.

Elvis tenía planeada una gira de conciertos, pero jamás preparó las actuaciones, no hay pruebas de listas de temas, ni músicos contratados para dicho trabajo, ni mucho menos testimonios de los ensayos mínimos para llevarla a cabo. Es como si supiera que esa gira no iba a producirse jamás.

El día del entierro un automóvil desconocido se abalanzó contra la multitud de fans que asistían a la ceremonia, matando a dos mujeres e hiriendo de gravedad a una tercera.

A finales de agosto hubo un intento de sustraer el cadáver de la tumba, pero fue un fracaso, provocando que el cuerpo de Elvis y el de su madre fueran trasladados al jardín de Meditación, en el interior de Graceland el 2 de octubre.

La teoría más plausible apunta a un intento de la mafia, The Fraternity, por averiguar si el cuerpo enterrado era el de Elvis o les habían timado.

Cierto es que muchos de los asistentes al funeral, sobre todo aquellos que pudieron acercarse al féretro, aseguraron que los rasgos físicos del difunto no coincidían con los que conocían de Elvis. Las cejas presentaban un aspecto extraño, demasiado arqueadas para una persona de 42 años, la piel de las manos y la cara tenía un aspecto muy terso, suave, no parecía la de un hombre adulto y enfermo, que además, llevaba años castigado por las drogas. La barbilla, aseguraban, era mucho más corta que la del original y sobre todo aseguraban que los dedos eran muy grandes y las uñas muy largas. Todo parecía indicar que lo que había dentro del ataúd era un muñeco de cera, teoría que se reafirma al apuntalar la frialdad del sarcófago, seguramente refrigerado por algún tipo de aire acondicionado interno. Vernon Presley prohibió expresamente que se realizaran fotografías del cadáver y la única imagen que se conoce es un robado que realizó Billy Mann, uno de los primos de Elvis, por la módica cantidad de 18.000 dólares que pagó el *National Enquirer* para ilustrar la portada.

El padre, Vernon, ordenó sellar la autopsia durante 50 años que se cumplirán en agosto de 2027, cuando Elvis tendría 97 años. Sin embargo se traspapeló que en el informe forense el cuerpo pesaba 77 kilos, cuando en realidad Elvis superaba de largo los 110 kg.

En la losa de su tumba indica Elvis Aaron Presley, cuando su verdadero nombre es Elvis Aron. Los defensores de la conspiración lo ven como un intento de no llamar a la mala suerte por parte de un Elvis supersticioso. Los detractores de esas teorías aseguran que el Rey se quería cambiar el nombre por el de Aaron, de hecho ya lo utilizaba desde hacía tiempo.

Otra pista de la conspiración nos la dan desde el Aeropuerto de Memphis, cuando indican que dos horas después de la supuesta muerte, un hombre que se acreditó como John Burrows pagó en efectivo un billete con destino a Buenos Aires. Justamente es el nombre que utilizaba Elvis para sus escarceos amorosos, registrándose con él en los hoteles. Al igual que un día más tarde, cuando una de sus exnovias recibió un ramo de flores enviadas y firmadas por Lancelot, otro apelativo de Elvis que solo conocía la pareja.

Cinco meses antes de morir, cambió su testamento y dejó todo su capital a su hija Lisa Marie, desheredando a amigos y familiares que inicialmente estaban contemplados en su legado administrativo. Esto indica que quiso agrupar su fortuna para poder disponer de ella más fácilmente, pero es algo macabro pensar que su hija estaría metida en la farsa.

Parece curioso al menos que la familia nunca pidió cobrar el seguro de vida de Elvis, que a buen seguro sería de un beneficio económico espectacular. El motivo de no hacerlo era para evitar que la compañía investigara, ya que en Estados Unidos no es delito fingir tu propia muerte, pero sí lo es cuando se hace para estafar a la compañía de seguros.

A Elvis se le ha visto en medio planeta y en las situaciones más inverosímiles, que no vale la pena repasar. Una de las más curiosas fue en su propia fiesta del 82 cumpleaños en Graceland, unos fans hicieron fotos a uno de los asistentes y aseguraron que se trataba del propio Elvis. Pero si hay que quedarse con algún avistamiento, yo prefiero su aparición como figurante en la película *Solo en Casa* de Chris Columbus y protagonizada por Macaulay Culkin. Os animo a buscar a Elvis en el aeropuerto, cómo mínimo entra en la duda razonable.

¿Quién asesinó a John Lennon?

El 8 de diciembre de 1980, John Lennon recibía en su apartamento del edificio Dakota de Nueva York, a la fotógrafa Annie Leibovitz de la revista *Rolling Stone*, con quien había pactado la portada del número

Su relación con Yoko Ono radicalizó a John Lennon.

siguiente. Leibovitz tenía intención de hacer la sesión solo con Lennon, pero fue innegociable que apareciera Yoko Ono junto a él. De esa sesión salió la fotografía icónica de la pareja, en la cual Lennon desnudo abraza a Ono (*Rolling Stone* enero 81).

A las 17 h. se dirigieron a los estudios Record Plant para mezclar el tema «Walking on Thin Ice» y al salir del edificio, fueron parados por varias personas en busca de autógrafos y fotografías. Uno de ellos era Mark David Chapman, un joven de 25 años de Honolulu, Hawaii, que le entregó una copia del recientemente publicado *Double Fantasy*. Lennon se lo firmó preguntándole: «¿No quieres nada más?». Otro de los presentes era Paul Goresh, fotógrafo obsesionado por hacerle fotos a Lennon, que inmortalizó el momento del autógrafo a Chapman.

La pareja regresó a las 22:50 h, bajaron de la limusina y se dirigían a entrar en el edificio Dakota, Ono delante y Lennon algo retrasado, cuando Chapman apareció de nuevo llamándole Sr. Lennon y le disparó cinco veces con un revolver 38 Special, una bala erró el objetivo e impactó en una ventana del edificio pero las otras cuatro alcanzaron a Lennon, dos en el lado izquierdo de la espalda y otras dos en el hombro, una de ellas seccionó la vena aorta.

John Lennon pudo subir cinco peldaños, antes de caer desplomado.

Mark David Chapman no huyó del lugar del crimen, muy al contrario se quedó tranquilo y comenzó a leer el libro que llevaba, *El guardián entre el centeno* de J.D. Salinger, hasta que llegó la policía y gritó: «Lo he hecho solo». Cuando lo tenían esposado un agente le interrogó: «¿Te das cuenta de lo que has hecho?» a lo que Chapman respondió: «He disparado a John Lennon. Lo siento, no sabía que fuera amigo suyo».

Ante la gravedad de las heridas no esperaron a las ambulancias, lo introdujeron en un coche patrulla y lo llevaron al St. Luke's-Roosevelt Hospital Center, perdiendo el conocimiento durante el trayecto. Cuando llegaron al hospital Lennon estaba prácticamente desangrado, no respiraba y apenas tenía pulso. A las 23:15 h. el Dr. Elliott M. Gross, jefe del Servicio Médico Forense, declaró la muerte de Lennon a consecuencia de una hipovolemia, es decir, desangrado. Yoko Ono ingresó en el mismo hospital en estado de shock y al día siguiente emitió un comunicado: «No hay ningún funeral para John. John amó y rezó por la raza humana. Por favor, hagan lo mismo por él. Con cariño, Yoko y Sean». Los restos de John Lennon fueron cremados en el Ferncliff Cemetery en Westchester, no hubo funeral.

THE NEW STANDARD

LATE PRICES STOP PRESS

Tuesday, December 9, 1980. Price 12p

Incorporating the Evening News

Smiling gunman fires five bullets into ex-Beatle

JOHN LENNON SHOT DEAD

JOHN LENNON: Help me, he whispered ... then Yoko screamed.

From Nicky Holford in New York

JOHN LENNON is dead. The former Beatle was murdered at 4 a.m. today outside his New York home by a crazed, smiling gunman.

In praise of John Lennon
John Blake, Maureen Cleave, Ray Connolly: Centre Pages

Cont Page 2, Col 1

YOKO ONO weeps as producer David Geffen comforts her.

Portada de *The New Standard* del 9 de diciembre de 1980

Cuando la realidad no es creíble

Tras su muerte, muchos fueron los que creyeron y argumentaron que fue la CIA o el FBI quien asesinó a Lennon, aunque la mano ejecutora fuera Chapman. Lennon empezó a ser cuestionado en Estados Unidos a raíz de sus polémicas palabras «Somos más famosos que Jesucristo» en 1966, cuando miles de discos de los Beatles se quemaron en público.

Su relación con Yoko Ono le radicalizó y la Guerra de Vietnam fue el detonante para que fuera beligerante con la administración americana y en especial con el Presidente Nixon. Lennon, además de ser un músico increíble, clasificado como genio en numerosas ocasiones, se transformó en un activista de izquierdas, pacifista a ultranza y provocador nato. Curiosamente Lennon jamás criticó al bloque comunista, en una época que sus atropellos de los derechos humanos eran más que evidentes. Poco a poco iba cargando los ánimos de la administración y en especial de la CIA, que le pinchaban el teléfono y le seguían a todas partes. Sus campañas de pacifismo de cama, primero en Ámsterdam y más tarde en Montreal, con la composición y efecto del tema «Give peace a chance», estuvieron a punto de provocar embolias en los cerebros demócratas y en la América más profunda, aunque su manera de defenderse era tratarlos de payasos y ridículos; algo que a Lennon le satisfacía tal y como declaró: «Laurel y Hardy, así nos ven a John y a Yoko. Y siendo eso, nuestra probabilidades son mejores, porque a toda la gente que la toman en serio como Martin

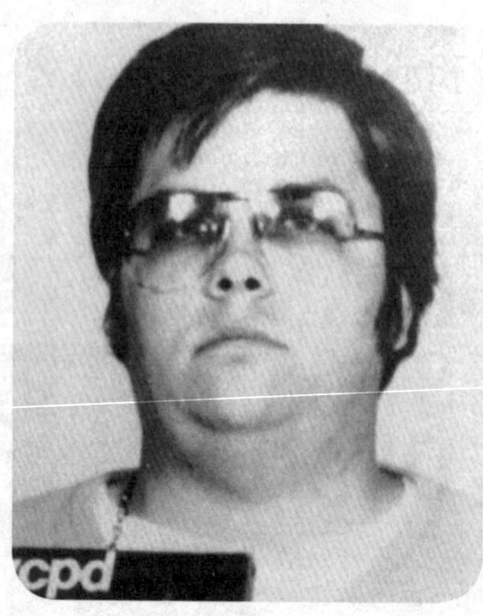

Mark David Chapman

Luther King, y Kennedy y Gandhi les pegan un tiro».

Pero la puntilla fue mudarse a Nueva York, tener al lobo dentro del corral, que además se juntaba con socios letalmente peligrosos como Bobby Seale, cofundador de los Panteras Negras, los activistas y anarquistas Abbie Hoffman y Jerry Rubin, además de la demostración de poder de la escena musical con el concierto que se celebró el 10 de diciembre de 1971, para pedir la libertad de John Sinclair, condenado a diez años de prisión por la posesión de dos porros. Donde actuó Lennon y se consiguió la liberación del activista a los tres días del mismo. John Lennon se había declarado simpatizante del IRA, considerado por Estados Unidos como un grupo terrorista, incluso en el 2000 se desclasificó un documento del FBI, en el que informaban que Lennon había estado financiando el IRA, junto con otros famosos como John Wayne, aunque no pudieron probarlo.

Por si no fuera poco, la grabación, difusión y éxito del tema «Happy Xmas (War is over)», más la campaña de publicidad callejera que Lennon generó, violentó los ánimos presidenciales, en un momento en el que podrían votar por primera vez los jóvenes de entre 18 y 21 años, fácilmente maleables por los discursos del exBeatle. Se sabe que el FBI le pinchaba los teléfonos y el mismo Lennon lo reconocía públicamente: «Sé cuando el teléfono no está normal y al cogerlo se oyen un montón de ruidos. Abro la puerta y hay tíos de pie en la acera de enfrente. Subo a un coche y me siguen». Lennon declaró en varias ocasiones que se sentía acosado y perseguido, hasta que el departamento de inmigración le presionó para que abandonara el país por unos cargos que existían contra él por posesión de marihuana en el pasado, pero la razón era otra muy diferente, la CIA y el FBI lo colocaron como uno de los enemigos de los Estados Unidos.

En el año 2001, el periodista Jon Wiener demostró con documentos oficiales el acoso al que se había sometido a Lennon por parte de la administración Nixon. Entre mucho papeleo, se podían encontrar mensajes del propio Nixon exigiendo la «neutralización» del problema Lennon. El propio J. Edgar Hoover, director del FBI y una de las personas más poderosas y conspiradoras de los EE.UU., firmaba un comunicado interno en el que se leía «el caso Lennon debe ser manejado de una forma rápida y por agentes con experiencia».

Pero en ocasiones el karma nos regala pequeños momentos de placer y por qué no decirlo, de revancha. El 9 de octubre de 1975, John Lennon cumplió 35 años, nació su hijo Sean Lennon y estalló el escándalo Watergate, que obligaría a abandonar la Casa Blanca a Nixon. La orden de expulsión del país pasó a un estado etéreo en el limbo administrativo.

El 4 de noviembre de 1980 Ronald Reagan ganaba las elecciones y una ola de conservadurismo volvería a asolar los Estados Unidos, un país con una administración que no quería a Lennon moviendo conciencias como antaño. A un mes y cuatro días de ganar las elecciones Reagan, Lennon fue asesinado.

Volvemos a Mark David Chapman, el hombre que se declaró culpable del crimen, y digo declaró, porque si no se hubiera quedado en el lugar de los disparos y confesado haber sido el autor de los mismos, el magnicidio hubiera sido prácticamente imposible de resolver. Chapman declaró que el 30 de octubre de ese mismo año viajó a Nueva York con la intención de matar a John Lennon, pero tras un debate interno no pudo hacerlo y regresó a Honolulu. ¿Por qué el 8 de diciembre sí que pudo cometer el crimen? ¿Por qué no lo asesinó a la primera vez que se encontró con él, por qué esperó? Posiblemente, una de las respuestas sea evitar que pudiera haber testigos. Pero por qué, si no huyó y se quedó esperando a que lo arrestaran para declarar, primero de todo: «Lo he hecho solo».

La hipótesis de la lógica

Todas esas incógnitas tienen respuesta en otra teoría de conspiración; la que apunta que no fue Chapman quien mató a Lennon, que fueron dos francotiradores, seguramente de la CIA o el FBI.

El edificio Dakota era uno de los más seguros de Nueva York.

Las incongruencias oficiales invitan más que en otros casos a pensar que algo de realidad existe en esta teoría conspirativa. Primero de todo, si Chapman llama a Lennon y este se gira, ¿cómo es posible que las balas le entraran por la espalda? La bala que se perdió y se alojó en una ventana, voló en sentido contrario al lógico, es decir se incrustó en el lado de Chapman, como si se hubiera disparado desde otra posición. Si se disparó cinco veces, uno erró, dos balas se quedaron alojadas en el cuerpo, ¿cómo es que había tres agujeros de proyectil en el lobby del hotel? Como en el caso Kennedy, hay balas mágicas.

El edificio Dakota era uno de los más seguros de Nueva York, las 24 horas del día tenía cuatro personas apostadas en el tramo de entrada, cuatro personas que al parecer no estuvieron la noche del crimen. El portero, José Perdomo, un cubano exiliado a Miami, que participó en la invasión de la Bahia de Cochinos, fue quien declaró que había visto disparar a Chapman. La disposición de la caseta del portero es ideal para la trayectoria de las balas, tanto las que impactaron en el cuerpo como las que fallaron. Años más tarde se demostró que Perdomo había sido agente de la CIA.

El primer agente en llegar, Peter Cullen, tras ver la situación de la escena del crimen, intenta detener al operario del ascensor, que da el nombre de Joseph Many, pero Perdomo es quien insiste en haber visto disparar a Chapman que continúa quieto sin hablar. El nombre de Joseph Many no aparece en la investigación oficial, como tampoco lo hace ningún encargado del elevador.

Resulta curioso que el prestigioso periódico *The New York Times*, publicó un artículo al día siguiente, basándose en una reconstrucción lógica de los hechos, en el que se apuntaba que el asesino de Lennon se encontraba en el interior del recinto del Dakota, no fuera del porche como estaba Chapman. El 10 de diciembre se cambió la versión admitiendo como cierta la oficial.

La teoría de dos asesinos diferentes a Chapman nos dice que fue Perdomo quien asestó los tiros mortales a Lennon, mientra que el hombre apostado en el elevador lo remató y posiblemente falló algún disparo. Perdomo se encargó de dejar el arma al lado de Chapman y de mentalizarle del crimen que había cometido. Esta teoría sostiene que Chapman fue sometido a un intenso lavado de cerebro previo, programado para ser culpable. Programación que falló en su anterior visita a la ciudad. Perdomo se encargó de modificar las primeras conclusiones de las patrullas que llegaron, así como de hablar con todos los transeúntes que pasaron atraídos por los testigos, transformándoles así en testigos manipulados.

Para finalizar, y a modo de curiosidad, el informe policial de un caso tan extraordinario como el asesinato de una persona como John Lennon, tratado por fans, periodistas, músicos, políticos de todo el mundo como magnicidio, solo mereció estas líneas:

«John Lennon fue la víctima.
Mark David Chapman fue el perpetrador.
Chapman llevaba 2.201,76 dólares cuando fue arrestado.
La ubicación del crimen fue 1 West 72 St. (Dakota) en la entrada del arco.
El arma utilizada fue un "calibre 38 nariz chata".
El crimen ocurrió el 8 de diciembre de 1980 a las 10:50 PM.
El oficial de arresto fue Stephen Spiro asistido por el patrullero Peter Cullen, ambos del Distrito 20».

Hay muchas más incongruencias en este caso, como la camisa de color azul que mostraron con tres balazos y llena de sangre, no se corresponde con la ropa que llevaba Lennon en la foto realizada por Paul Goresh esa misma tarde, firmando el autógrafo de Chapman. La pistola que supuestamente llevaba Chapman, no coincide con la pistola de donde salieron las balas mortales. Por qué no estaban las cuatro personas de siempre en la entrada del edificio, dónde se encontraban. Qué vio Yoko Ono desde su posición, algo que resulta una incógnita...

Hay más teorías, un solo tirador, fuego cruzado, o el último disparo lo hicieron dentro del hall al que llegó Lennon malherido; todas ellas consiguen algo que no han logrado las demás conspiraciones que podemos encontrar en este libro:

La versión menos plausible es la oficial, la auténtica leyenda urbana parece ser la historia que nos han vendido como real. ¡A saber!

La desaparición de Richey James

Cuando desaparece un ser querido, la angustia y el dolor que sentimos, desemboca en diferentes respuestas. Hay quien se refugia en la religión para despedirse del ausente, encontrando en la teología un vínculo que ayuda a no desprenderse del todo de la persona querida. Hay quien simplemente necesita hacer una ceremonia de partida, que puede ser un entierro, una cremación, un acto ceremonial o cualquier tipo de rito o culto en honor al caído. Pero para todo ello se necesita el cadáver, el cuerpo, el objeto que representa a quien estamos dejando marchar, y si por cualquier circunstancia ese cuerpo no está presente para ser el centro de apoyo sobre el que gira toda la ceremonia, la mente humana se colapsa y es imposible cerrar en paz esa herida. Eso le ha pasado a familiares y amigos de desaparecidos en catástrofes naturales, accidentes de aviación sin resolver, a los que no pudieron enterrar a sus muertos en conflictos bélicos o asesinados y tirados a cunetas, como los millares de desaparecidos a manos de la dictadura franquista en España.

«Estoy segura de que un memorial ayuda a algunas personas, pero no lo haría conmigo», dice Rachel Edwards, la hermana del músico de

«Cuando me corto me siento mucho mejor», Richey James.

Manic Street Preachers Richard James Edwards, desaparecido hace 23 años. «No parece real. En ausencia de un cuerpo, ¿cómo puedes decir que está muerto? Ese es el problema cuando tratas de calcularlo todo en tu cabeza.»

Richey James desapareció el 1 de febrero de 1995, cuando debería haber volado a Estados Unidos con su compañero James Dean Bradfield, para una gira promocional del nuevo álbum *The Holy Bible*. James no se presentó y desde entonces permanece desaparecido, protagonizando uno de los misterios más desconcertantes de la historia del rock.

Richard James Edwards, nació el 22 de diciembre de 1967 en Caerphilly, Gales. Tras graduarse en la Universidad de Gales en Historia de la Política, se interesó por la música y el diseño. Comenzó a asistir a todas las actuaciones de la banda punk Manic Street Preachers, pero tras la edición de su primer single, «Suicide Alley» en 1989, y antes de la publicación del EP *New Art Riot* en 1990, Richey entró a formar parte de la banda. Con su llegada, el sonido se calmó, pero los textos comenzaron a ser más subversivos, volcando las ideas políticas de Richey, que se convirtió en el principal compositor de los Manic.

Curiosamente Richey no era un buen músico, de hecho hay quien asegura que no sabía tocar la guitarra, que en los conciertos se colocaba al lado del bajista Nicky Wire y simulaba tocar, pero normalmente tenía el amplificador apagado.

A pesar de su precariedad musical, Richey James se convirtió en el líder de los primeros Manic Street Preachers, él proporcionaba el 75% de las letras, sabía dirigir a sus compañeros hacia el sonido que pretendía conseguir y marcaba desde el estilo de vestir a las declaraciones que debían vomitar a la prensa. Dicho sea de paso, su postura prepotente ante la prensa, les proporcionó más de un enemigo en el negocio. La culpa evidentemente era de ellos, que no dejaban títere con cabeza y arremetían contra todos. Repudiaban, atacaban e insultaban a las bandas del movimiento shoegaze, como Ride, My Bloody Valentine y Slowdive, de quien llegaron a decir que «son peores que Hitler»; el sonido Manchester les parecía una purria embotellada y a punto de caducar.

Provocación y postura irreverente, empastada de estereotipos marcados por Sex Pistols y repetidos miméticamente por Guns'n'Roses, que consiguieron despertar el interés de todos tras la edición del single «You Love Us» para el sello Heavenly Records. En una entrevista James Dean Bradfield, vocalista y auténtico guitarrista del grupo, vaticinó que Manic Street Preachers grabarían el mejor álbum de rock de la historia, venderían dieciséis millones de copias, harían una gira mundial, llenarían Wembley tres noches seguidas y entonces se separarían.

En otra legendaria entrevista con Steve Lamacq, uno de los reporteros más duros del *New Musical Express*, de esos que se creen más importantes que el músico (desgraciadamente un ejemplar muy común), con fama de menospreciar a las bandas que entrevistaba, puso en duda la credibilidad de la banda y les acusó de tener una imagen impostada, exagerada y nada real. Richey sacó de sus pantalones una cuchilla de afeitar, se acercó a Lamacq y delante de él, se cortó el brazo escribiendo «4 Real» preguntándole «¿Te parece bastante auténtico?». Tuvo que ser llevado de urgencias al hospital y le dieron 27 puntos de sutura, pero al poco de esa entrevista firmaban con Sony Music para grabar su primer larga duración.

Generation Terrorists obtuvo un tremendo éxito, que propició que la banda girara por todo el planeta y vendiera más de 250.000 copias. Sin embargo no consiguieron los resultados deseados, sobre todo porque no funcionó como esperaban en Estados Unidos. La imagen del grupo era demasiado andrógena, las letras políticamente incorrectas y ellos demasiado intelectuales y peligrosos. No fue muy comercial colocar textos de intelectuales como Albert Camus, Sylvia Plath y George Orwell, entre otros, en cada una de las canciones de un álbum extenso, que excedía la capacidad del vinilo y debió presentarse como doble. Además, los Estados Unidos estaba engullida en la explosión grunge y aquella banda no encajó en el nuevo mercado.

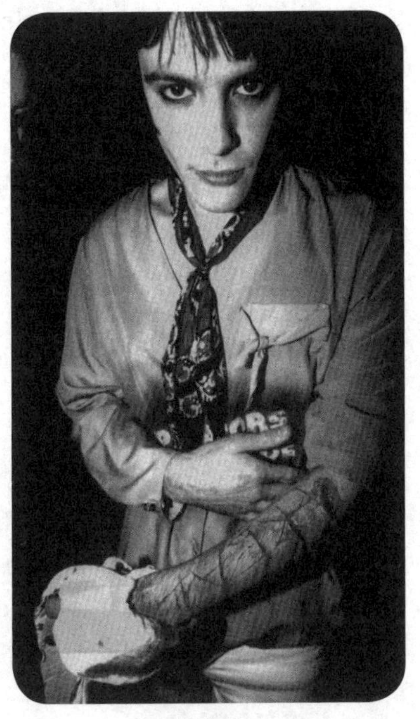

«4 Real. ¿Te parece bastante auténtico?»

Por eso el segundo disco, *Gold Against the Soul*, abandona el punk glam y se acerca peligrosamente al grunge, cambian los textos que se alejan de la política y entran en un bucle intelectual más moderado.

En 1993 aparecen los problemas de Richey James, su adicción al alcohol se hace evidente, problemas de personalidad que desembocan en depresión, anorexia y nuevos episodios de automutilación. «Cuando me corto me siento mucho mejor», declaraba James a *The Telegraph*, «todas las pequeñas cosas que podían perturbarme, repentinamente me parecen triviales porque me estoy concentrando en el dolor. No soy una persona que pueda chillar y gritar, por eso este es mi único escape».

Tras la publicación del tercer álbum, *The Holy Bible*, los problemas de anorexia y alcoholismo de Richey, eran tan evidentes que a veces no podía tenerse en pie. «Llega un punto donde no puedes actuar más como un ser humano, no puedes levantarte de tu cama, no puedes... hacerte una taza de café sin algo malo sucediéndote o que tu cuerpo esté demasiado débil para caminar». Richey James fue ingresado en el frenopático The Priory, mientras el resto de la banda terminó los compromisos de algunos festivales como el Reading, en formato trío.

Tras la salida del hospital realizaron una gira europea acompañando a Suede y Theraphy, con dos citas en nuestro país, el 15 de noviembre de 1994, en la sala Aqualung de Madrid y el 18 en la desaparecida Zeleste de Barcelona, donde realizaron un extraordinario concierto, con una banda que parecía en plenitud de condiciones. Desgraciadamente, a medida que avanzaba el tour, la personalidad de Richey James se iba desmoronando y retornaban los fantasmas del pasado reciente. La gira finalizaba con tres días, el 19, 20 y 21 de diciembre, en el London Astoria, con todas las entradas vendidas; no era el Wembley, pero se trataba de un gran final de gira. El último día, tocando el tema «You Love Us», Richey se giró a su amplificador y comenzó a destrozarlo con su guitarra, dañando alguno de los dimmers de iluminación que se encontraban detrás. El resto de la banda, que no esperaban esa reacción, se sumó al episodio de destrucción, privando al público del bis que habían realizado en los dos días anteriores. Esa fue la última vez que Richey James se subió a un escenario con Manic Street Preachers.

¿Dónde está Richey?

La compañía discográfica organizó una gira promocional por Estados Unidos, para intentar que *The Holy Bible*, con un sonido más tamizado y sobre todo políticamente ligero, socavara el mercado yanqui. El 1 de febrero de 1995, Richey James y James Dean Bradfield, debían volar juntos a los EE.UU, pero Richey no llegó al aeropuerto y Bradfield tuvo que marchar solo.

La investigación de la policía demostró esta secuencia de hechos, la mayoría comprobados, otros simplemente especulaciones marcadas por la lógica.

A las 7 de la mañana del 1 de febrero, James abandonó el hotel London Embassy, cogió su coche y condujo hasta su domicilio en Cardiff. En la habitación del hotel encontraron su maleta completamente preparada para viajar. James se llevó la documentación, las llaves y una tableta de Prozac, que faltaba en su neceser. El Prozac es un antidepresivo recetado para contrarrestar ciertos desequilibrios del cerebro, como depresión, pánico, ansiedad, o trastorno obsesivo-compulsivo.

La investigación posterior reveló que durante dos semanas previas a la desaparición, Richey había sacado de su cuenta 200 libras diarias, un total de 2.800 libras.

Las especulaciones indican que durante los siguientes días a su desaparición fue visto en la oficina de pasaportes de Newport, cerca de su domicilio, y en la estación de autobuses de Cardiff. Por ese hecho se especuló con la posibilidad de que hubiera abandonado Gales, pero el testimonio de un taxista lo situaba el 7 de febrero en el Hotel Kings de Newport, donde lo recogió de pasajero y le indicó Blackwood, su ciudad natal, como destino. James, según el chofer, fue todo el trayecto tumbado en el asiento de atrás sin mediar palabra, hasta que llegados a Blackwood dijo: «Este no es mi sitio». Cambiaron destino a la estación de tren de Pontypool, pero un Richey James desconcertante, todo según el anónimo taxista, le modificó la ruta hasta la gasolinera de Servern View, muy cerca de la localidad de Aust, cruzando el canal de Brístol.

El mánager de la banda, al comprobar que Richey James no había llegado a Estados Unidos en los dos días siguientes a su cita con el resto de la banda, temiendo lo peor, debido a los trastornos emocionales de James, contrató un investigador privado para intentar localizarlo en Gales.

La familia lanzó un comunicado de socorro en la prensa británica que decía: «Richard, por favor, contacta con nosotros. Con amor, mamá, papá y Rachel».

La última vez que Rachel vio a su hermano mayor fue en enero de ese año, cuando la familia se reunió para enterrar a su perro, con el que James tenía una conexión especial. Semanas antes de la muerte del animal, James había declarado en una entrevista que le gustaría mudarse a una casa en la costa con perros como única compañía. Que se encontraba agotado tras la composición de *The Holy Bible* y que no se veía con fuerzas para seguir con la presión de las giras, la promoción y todo lo que suponía ser un Manic Street Preachers.

El 14 de febrero la historia nos ofrece un giro inesperado con tintes trágicos. Ese día la policía multa el coche de Richey por estar mal aparcado en la estación de servicio de Serven View, un Vauxhall Cavalier que es retirado por la grúa el 17 de febrero. La policía descubre que se trata del vehículo de Richard James Edwards, constatando que hay indicios de que alguien ha pernoctado en el vehículo durante varios días. La conclusión apunta que James regresó a su domicilio para regresar con su propio coche al mismo punto donde se encontraba. La especulación trágica apunta la proximidad del puente de Serven, que une Gales con Inglaterra y lugar recurrente por los suicidas para saltar al vacío. Una posibilidad que tanto la familia como los amigos descartaron de inmediato, puesto que el suicidio era un acto deleznable para Richey, como había expresado en numerosas ocasiones.

Una historia incompleta

Desde ese momento comenzaron a conocerse apariciones de James en diferentes puntos del planeta. Periódicamente alguien lo veía en un lugar u otro; Berlín, París, Polonia, Nueva York o Quebec. En 1996, un profesor de galés que se encontraba de vacaciones en la India, afirmó haberlo visto en el estado de Goa, reconociéndole porque él era seguidor de los primeros años de los Manic. En 2004, otro fan del grupo aseguró haberlo visto en Lanzarote, y al poco tiempo apareció en Fuerteventura. La familia de James tuvo que soportar durante años los avistamientos y se vio obligada a seguir todas las pistas, por muy ridículas que fueran. «Creo que fue gente que realmente quería ayudar», declaraba su hermana Rachel, quien entró en la organización Missing People, que ayuda a encontrar a personas desaparecidas y da apoyo a las familias y amigos que lo necesitan. Además lucharon y consiguieron la aprobación de una ley de Presunción de Muerte, otro de los dramas de esta historia.

Durante repetidas ocasiones, la familia había solicitado la presunción de muerte de Richey James, sin la cual no podían acceder a sus cuentas bancarias y sin embargo sí que cubrían las deudas dejadas por el músico, lo que les había arrastrado prácticamente a la ruina. La banda estuvo guardando durante un tiempo la cuarta parte de los beneficios de giras, por si Richey aparecía, al igual que también dejaron los primeros meses un micro enchufado en su lateral del escenario, esperando que apareciera en un concierto, y se subiera a cantar como si no hubiera sucedido nada.

En el año 2008 la justicia británica dictaminó que Richey James dejaba de ser persona desaparecida y pasaba al estatus de Presuntamente Fallecido.

Richey James desapareció a la edad de 27 años, aunque no está considerado como miembro del tétrico Club de los 27, porque ni dejó un bonito cadáver, ni se sabe a ciencia cierta que esté muerto.

Su hermana Rachel, no ha podido escuchar a los Manic Street Preachers desde que su hermano desapareció: «Siento que por alguna razón se fue, ya no quería estar en la banda. No sé por qué. Me resulta un poco molesto escucharlo. De alguna manera, a veces me pregunto, ¿sería una persona desaparecida si no hubiera estado en una banda? ¿Si hubiera trabajado en un banco?».

¿Dónde está Richey James? Nadie lo sabe. Sus seguidores siempre han tenido la esperanza de que algún día aparezca, aunque no sería el mismo con 50 años. La esperanza es lo último que se pierde y su hermana pequeña, Rachel James, tiene muy claro que no va a dejar de buscar a su hermano. «Puede que no sea en esta existencia, pero el misterio se resolverá incluso si tengo que esperar a la siguiente dimensión.»

III. MALDICIONES, MAGIA NEGRA, SATANISMO O MALA SUERTE

Nos adentramos en terrenos pantanosos, sin apenas detenernos a pensar que el rock y el reino del Señor Oscuro, tienen un cordón umbilical permanente. Estás a un paso de sumergirte en imágenes espectrales, espíritus que moran en viejas mansiones, presagios trágicos que se cumplen y tragedias marcadas por la mala suerte o la mano de Satanás; suicidios que nadie pudo ver pero sí escuchar, venganzas fraguadas durante décadas y los efectos secundarios de jugar con la magia negra. Toca madera.

★

Los fantasmas de Black Sabbath

Black Sabbath es una de las bandas clásicas del panorama musical con más tradición de oscurantismo.

El germen de la banda se planta en 1968, tras los restos del naufragio de un grupo llamado Mythology, cuando Tony Iommi y Bill Ward, crean una banda de blues rock llamada The Polka Tulk Blues Band, por lo que fichan al vocalista Ozzy Osbourne, que tenía equipo de sonido propio y este arrastra a un viejo compañero, Geezer Butler.

Black Sabbath proviene de una película de terror, protagonizada por Boris Karloff.

El nombre, tan raro como exótico, procedía de unos polvos de talco que vendían en una tienda de ropa asiática, pero duró muy poco y se transformó en Earth, que tampoco es que sea significativo de lo que más tarde conocimos como Black Sabbath.

Tras un periodo de huida de Iommi que aterrizó en Jethro Tull, justo para aparecer en el film *Rock'n'roll Circus* de The Rolling Stones y darse cuenta de que era incompatible con el egocentrismo galopante del vocalista Ian Anderson, la banda se reforma y se ven obligados a cambiar el apelativo de Earth, ya que encuentran otra banda británica de mismo nombre.

El nombre de Black Sabbath está escogido de una película de terror de serie B de idéntico título, protagonizada por Boris Karloff y dirigida por Mario Bava en 1963. Todo fue producto de una casualidad, al proyectarse el film en el cine que se situaba enfrente del local de ensayo y comprobar con sorpresa las largas colas que se formaban para entrar.

Ozzy y Butler creyeron que si la gente gastaba su dinero para ver películas de terror, por qué no lo iba a hacer para escuchar música tenebrosa. Cuentan que los dos compusieron la primera canción, Black Sabbath, basándose en un libro del escritor inglés Dennis Wheatley.

Al parecer, Buttler se había aficionado al ocultismo y en un arrebato psicotrópico pintó su habitación totalmente de negro, colgando crucifijos boca abajo y colocando ilustraciones del Diablo por las paredes; Ozzy le regaló un libro de brujería y una noche, después de realizar una sesión, vio una figura negra a los pies de su cama y el libro no volvió a aparecer jamás. Con la ayuda de Ozzy escribió el tema que dio título al primer disco y a la banda.

Hay quien asegura que este tema es la primera canción de heavy metal de la historia. En realidad se trata de asumir la escala pentatónica de blues, que dominaban perfectamente, añadiéndole un tritono con un armónico quinto y cuarto disminuido, lo que se conoce como Diabolus In Musica.

Para terminar de engrandecer la primera leyenda sobre Black Sabbath, habrá más en el libro, nos fijaremos en la portada de su primer disco. En ella aparece un viejo caserón abandonado y una figura de una mujer con capa negra, casi fantasmagórica. Tras la edición corrió un rumor que apuntaba que en la fotografía original no aparece la figura femenina y que la imagen apareció solo a la hora de imprimir la carpeta del álbum, lo que aumentó los rumores de satanismo que rápidamente acumuló Black Sabbtah.

La banda no desmintió los rumores y, ya se sabe que quien calla otorga.

★

Street Survivors, la portada maldita y racismo

Poco podía imaginar el rudo y violento Ronnie Van Zant, que sus presagios de no llegar a cumplir los 30 años, iban a ser una trágica realidad, dejando para la historia del rock un fantástico legado de seis discos maravillosos, cinco de estudio y un doble directo, además de una de las leyendas negras más impactantes de la música americana.

No se puede decir que la trayectoria de Lynyrd Skynyrd haya sido un camino de rosas, muy al contrario siempre ha estado envuelta en la polémica, continuas peleas entre ellos, ya que eran compañeros desde el instituto y solucionaban sus disputas a puñetazos, y en alguna ocasión incluso con algo más. En el libro *Freebirds: The Lynyrd Skynyrd Story*, Marley Brant cuenta que Ronnie Van Zant, apuntó con un revolver al batería Bob Burns, amenazándolo de muerte si no volvía a tocar un tema que supuestamente no les salía bien. Burns abandonó la banda al poco tiempo.

Pero si así disipaban sus desavenencias, imaginad cómo resolvían cualquier tipo de conflicto con el resto del planeta. La banda siempre se vio envuelta en numerosos escándalos, problemas con drogas, broncas con la policía y sobre todo acusaciones de racismo debido al tema «Sweet Home Alabama» y la polémica con Neil Young. Algo que sin ser cierto, todavía sigue coleteando en el mundo del rock, Lynyrd Skynyrd son racistas, porque el southern rock lo es. ¿Por qué? no se sabe, pero lo es. Por una simbiosis ridícula que implica que si eres blanco y haces rock sureño, eres un segregacionista.

Neil Young escribió en su día dos canciones para remarcar el racismo galopante que todavía existía en el sur del país, «Southern Man» y «Alabama», pero para Ronnie Van Zant, los textos de las dos canciones, aunque reflejaban bien la realidad eran injustos, porque metían a todos en el mismo saco, es decir, si eres del sur eres racista. Por ese motivo escribió la letra de «Sweet Home Alabama», un tema que fue muy mal interpretado.

Ronnie aseguró que «Neil estaba disparando a todos los patos para matar a uno o dos», por eso la respuesta de «Sweet Home Alabama». «Las letras sobre el gobernador de Alabama fueron malentendidas. El público en general no se fijó en las palabras Boo! Boo! Boo! después de esa línea en particular, y los medios recogieron solo la referencia a la gente que ama al gobernador. Wallace y yo tenemos muy poco en común. No todos los del Sur somos racistas.»

Ronnie se refería en el texto al gobernador George Wallace, político segregacionista y contrario a la implantación de los derechos civiles, quien pasará a la historia por la deleznable frase «Segregación ahora y segregación siempre». Lynyrd Skynyrd ironizaba con el hecho de que hubiera gente que amaba a un gobernador como Wallace, y le preguntaba a Neil Young si estaba satisfecho por el Watergate y el presidente Nixon. Clara ironía con la que pretendían demostrar que la mayoría de la gente de Alabama no era culpable de sus gobernantes. Tras hacer mención al gobernador, se escucha un abucheo del coro a modo de mofa. Pero incluso se puede apreciar la frase «Yea, yea Montgomery's got the answer...» (Sí, Montgomery tiene la respuesta...), haciendo

Lynyrd Skynyrd, una banda siempre envuelta en peleas y en acusaciones de racismo.

referencia a los disturbios de la ciudad de Montgomery, en la lucha por los derechos civiles. Una muestra de que en el sur no son todos iguales.

> «En Birmingham aman al gobernador… Boo! Boo! Boo!
> Ahora todos hicimos lo que pudimos hacer
> Ahora el Watergate no me molesta
> ¿Tu conciencia te molesta?
> Di la verdad»

Jamás se pudieron quitar el sambenito de racistas, por más que lo explicaron. Se les llegó a acusar de participar en la campaña electoral de George Wallace, cuando era totalmente mentira, tan solo ofrecieron un concierto durante la campaña de Jimmy Carter a la presidencia, algo que tampoco es para sentirse muy orgulloso, pero por lo que no te pueden acusar de racista.

La otra parte de la leyenda es el malestar y enemistad que surgió entre Ronnie Van Zant y Neil Young, pero vuelve a ser mentira. Primero porque tras las explicaciones de Ronnie sobre la letra de «Sweet Home Alabama», Young reconoció que tenía razón el vocalista sureño, de hecho ha declarado en varias ocasiones que «no me gustan esas letras cuando las escucho hoy. Eran acusadoras y condescendientes, no del todo meditadas, y muy fáciles de malinterpretar. Merecía mucho la pulla que Lynyrd Skynyrd me propinaron con su magnífico disco».

El caso es que Ronnie y Young se hicieron muy buenos amigos, pero allá donde iban siempre les preguntaban sobre su pelea con Neil Young y qué pasaría si se encontraban alguna vez en un festival. Por más que Ronnie daba una y otra vez las mismas explicaciones, la prensa había entrado en un bucle del que no podía salir. La forma de arreglarlo fue muy divertida, Ronnie Van Zant, comenzó a salir a los conciertos luciendo una camiseta de Neil Young donde se podía ver la portada del disco *Tonight's The Night*, de hecho en la portada del disco *Street Survivors*, aparece con esa misma camiseta. Un disco que marca el final de la trayectoria de la banda, tras un presagio diabólico, como si de una maldición se tratara.

La otra razón por la que se les acusó de racistas, fue por esgrimir en sus conciertos la bandera de la confederación. Este hecho fue una imposición de MCA, la compañía discográfica que quería buscar en ellos el mercado netamente sureño y venderlos como una panda de *redneck* salvajes, de espíritu rebelde, pero no pensó en las consecuencias que eso traería consigo.

La banda aceptó la propuesta de MCA y esgrimió la bandera de las barras y las estrellas de la confederación, por su implicación cultural, por lo que representaba como arraigo a la tierra y por ser la Navy Jack, la Bandera Rebelde. Pero se dieron cuenta demasiado tarde que esa bandera atraía a un tipo de público que no era el que precisamente ellos buscaban, gente afín al Ku Klux Klan, seguidores de las leyes segregacionistas y las leyes Jim Crow «Separados pero iguales».

La polémica les siguió después de la reunificación o reconstrucción de la banda, hasta el punto que Gary Rossington declaró en el año 2012 a la CNN: «A través de los años, personas del KKK y skinheads secuestraron la bandera Dixie o Southern de su tradición y la herencia de los soldados... No queríamos que fuera para nuestros fans una imagen como si estuviéramos de acuerdo con cualquiera de las cosas malas».

Sin embargo siempre se les ha tachado y se les tachará de racistas por ello, sin pensar que la Dixie posee una gran simbología en la música, siendo un icono reconocido del country, el rockabilly y actualmente de parte del sonido americano, sin que nadie tache de racista o xenófobo a ninguno de sus representantes.

La portada maldita

Crónica de una muerte anunciada

En 1976, la banda se había reforzado con un tercer guitarrista, Steve Gaines, el hermano pequeño de la corista Cassie Gaines y todo un descubrimiento, que a su juventud, prometía ser un gran revulsivo al sonido del grupo. De hecho lo fue, porque la banda editó el doble directo *One More From The Road*, que está considerado como uno de los mejores discos en directo de la historia, con interpretaciones antológicas como «T For Texas», «Sweet Home Alabama» o «Free Bird».

Lynyrd Skynyrd entraron a grabar su nuevo disco en primavera de 1977, con una formación de lujo, Ronnie Van Zant como vocalista, Steve Gaines, Allen Collins y Gary Rossington, como triplete guitarrista, Billy Powell en los teclados, Leon Wilkeson al bajo y Artimus Pyle a la batería, con el apoyo vocal de JoJo Billingsley, Cassie Gaines y Leslie Hawkins a los coros, más conocidas como The Honkettes.

El disco se llamó *Street Survivors*, y pretendía ser un toque de atención para toda la banda, una señal de alarma por el modo de vida que llevaban y que había estado a punto de llevarse por delante a Collins y Rossington, que tuvieron sendos accidentes de automóvil cuando conducían temerariamente bajo los efectos del alcohol y las drogas. Estos accidentes provocaron la suspensión de varios conciertos y el retraso considerable en la grabación del nuevo álbum.

Irónicamente, lo llamaron *Street Survivors*, manteniendo muchas connotaciones a su forma de vida, pero remarcando la supervivencia de la banda, a pesar de la gravedad de los accidentes sufridos por dos de sus guitarristas. No se sabe muy bien el por qué, pero la fotografía de la portada fue una imagen del grupo sobresaliendo de unas tremendas llamas provocadas por lo que parecía un accidente urbano sin determinar.

Street Survivors se publicó el 17 de octubre de 1977, cuando la banda ya había comenzado el tour de presentación, con dos conciertos realizados, de la que prometía ser su gira más exitosa hasta la fecha.

Tras la quinta actuación del tour, el 20 de octubre en Greenville Memorial Auditorium en Greenville, Carolina del Sur, la banda inició un nuevo viaje en el Convair CV-240 que habían contratado para sus desplazamientos. Su destino era LSU en Baton Rouge, Luisiana. Cuando estaban terminando el vuelo, el aparato se quedó sin combustible y aunque el piloto intentó un aterrizaje de emergencia, el avión se estrelló en un bosque a 8 km al noreste de Gillsburg, Misisipi. El avión se partió en dos trozos, reventando contra los árboles. Todos los que viajaban en la parte delantera del aparato fallecieron: Ronnie Van Zant, Steve Gaines, Cassie Gaines, el *road manager* Dean Kilpatrick, el piloto Walter McCreary y el copiloto William Gray. Mientras que el resto de la banda resultaron heridos graves.

La leyenda cuenta que el avión se estrelló a solo 300 metros de una pista de aterrizaje. La corista JoJo Billingsley, que estaba enferma y se había quedado en casa para unirse a la gira días más tarde cuando se recuperara, soñó con el accidente y declaró que había llamado a Collins para rogarle que no viajaran más en el avión. Cassie Gaines, una de las víctimas mortales, no quiso viajar esa noche en el avión y manifestó preferir ir en el camión donde viajaban los técnicos y el equipo, sin

Los restos del aparato Convair CV-240

embargo Ronnie la convenció aludiendo que así podría descansar más y recuperarse mejor para la siguiente actuación. Unas semanas antes, Aerosmith habían intentado contratar el mismo aparato, pero el jefe de operaciones de la banda, Zunk Bunker, se negó a firmar el contrato a pesar de la insistencia de Joe Perry y Steven Tyler, guitarrista y cantante del grupo. El motivo era que no creía que el avión estuviera en condiciones y que la tripulación se bebió una botella de Jack Daniels, mientras estaban inspeccionando el avión.

Lo más macabro del asunto es que tras el inicio de gira y el malestar de la banda con el deterioro mostrado por el transporte, el vuelo del 20 de octubre debía ser el último realizado con el Convair CV-240. Algunos miembros de la banda declararon que antes del accidente habían visto arder uno de los motores y aseguraban que los pilotos habían estado consumiendo cocaína la noche anterior, pero la autopsia no encontró restos de drogas y el peritaje del aparato no concluyó ningún error destacable. La razón del accidente fue achacada a un error humano por la falta de atención del equipo al suministro de bencina. De la foto de la portada, Steve Gaines prácticamente estaba envuelto en llamas y a su lado Ronnie Van Zant. A petición de Teresa Gaines, la viuda de Steve Gaines, MCA retiró la portada del álbum sustituyéndola por una foto similar sobre fondo negro. La portada maldita no se puso de nuevo en circulación hasta el 2007, treinta años después de la tragedia, cuando se editó en formato CD Deluxe.

La banda se fracturó definitivamente y se separó. Los componentes vivos y las familias de las víctimas firmaron un acuerdo de no explotación del nombre de Lynyrd Skynyrd y sobre todo, no hacer negocio del accidente del grupo.

La banda realizó una interpretación instrumental de «Free Bird», en un concierto benéfico organizado por Charlie Daniels, en enero de 1979. Collins, Rossington, Powell y Pyle se unieron a Daniels y su banda. En 1987 la banda regresó con Johnny Van Zant, hermano pequeño de Ronnie como vocalista, pero jamás volvió a ser lo mismo.

Uno podría pensar que ya hemos llegado al final del maleficio, pero estaría muy equivocado. Todos los componentes que sobrevivieron al accidente, resultaron con heridas muy severas, siendo Allen Collins uno de los más graves, con varias vértebras rotas y laceraciones intensas en su brazo derecho, hasta el punto de que el equipo médico recomendara su amputación. El padre de Collins no permitió la amputación del miembro de su hijo, sabiendo lo importante que era para él la guitarra. Afortunadamente se pudo recuperar de sus lesiones y volver a tocar.

Formó parte de la Rossington Collins Band, pero cuando estaban en su mejor momento sobrevino de nuevo la tragedia. Su esposa Kathy, falleció en un parto fallido donde también perdió a su tercer hijo, mientras él estaba de gira. Collins entró en una tremenda depresión y se refugió en el alcohol y las drogas, destrozando la banda que en 1982 se separó definitivamente. Años más tarde, en 1986, conducía completamente ebrio y estrelló su automóvil, un Ford Thunderbird, saliéndose de la carretera y cayendo en una zanja. En el accidente falleció su actual compañera, Debra Jean Watts, y él se quedó paralítico de cintura para abajo y con movilidad reducida de extremidades superiores. Collins fue acusado y condenado por homicidio involuntario y conducción temeraria bajo los efectos del alcohol. Cuando la banda se reconstruyó en 1987, Collins ejerció de director de orquesta, pero jamás pudo volver a tocar la guitarra en un escenario. A consecuencia de la sentencia de culpabilidad y a su estado físico, el juez le conmutó la pena de prisión a cambio de salir al escenario en todos los conciertos de Lynyrd Skynyrd, ofreciendo un discurso del porqué no podía volver a tocar y explicando las consecuencias de la conducción bajo los efectos del alcohol. Falleció el 23 de enero de 1990, a consecuencia de una neumonía agravada por la parálisis permanente que padecía.

Desde el accidente, las disputas de la familia Van Zant y la familia Gaines han sido numerosas y notorias, casi siempre por la utilización del nombre de Lynyrd Skynyrd. La última trama judicial ha sido para intentar parar la filmación y distribución de una película sobre la trayectoria de la banda hasta su disolución en 1976, basada en un guion del batería Artimus Pyle.

No quisiera dejar un mal sabor de boca con este artículo, pero no puedo evitarlo. El 29 de enero de 2000, unos vándalos cercanos al KKK, profanaron la tumba de Ronnie Van Zant y su compañero Steve Gaines. Al parecer, su intención era comprobar si era cierta la leyenda que afirmaba que Ronnie fue enterrado con la camiseta de Neil Young, algo que consideraban un insulto para cualquier sureño temeroso de Dios. Los restos de Ronnie se encontraron tirados por el suelo del cementerio de Orange Park, en Florida, mientras que de Gaines, que había sido incinerado, se pudieron recuperar muy pocas cenizas esparcidas por la hierba.

«Si me voy de aquí mañana
¿Aún me recordarías?
Porque debo estar viajando, ahora
Porque hay demasiados lugares que debo ver
Pero, si me quedé aquí contigo, niña
Las cosas simplemente no pueden ser lo mismo
Porque ahora soy tan libre como un pájaro
Y este pájaro no lo puedes cambiar
Oh oh oh oh oh"
Free Bird»

El suicidio del *Made in Japan*

En 1972 Deep Purple ya había cosechado el triunfo con su Mark II y editado tres discos fundamentales en la historia de la música rock: *In Rock*, *Fireball* y *Machine Head*. La delegación japonesa de EMI se empeñó en editar un disco en directo solo para el mercado nipón. La banda, que no era partidaria de grabaciones en vivo, aceptó con la intención de parar de alguna manera el creciente mercado de grabaciones piratas de mala calidad, pero sin poner mucho interés en el tema. Se realizaron tres conciertos, los días 15 y 16 de agosto en Osaka y el 17 en Tokio, de los cuales se extrajeron las grabaciones que configuraron uno de los mejores directos de la historia. Una mini gira que estuvo llena de anécdotas marcadas por la cultura nipona. Una de ellas fue la hora de comienzo de las actuaciones, las 18:30 h, que provocó que Ian Gillan comenzara los shows con un burlesco Good Morning.

Otra más curiosa se produjo cuando Ritchie Blackmore lanzó su guitarra al público para regalársela, esperando la reacción habitual de otros puntos del planeta, que la destrozaban y se repartían los pedazos. Sin embargo el personal de seguridad fue a buscarla y se la devolvió intacta, jugada que se prolongó dos ocasiones más, hasta que comprendieron lo que quería hacer el guitarrista.

Mark II al completo. Gillan, Blackmore, Paice, Glover y Lord

Made In Japan pasará a la historia por su calidad musical, pero también por la leyenda urbana que encierra entre sus surcos. En la cara A del vinilo aparecen dos temas, «Highway Star» y «Child In Time», clásicos obligados de su repertorio. En el minuto 9:44 de «Child In Time» se escucha una descarga sonora que pudo ser un disparo. La leyenda apunta que un fan japonés se quiso suicidar en el concierto de su banda favorita y escogió el final de su tema fetiche para reventarse la tapa de los sesos de un tiro. Ningún medio de comunicación se hizo eco de la noticia, pero es cierto que el gobierno japonés no era partidario de publicitar los suicidios por el efecto llamada que provocaban. Se dijo que el sonido podría ser un micro que cayera al suelo, una cuerda rota o incluso una nota mal ejecutada por el Hammond de Jon Lord, pero ninguno de los ejemplos coincide con el sonido que se escucha. Un disparo ejecutado en el extremo de la gradería como se insinuó, no sería registrado con tanta calidad por los micros de ambiente, ni produciría la reverb que se escucha. Lo curioso es que la banda escogió la grabación de «Child In Time» del día 16 de agosto en Osaka y no otra versión alternativa. Nunca se sabrá si fue cierto o no, si se trata de una leyenda urbana más... pero hubo quien aseguró que cuando procedieron a la limpieza del *Festival Hall* de Osaka, encontraron un cadáver...

★

Led Zeppelin y el universo Tolkien

Ya hemos podido leer en este libro la relación de Jimmy Page con la magia negra, el satanismo y la superstición, por lo que no vamos a profundizar de nuevo. En este caso nos toca remover otra de las pasiones de Page y a la postre de su compañero Robert Plant, la mitología de J.R.R. Tolkien y en especial *El Señor de los Anillos*.

La leyenda dice que el monje que aparece en el interior del cuarto álbum de Led Zeppelin, conocido como el disco sin título, *El Leñador* o simplemente *IV*, no es otro que Gandalf el Mago Blanco, personaje esencial de la obra de Tolkien, libertador y guía espiritual de la Tierra Media.

Aunque nunca se desmintió ese hecho, fue superado por la predisposición de Page a la magia negra, al salir interpretando el mismo personaje en las escenas oníricas que separan y presentan cada personaje en el film *The Song Remains The Same*. Sin embargo, muchos fans de Led Zeppelin y eruditos del universo Tolkien, siguen apostando por la identidad de Gandalf.

Robert Plant

No es de extrañar esa opinión, porque en la discografía de Led Zeppelin podemos descubrir muchísimos guiños a Tolkien que evidencian la influencia de la Tierra Media en el grupo, siendo el más implicado Robert Plant.

Plant siempre ha mostrado su interés por las culturas antiguas, la mitología fantástica y las religiones marginadas, impregnando las letras de contenidos simbólicos e historias fantásticas. *El Señor de los Anillos* está muy presente en algunos textos de Led Zeppelin.

En *Led Zeppelin II*, el tema «Ramble On» parafrasea un poema de Tolkien llamado Namárië, de versos extensos en una lengua inventada por el autor.

«¡Ah! ¡Como el oro caen las hojas en el viento!», se lee en la primera línea del poema, mientras que la canción de Zeppelin dice: «Las hojas caen por todas partes».

En una de las últimas estrofas del tema podemos escuchar:

> «El mío es un cuento que no se puede contar, la libertad que aprecio.
> Como hace años en días de antaño, cuando la magia llenaba el aire.
> Estuve en las profundidades más oscuras de Mordor, conocí a una chica tan hermosa.
> Pero Gollum y el malvado se arrastraron y se escabulleron con ella, ella, ella... sí.
> No hay nada que pueda hacer ahora... Creo que seguiré...».

En el volumen IV encontramos el bellísimo tema «The Battle of Evermore», donde no hay lugar a la duda, está inspirado al completo en la saga del anillo, más concretamente, los expertos apuntan que narra la batalla de Pelennor Fields, una de las últimas batallas de las huestes de Sauron contra el reino de Gondor.

«Reina de la luz tomó su arco y luego se volvió para ir,
el príncipe de la paz abrazó la oscuridad y caminé la noche solo.
Oh, bailar en la oscuridad de la noche, canta a la luz de la mañana.
El señor oscuro cabalga esta noche y el tiempo nos dirá todo...
Los tambores sacudirán la pared del castillo,
los espectros del anillo cabalgan en negro, cabalguen. (Referencia a los Nazgul)
Canta mientras levantas tu arco, disparar más recto que antes.
Ninguna comodidad tiene el fuego en la noche y eso ilumina la cara tan fría.
Oh, bailar en la oscuridad de la noche, cantar a la luz del día.
Las runas mágicas están escritas en oro para recuperar el equilibrio, traerlo de vuelta.
Al fin brilla el sol, las nubes de azul pasan,
con llamas del dragón de la oscuridad la luz del sol ciega sus ojos».

Robert Plant jamás ocultó su afición por los textos de Tolkien, hasta el punto de bautizar a su perro con el nombre de Strider, uno de los apodos utilizado por Aragorn en la trilogía del anillo. Desde ese punto de vista el tema «Bron-Y-Aur Stomp» del *Led Zeppelin III*, narra un paseo bucólico por el bosque con su mascota, pero hay quien interpreta el paseo de Aragorn con Arwen, princesa élfica de Rivendel.

Otras canciones que incluyen referencias a la obra de Tolkien son «Tangerine» de *Led Zeeppelin III*, «Misty Mountain Hop» de *Led Zeppelin IV* y «Over The Hills and Far Away» de *Houses Of The Holy*.

Para finalizar la relación de Led Zeppelin con Tolkien, debemos examinar el que posiblemente sea el tema más famoso de la banda, «Stairway To Heaven» de *Led Zeppelin IV*, y colocado entre dos temas marcados por el anillo del poder, «The Battle Of Evermore» y «Misty Mountain Hop».

La primera referencia que encontramos es en la estrofa de entrada al tema: «Hay una mujer que está segura. Todo lo que brilla es oro. Y ella está comprando una escalera al cielo». Parece ser que podría hacer referencia a Galadriel, reina élfica que aparece en *El Silmarillion* y en *El Señor de los Anillos.*

«Hay una sensación que consigo. Cuando miro hacia el oeste y mi espíritu está llorando por irse», es interpretado como el desasosiego de Aragorn que sabe debe partir hacia Mordor.

Finalmente el verso «En mis pensamientos, he visto anillos de humo a través de los árboles y las voces de aquellos que están de pie mirando», es identificado como una descripción de la Comunidad del Anillo, formada por elfos, enanos, humanos y hobbits.

Bajo estás premisas, es fácil entender que la leyenda apunte a que el anciano encapuchado del interior de *Led Zeppelin IV* sea Gandalf El Mago, pero Robert Plant ha asegurado en varias ocasiones que «Stairway To Heaven» está inspirada en el libro *Magic Arts In Celtic Britain* de Lewis Spence, gran obra de la literatura gaélica, por la que Plant sentía verdadera pasión. De hecho hay algunas canciones de Zeppelin que están inspiradas en obras como *El Libro Negro de Carmathen* y el *Libro de Taliesin*; a su hijo le puso el nombre de Karac, en honor a Caratacus, líder de los soldados celtas que combatieron a los romanos.

Robert Plant y Jimmy Page sentían una vinculación especial por la obra de Tolkien, pero mientras Plant se sumergía en la literatura galesa y nórdica, Page se adentró en el mundo del ocultismo y la magia negra.

★

Knights in Satan's Service

Cuando a mediados de los setenta se crea la banda KISS, poco se imaginaban sus componentes, Gene Simmons, Paul Stanley, Peter Criss y Ace Frehley, que iban a crear una enorme controversia por el simple hecho de existir.

En marzo de 1976 la banda ofrecía un concierto en Harrisburg, Pensilvania, mientras que a las puertas del recinto se manifestaban cientos de personas católicas, temerosas de Dios y autoerigidas protectores de la mentalidad americana, para protestar por la actuación

de lo que entendían un grupo de adoradores de Satán, el Príncipe de las Tinieblas.

Era indudable que el significado del acrónico KISS era Knights In Satan's Service (Caballeros al Servicio de Satán), o en su defecto Kings (Reyes), Killers (Asesinos) o Kids (Chicos). Para más INRI, uno de los componentes se hacía llamar The Demon (El Demonio), escupía fuego por la boca, vomitaba sangre y se significaba con el símbolo de la mano cornuda.

No satisfechos con esas acusaciones, se sumaron políticos radicales que encontraron en el nombre de la banda la doble S, identificándolas con las Runas Armanen de las Schutzstaffel, formación paramilitar dirigida por Heinrich Himmler y que llegó a ser una de las organizaciones más poderosas del Tercer Reich, las temibles SS. De esta forma KISS fueron acusados de satánicos y de nazis, lo que lejos de maldecirles o exiliarles, fue una estupenda campaña de publicidad que supieron aprovechar para su provecho, como han hecho a lo largo de su carrera.

Desmontar esta leyenda urbana es muy sencillo. KISS siempre ha significado beso, y proviene de la anterior banda de Peter Criss, llamada Lips, es decir labios, lo que les sugirió el nombre de beso, porque los besos se dan con los labios. Ace Frehley fue el encargado de diseñar el logo, colocándolo en mayúsculas para que pareciera un acrónimo, pero ni mucho menos con el significado que se le dio. Las dos S son en realidad rayos, aunque el parecido es interesante, no es lógico que sean nazis, ya que Gene Simmons y Paul Stanley son judíos. Lo realmente cierto es que la banda cambió las dos S por dos Z invertidas, en todo el material que se vendió en Alemania, por estar prohibida la apología del nazismo.

La polémica se desató tras una entrevista de Simmons en la revista *Circus*, durante la promoción de su álbum debut, *KISS* (1994), tal y como relata el propio Simmons en su libro autobiográfico *KISS And Make-Up*. «En respuesta a una pregunta, dije que a veces me preguntaba qué gusto tiene la carne humana. Nunca quise averiguar realmente, pero tenía curiosidad intelectual. Más tarde, este comentario pareció encender la idea de que, de alguna manera, KISS estaba alineado con la adoración del diablo. Cuando me preguntaron si adoraba al diablo, simplemente me negué a responder por una serie de razones: la primera razón, por supuesto, que fue una buena prensa. Deja que la gente se pregunte. La otra razón fue mi completo desprecio por las personas que preguntaban. A través de los años, cada vez que los fanáticos religiosos me abordaban, especialmente en los estados del sur, y me citaban el Antiguo Testamento, les citaba capítulos y versículos. No sabían que yo había sido estudiante de teología en la escuela. Un idiota es un idiota... si él cita la Biblia o no».

Pues ya que hemos topado con la Iglesia, o al menos con fundamentalistas religiosos, hemos decidido visitar algunas cabeceras de organizaciones religiosas americanas para ver cómo razonan el tema en la actualidad, el año 2018, y hemos encontrado joyas impagables como las siguientes:

- La música por sí sola no es mala, puede ser usada para adorar al Creador o a Satanás. KISS han optado por adorar al maligno.
- Lucas 10:18 nos dice: «Yo vi a Satanás caer del cielo como un rayo», así que en el logo de KISS encontramos el rayo que cayó del cielo, además de ser un símbolo que se asemeja a la esvástica, la doble S, y obviamente a las SS nazis, es demoniaco.
- Gene Simmons, su maquillaje facial es The Demon, o sea el demonio. Paul Stanley, es *starchild* o Niño de las Estrellas: en primer lugar es una estrella en un solo ojo, como el ojo de horus, los demonios de toda la vida, los ángeles caídos, o quizás deberíamos llamarlo *morning star* o el lucero de la mañana, o Lucifer.
- Sus shows o sus vídeos son en el infierno o en sitios de oscuridad maligna, mostrando el infierno como un sitio *cool*, lleno de llamas (el lago de azufre tal vez) mostrando lo malo como bueno y deseable, horrenda estrategia para hacer perder muchas almas.

Así podríamos estar largo y tendido, demostrando que 25 años después de que naciera la leyenda de *Knights In Satan's Service*, la ignorancia de la intolerancia, sigue manteniéndola viva y no decimos coleando, no vaya a ser que tenga un significado rectilíneo y se nos acuse de adorar a las serpientes, que de ahí a Satán hay un paso.

La mala suerte de Stevie Ray Vaughan

Stevie Ray Vaughan fue posiblemente uno de los guitarristas más importantes del blues rock de los ochenta, aunque sin embargo su carrera despegó de forma tardía y de manera poco convencional, como casi todo en su vida. Tras conseguir labrarse una reputación de gran banda de blues en Texas, con sus Double Trouble, junto al bajista Tommy Shannon y el batería Chris Layton, no consigue la notoriedad nacional que su categoría como guitarrista reivindicaba.

El legendario productor Jerry Wexler asistió por casualidad a un concierto de Double Trouble en el Continental Club de Austin, Texas, quedándose impresionado por el virtuosismo del desconocido guitarrista. Se lo recomendó entusiasmado a Claude Nobs, director del Festival de Jazz de Montreux en Suiza, quien los contrató para la noche de blues. No fue precisamente un gran debut, ya que la banda fue abucheada por un público que no estaba acostumbrado al volumen que gastaba Stevie Ray Vaughan & Double Trouble. Dicen que Vaughan salió traumatizado y llorando del escenario, pero las casualidades que marcaron la vida y la muerte del guitarrista, le echaron una mano. Entre el público de Montreux se encontraba David Bowie, quien fascinado le invitó a poner las guitarras de su nuevo álbum, *Let's Dance*. También conoció a Jackson Browne, que le ofreció su estudio de Los Angeles para grabar un disco.

Vaughan colocó la guitarra en seis de los ocho temas del disco de Bowie, que resultó ser un magnífico éxito multimillonario, mientras que en tres días grabó el disco *Texas Flood* en el estudio de Browne. A la fama conseguida por ser la nueva estrella del disco de David Bowie, hay que sumar que *Texas Flood* fue el disco de blues más exitoso en los últimos veinte años del género. Vaughan ya estaba en la cima, gracias a su talento y a las casualidades.

Años más tarde las casualidades se volvieron a cruzar en su camino, pero en esta ocasión de forma trágica.

El 26 de agosto de 1990 Eric Clapton, que estaba girando junto con Robert Cray y Buddy Guy, invitó a Stevie Ray Vaughan y sus Double Trouble a actuar en el Alpine Valle Music Theatre de Wisconsin. Dos pases de actuación que se cerraron con todos los guita-

rristas sobre el escenario interpretando el «Sweet Home Chicago». Una vez finalizado el concierto debían trasladarse a Chicago donde repetirían el show, Vaughan estaba muy cansado y Eric Clapton le cedió su asiento en el helicóptero que le llevaría junto a tres miembros de su equipo, así podría descansar y Clapton se marchó por carretera con el resto del personal.

El helicóptero despegó desde el Alpine Valley Resort en East Troy, Wisconsin, para viajar de noche hasta el Aeropuerto Internacional de Chicago. Desgraciadamente, el aparato se estrelló en una colina cercana, a escasos 1000 metros de un campo de golf, donde probablemente podrían haber realizado un aterrizaje forzoso. La investigación posterior desveló que lo que provocó el accidente había sido un error humano del piloto al volar muy bajo con una densa niebla.

Fallecieron en el acto, el piloto Jeff Brown, el agente Bobby Brooks, el guardaespaldas Nigel Browne y el gerente del tour, Colin Smythe, además de Vaughan.

Su funeral se celebró el 31 de agosto en el cementerio de Laurel Land en Dallas, Texas; asistieron más de 3000 personas, entre los que se encontraban los músicos Jeff Healey, Charlie Sexton, miembros de ZZ Top, Colin James y Buddy Guy; Clapton no pudo asistir por estar bajo una fuerte depresión al sentirse culpable de la muerte de su amigo.

En los dos meses posteriores a su muerte, Stevie Ray Vaughan vendió más de cinco millones y medio de discos. En el Auditorium Shores de Austin se colocó una estatua suya, siendo el único músico tejano que ha recibido ese honor, y se declaró el día 3 de octubre, fecha de su nacimiento, como Día de la Conmemoración de Stevie Ray Vaughan.

La leyenda cuenta que el Diablo no podía permitir que vivieran Clapton y Vaughan, el mundo no estaba preparado para asimilar dos guitarristas de tanta calidad.

★

La maldición de Led Zeppelin

La banda de rock Led Zeppelin colecciona una serie de calificativos, que engrandecen su propio mito y la leyenda que llegaron a convertirse. «La banda más pesada de todos los tiempos», «La banda más grande de los setenta», «El grupo más influyente de la historia del rock», «El mayor dinosaurio de la era rock» y muchos más, pero lo que se dijo en pocas ocasiones, pero todo aficionado piensa, es que han sido la banda con más mala suerte, posiblemente la banda con una de las maldiciones más macabras de la historia; una maldición que terminó en tragedia y que no hizo otra cosa que engrandecer su propia existencia.

Ya hemos hablado del lado místico de Led Zeppelin en su entorno creativo, quizás va siendo hora que nos adentremos en su universo de ocultismo, magia negra, satanismo y la relación con el Diablo.

Para entender en profundidad el relato de este capítulo y la supuesta maldición de la banda, hay que recalcar de antemano la fascinación de Jimmy Page por las ciencias ocultas, el ocultismo y por encima de todo lo demás, la obsesión que demostró tener el siglo pasado por la figura de Aleister Crowley.

El hombre más malvado del mundo

El británico Edward Alexander Crowley fue un poeta, pintor, novelista, filósofo ocultista, mago ceremonial y experto satanista, que fundó la religión Thelema, cuyo principal mandamiento y ley era «Hacer lo que quieras es la única ley». Aunque algunas biografías indican que toda su vida estuvo al servicio de Su Majestad la Reina, como espía,

Aleister Crowley

logró su notoriedad a base de escándalos de drogas, sexo y ocultismo. En 1898 publicó la obra *White Stains*, acusada de obscena, prohibida y retirada de la venta. Cuenta la leyenda que las tapas del libro estaban impregnadas de su propio esperma. Se hacía llamar The Best y se autoproclamó emisario de Horus, escribiendo el libro *Liber Al Vel Legis*, una guía hacia la nueva Era de Horus bajo la ley de Thelema. Su adicción a la heroína le convertiría en un proscrito en Inglaterra por lo que se mudó al sur de Sicilia, creando la Abadía de Thelema, desde donde expandiría sus enseñanzas al resto de los mortales. Tras tres años consiguió una extraña convivencia en la Abadía, más parecida a un akelarre endemoniado permanente que otra cosa. Sus seguidores organizaron orgías descomunales, ritos mágicos que bordeaban la ilegalidad, Crowley vejaba sexualmente a cualquier fémina de su secta particular, como si de un derecho de pernada se tratara.

Desde la Abadía llegaban noticias alarmantes al Reino Unido, comportamientos inaceptables por la férrea moral británica, con fiestas demoníacas, orgías, sadismo, bestialismo, magia negra e incluso sacrificios de animales, lo que provocó, como respuesta inmediata, una campaña de acoso y derribo de la prensa sensacionalista, que llegó a su máxima expresión cuando el *Sunday Express* lo denominó en un titular de portada como «El hombre más malvado del mundo». Dicho encabezamiento tan dramático ofreció la base sobre la que aposentar un disparatado currículum de asesinatos, violaciones, maldiciones, magia negra y espiritismo, que posiblemente poco tuvieran que ver con la realidad. Hasta que Raoul Loveday, joven británico acólito de Crowley, falleció en Thelema tras sacrificar un felino y beberse su sangre; hecho que llego a oídos del dictador Benito Mussolini, ordenando la expulsión inmediata de Italia de Aleister Crowley y toda su tribu de herejes descerebrados, en mayo de 1923.

Crowley falleció el 1 de diciembre de 1947 a los 71 años de edad, en la más triste de las miserias y víctima de su terrible adicción a la heroína y el alcohol. Otra de las numerosas leyendas que le rodean dice que sus últimas palabras fueron: «Estoy asombrado de haber vivido tanto».

Una vez tenemos los antecedentes, nos centraremos en el joven Jimmy Page, reputado músico de sesión británico que ingresó como bajista en The Yardbirds en 1966. Durante un breve periodo de tiempo coincidió con Jeff Beck, pero tras abandonar este la formación pasa definitivamente a la guitarra hasta 1968, cuando llega la disolución del grupo. La banda, ya separada, debía realizar una serie de compromisos en Escandinavia o las consecuencias económicas serían de pérdidas costosas, por lo que Page y el bajista Chris Dreja deciden reformar el grupo y para no tener más problemas legales lo denominan The New Yardbirds.

Page recluta al joven de 19 años llamado Robert Plant, vocalista del grupo Band of Joy, quien arrastra consigo al batería John Bonham, apodado Bonzo. Antes de comenzar el obligado tour escandinavo, el bajista abandona definitivamente y Page decide llamar a un viejo conocido de los estudios de grabación, John Paul Jones.

Finalizado el tour del compromiso, cambiaron el nombre por el de Led Zeppelin. Otra leyenda apunta a Keith Moon como padrino de la idea, al asegurar que un supergrupo con Jeff Beck y Jimmy Page (refiriéndose al corto periodo que estuvieron juntos en The Yardbirds), estaba condenado a hundirse como un «globo de plomo». Page cam-

Los integrantes de Led Zeppelin: el guitarrista Jimmy Page, el batería John Bonham, el bajista John Paul Jones y el vocalista Robert Plant.

bió el globo por un zepelín y dejo caer la «a» de *lead* (plomo) dándole fuerza a la «e». Rápidamente comenzaron a grabar el primer álbum, en una producción pagada por el propio Page y que duró nueve días con grabación y mezclas. Peter Grant, mánager de The Yardbirds, se quedó con la representación de la nueva banda y en noviembre de 1968 firmó con Atlantic Records un contrato con el que jamás había soñado ninguna banda hasta la fecha.

Atlantic adelantó 143.000 dólares, la banda tenía plena libertad para decidir cómo trabajar, cuándo y con quién se grababan los discos, autonomía para gestionar sus giras, poseían la última palabra en el diseño de los trabajos, así como la planificación y elección de singles o las campañas de promoción. La banda creó su propia compañía, Superhype, con la que gestionaban los derechos de sus temas. Peter Grant había conseguido lo imposible con una compañía que estaba especializada en blues, jazz y soul, y para una banda que no habían visto ni escuchado los directivos de Atlantic Records.

El 12 de enero de 1969 Jimmy Page se junta con Robert Plant, John Bonham y John Paul Jones para formar Led Zeppelin y grabar su primer disco en los estudios Olympic de Londres, convirtiéndose en una de las piezas esenciales de la historia del rock.

Todo ello, sumado al extraordinario éxito de su primer álbum, alcanzando el #10 del Billboard americano y el #6 de la lista de discos más vendidos en el Reino Unido. Además en su primer año, Led Zeppelin realizaron cuatro giras por Estados Unidos y otras cuatro por Gran Bretaña, todas organizadas por el otro gran fichaje, el *tour manager*, Richard Cole; publicaron el segundo álbum, *Led Zeppelin II*, que alcanzó el #1 en EE.UU. e Inglaterra. Led Zeppelin había pasado de la nada a la cima del rock en unos meses, acaparaban las portadas de las revistas, poseían un estatus de rockstars, actuaban como vándalos en las giras, se rodeaban de *groupies* y eran famosas sus orgías junto a Cole. Todo esto provocó que comenzara a hablarse de un posible pacto con el Diablo, de la afición de Page por el ocultismo y de la imposibilidad de que fuera normal un ascenso tan veloz.

En realidad, la rumorología indica que Page, Plant y Bonzo realizaron el consabido pacto con Satanás, pero Jones se mantuvo al margen. Las cláusulas del contrato las podemos adivinar: fama, dinero, sexo, destreza musical, etc… a cambio, claro está, del alma de los contratantes. Curiosamente, John Paul Jones sería el único miembro de Led Zeppelin que no sufriría las consecuencias de este posible trato macabro.

Su fama de salvajes no ayudó a disipar los nubarrones, el saldo de excesos y desmanes, añadía más enemigos a su cada vez más larga lista de detractores. Habitaciones de hoteles destrozadas, carreras en moto por los pasillos. En una ocasión en Nantes, derribaron las paredes de un hotel para poder jugar un partido de fútbol, en otra ocasión practicaron sexo con una *groupie* a la que le introdujeron un pequeño marrajo por la vagina, Jimmy Page mantuvo una escandalosa relación con una niña de 14 años llamada Lori Maddox, por la que debería haber pasado por la cárcel en un caso claro de pederastia despreciable. Por otro lado, no tenían ningún tipo de escrúpulos en robar líneas de melodías, estrofas de canciones e incluso temas enteros, sin acreditar a los auténticos autores, como ocurrió con Willie Dixon que tuvo que recurrir a los tribunales; el músico Jake Holmes demandó a Led Zeppelin por plagio de «Dazed and Confused»; o la banda Spirit, que Page vio en directo cuando estaba en The Yardbirds y copió la línea de guitarra del tema «Taurus», para introducirla en «Stairway to Heaven». Los remilgos de Page siempre han brillado por su ausencia y solo ha reconocido plagios y otras expoliaciones por imposición legal en los tribunales. Hasta la aristócrata Eva von Zeppelin, sobrina de Ferdinand von Zeppelin, inventor del dirigible LZ 129 Hindenburg, el zepelín más grande del mundo que ardió por la corriente electrostática en un accidente que se reproduce en la portada de *Led Zeppelin I*, no quería que la banda tocara en Copenhague. Eva von Zeppelin llegó a declarar: «Pueden ser famosos, pero cuatro monos chillones no van a seguir usando un apellido prestigioso sin permiso». Al parecer la banda la invitó a un ensayo para convencerla y lo lograron, pero al salir del estudio vio la portada del disco con la foto de la vergüenza familiar y les amenazó con denunciarles por el uso del nombre. El 28 de febrero de 1970 Led Zeppelin actuaron en Copenhague bajo el nombre The Nobs, como el apellido de su *road manager* europeo, Claude Nobs.

Cuando se editó *Led Zeppelin III*, aparecieron las primeras maniobras de Page por llevar al grupo sus aficiones oscurantistas. En el vinilo del álbum y en el single «Inmigrant Song», aparece el mandamiento más importante de la ley de Thelema, «Hacer lo que quieras es la única ley», serigrafiado entre el último tema y la etiqueta, sin que el resto de la banda supiera de esos planes.

Con la fama y el éxito, llegó el dinero y florecieron las excentricidades. Las de Page pasaron por comprar Boleskine House, una mansión a orillas del lago Ness, que había sido propiedad de Crowley a principios de siglo. De nuevo la rumorología aparecía en escena, en esta ocasión para recordarnos que en esa casa se hicieron rituales poco saludables y de consecuencias inesperadas, que darían no para un capítulo sino para un manuscrito completo. Page encargó al conocido satanista Charles Pierce, acondicionar la casa a imagen y semejanza de como se suponía que la tenía Crowley. Page se deshizo de la mansión en 1985, tras su constatación de episodios de fenómenos extraños, ruidos y presencias fantasmales. Se decía que un hombre fue decapitado en la casa y que en ocasiones, por las noches, se escuchaba su cabeza rodar por las escaleras.

Otra de sus extravagancias fue abrir una librería ocultista en Londres con el nombre de Equinox, extraído de una revista que Crowley comenzó a publicar en 1909. La falta de dedicación, por las continuas giras y compromisos con Led Zeppelin, más una gestión económica horrenda por parte de quien regentaba Equinox, obligaron su cierre en 1979.

Portada del álbum *Led Zeppelin IV*

Pero hasta ahora hemos visto la punta del iceberg, pero no el bloque gigantesco de hielo que se esconde debajo. Ese bloque fue el cuarto disco de la banda, sin título, sin nombre, sin ningún detalle identitario en la portada, pero que se le conoce como *Runes*, *Four Symbols*, *The Lumberjack*, *Untitled* o *Volumen IV*.

Itinerario maligno

Comenzando por la grabación del álbum, realizada en Headley Grange, una desmesurada casa de campo con más de 200 años, en Hampstead, a seis kilómetros de Londres. La banda declaró en varias ocasiones que tenían la sensación de que algo circulaba por la casa y en ocasiones se les helaba la sangre. Otra de las leyendas es en torno al tema «Stairway To Heaven», compuesto en Headley Grange y que Plant escribió casi de un tirón y con la sensación de que alguien le estaba dirigiendo la mano. Incluso algunas historias apuntan que la escribió con las dos manos. Page aseguró años más tarde que una noche vio una figura de mujer al final de una escalera y que no tenía ninguna duda de que se trataba de un espíritu.

La foto de portada, un cuadro colgado en una pared de un edificio en ruina, con la imagen de un anciano cargando un fardo de leña, también trajo polémica. Según Page se trata de una imagen que pretendía simbolizar al Ermitaño del Tarot, símbolo de armonía con la naturaleza y de la sabiduría. Por otro lado hubo quien apuntó que se trataba de una fotografía de George Pickingill, brujo famoso en la Inglaterra victoriana.

En el interior de la carpeta aparecen cuatro símbolos rúnicos que despertaron todo tipo de lecturas dantescas, la mayoría de ellas cercanas o inmersas en el satanismo. Más tarde se supo que cada insignia tenía un significado y representaba a cada músico.

Un círculo con tres óvalos entrelazados para John Paul Jones, procedente de la mitología celta que reflejaba su enorme confianza y talento. Pero también estaba reflejado en un libro de *Rosacruz*, secta de carácter gnóstico del siglo XIII.

Tres círculos entrelazados para Bonham, supuestamente inspirados en el mismo libro que utilizó Jones y que representa la trilogía hombre, mujer y niño, pero que muchos adivinaron que eran las marcas dejadas en la barra del bar, por las copas de vodka, bebida a la que era aficionado. A raíz de esta interpretación, se apunta que la maldición recayó de forma más virulenta sobre Bonzo, por su ofensa al tomarse el ocultismo a broma.

Una pluma dentro de un círculo para Robert Plant, representando la justicia y objetividad y moderación (esta última no se entiende), mediante la pluma de Ma'at, una diosa egipcia, aunque Plant siempre mantuvo que era un símbolo sagrado de la civilización Mu, casi extinta y que tuvo su apogeo hace unos 15.000 años en puntos concretos del Océano Pacífico.

Una caligrafía marcando ZOSO para Jimmy Page, pero llena de misterios. No se lee Zoso, como marcarían las escrituras de la Pirámide de Zoser. Hay un símbolo idéntico en el libro *Ars Magica Arteficci* de 1557, de J. Cardan, conocido hermetista y marcado por la Tradición Esotérica Occidental. Según esta filosofía, es el icono de Saturno, encontrándole la lógica al ser Page un Capricornio regido por Saturno.

El tema «Stairway to Heaven» fue acusado de contener mensajes satánicos por la técnica del *backmasking*, reproduciendo al revés el disco. Un predicador baptista llamado Padre Greenwald, lanzó las acusaciones a través de su programa de radio y su teoría se divulgó como la espuma. En 1982 la canción se reprodujo en la Asamblea del Estado de California, analizada por un grupo de pseudo expertos que llegaron a la fascinante conclusión que «Stairway to Heaven» mandaba este demoniaco mensaje:

> «Canto porque Satán vive en mí
> Dios me repugna y no puedo escapar
> pero aquí está mi dulce Satán, mi poder es Satán
> Él me dará el 666, Satán vive en mi».

El maleficio

Os puedo asegurar que hace unas décadas intenté buscar el mensaje y lo único que conseguí fue cargarme la aguja del tocadiscos y rayar el vinilo.

Tras la edición de *Houses of the Holy*, quinto álbum de Led Zeppelin, y la grabación de varios conciertos en el Madison Square Garden de Nueva York, de cara a la publicación de una película que terminaría siendo también el doble directo *The Song Remains The Same*, Page conoce a Kenneth Arger, director de cine independiente marcado por las teorías de Aleister Crowley, que había rodado una cinta llamada *Lucifer Rising* para radiografiar la escena alternativa que estaba surgiendo en California, pero que terminó siendo una proclama de las ideas de Crowley. Anger le ofrece hacer la banda sonora y Page acepta en noviembre de 1973, pero los compromisos con el grupo le impiden

El tema «Stairway to Heaven» fue acusado de contener mensajes satánicos que podían oírse si se reproducía el disco al revés.

dedicarle excesivo tiempo y en verano del 76 solo puede entregarle 28 minutos de música. Anger explota contra Page, a quien acusa de engañarle y estafarle, al mismo tiempo que lanza una campaña difamatoria contra su persona, acusándole en prensa de ser adicto a la heroína, de haber perdido todas sus ideas y finalmente en una entrevista declaró: «No soy cristiano y no tengo por qué poner la otra mejilla. Lo que he hecho es lanzarle una maldición».

Al final la banda sonora la compuso desde la cárcel Bobby Beausoleil, donde cumplía cadena perpetua por el asesinato de Gary Hinman, hecho del que ya hablamos en el libro, pues Beausoleil era miembro de la familia de Charles Manson.

En 1975 editaron *Physical Graffiti*, con una fotografía de un edificio en cuyas ventanas aparecían personajes conocidos y uno de ellos era Aleister Crowley.

A partir de aquí parece que el Diablo comienza a cobrar su deuda con la banda.

Jimmy Page terminó enganchado a la heroína, tal y como predijo Kenneth Arger. El 4 de agosto, Robert Plant con su esposa, sus dos hijos y la hija de Page, tuvieron un grave accidente automovilístico en Rodas, Grecia. La familia de Plant sufrió importantes lesiones, él mismo se fracturó un brazo y un tobillo, mientras que la hija de Page,

Scarlett, resultó ilesa. El día anterior al accidente, Page había ido a visitar la Abadia de Thelma.

El siguiente disco de Led Zeppelin, *Presence*, no tuvo una buena acogida y el ambiente en el grupo no era el de antaño, sobre todo por la adicción de Page a la heroína y de Bonham al alcohol. En 1977 realizan un colosal tour americano, con prácticamente todas las entradas agotadas, pero a mitad de gira Plant recibe una llamada de su esposa Maureen, que le anuncia que su hijo de cinco años, Karac, ha muerto. El 26 de julio por la mañana el niño comenzó a quejarse de la garganta, su estado empeoró rápidamente y falleció en la ambulancia de camino al hospital, de una infección respiratoria muy extraña.

Al funeral solo acudieron el *road manager*, Richard Cole, y John Bonham.

La banda se estaba deshaciendo y la relación entre Plant y Page era cada día peor, posiblemente porque el vocalista culpaba de la muerte de su hijo a Page y sus incursiones en el mundo oscuro. Plant cayó en una profunda depresión que lo alejó de los escenarios durante una buena temporada.

En el disco *In Through The Out Door*, Page introdujo el tema «In The Evening» con sonidos rescatados de la grabación fallida de *Lucifer Rising*, en un disco marcado por las malas relaciones y las adicciones.

Led Zeppelin tocaron para 400.000 fans en el festival Knebworth y se preparaban para retornar a las grandes giras americanas, pero la maldición volvió a devastar al grupo.

El 24 de septiembre de 1980, Page celebró una fiesta en su nueva mansión de Windsor. Bonzo bebió demasiado, algunas lenguas apuntan que más de 40 vodkas en menos de 12 horas. Cuando no se tenía en pie, lo llevaron a una de las habitaciones para que durmiera la borrachera, pero a la mañana siguiente lo encontraron ahogado en su propio vómito.

Tras varios meses de meditación, en los cuales la prensa volvió a cargar contra Page como responsable de la supuesta maldición, la banda anunció su disolución el 4 de diciembre de 1980. Con maldición o sin ella, la mala suerte se había cebado en la banda y se la había llevado por delante. El único músico que no sufrió en sus carnes el maleficio fue John Paul Jones, quien *a priori* se había negado a realizar el famoso pacto con el Diablo...

No sé a vosotros, pero a mí me da qué pensar.

El asesinato de Ohio Players

Nos enfrentamos a una de las historias más desfasadas del marketing discográfico, que aprovechó una leyenda urbana que nació a raíz de una casualidad, para alimentarla, dominarla y conseguir una publicidad extraordinaria.

Los protagonistas de la historia son el grupo Ohio Players, la modelo Ester Cordet y el tema «Love Rollercoaster».

Ohio Players fue una banda de funk, soul y R&B, muy popular en la década de los setenta en Estados Unidos. Su sonido era básicamente de baile e invitaban a la fiesta continua, consiguieron discos de oro con tres de sus mejores álbumes, *Skin Tight* y *Fire*, de 1974 y *Honey* de 1975. Precisamente *Honey* incluía el tema «Love Rollercoaster», un tema que narra un viaje en una montaña rusa, para el cual la banda grabó el sonido de esta atracción que suena de fondo durante todo el tema. Cuando llegamos al minuto 2:30, se escucha un espeluznante grito de mujer, que no se puede apreciar en primer plano y da la sensación de que está registrado en la lejanía. Aquí comienza la leyenda.

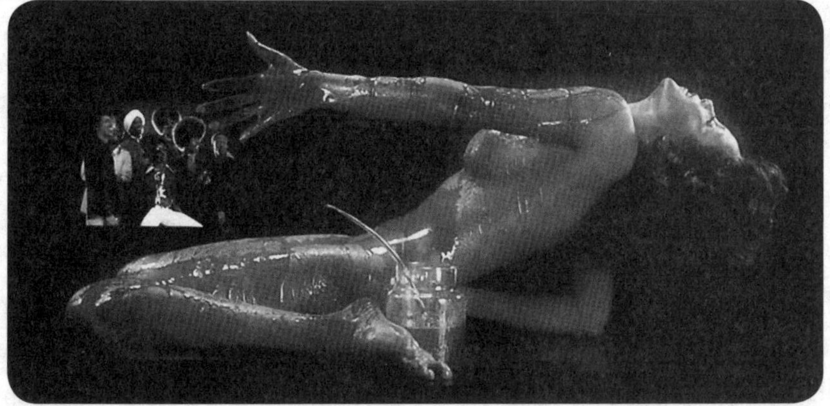

La portada del álbum *Honey* de los Ohio Players reproduce una fotografía muy sensual de la modelo Ester Cordet derramando un pote de miel sobre su cuerpo.

La portada del álbum reproduce una fotografía muy sensual de la modelo Ester Cordet, que había sido Playmate en 1974, en la imagen se insinúa su desnudez, mientras que derrama miel en su boca y levanta el tarro en una de sus manos, con una silueta algo rota por una luz rojiza. En la sesión fotográfica, se calentó la miel para que se derramara más fácilmente por el cuerpo de la Playmate, pero el bote de miel estalló con el calor, provocándole quemaduras importantes en el rostro, algunas de ellas le causarían cicatrices que arruinarían su carrera como modelo.

La modelo, histérica, amenazó con demandar a la banda, al estudio y al fotógrafo. El mánager de la banda le asestó una puñalada, por lo que Ester profirió un grito mortal que traspasó las paredes y se coló en la grabación del tema.

Una versión algo diferente aseguró que la modelo se quemó las piernas con la miel, marchó a urgencias y volvió enloquecida porque su carrera se había acabado, debido a las cicatrices que le habían asegurado que se producirían tras la cura. Cordet entró violentamente al estudio con una pistola, cuando la banda estaba grabando el tema, el mánager la apuñaló para impedir una tragedia mayor y ahí se grabó el grito.

El rumor corrió como la espuma, alimentado por la ausencia pública de Ester Cordet y la negativa a hablar de los miembros de la banda a los medios de comunicación. El single escogido fue «Love Rollercoaster» que alcanzó el disco de oro, igual que el álbum, con más de 500.000 copias vendidas.

Con el tiempo se descubrió que la modelo estaba trabajando en la Mansión Playboy, motivo por el cual no aparecía en público, pero entonces se dispararon más rumores sobre de quién era el grito.

Hubo especulaciones sobre la grabación del sonido de la montaña rusa, asegurando que pertenecía a un accidente ocurrido en el Cedar Point Amusement Park en Ohio, donde una mujer se había precipitado al vacío desde la atracción. Otras informaciones fidedignas apuntaban a la grabación de un asesinato que un policía amigo de la banda les había facilitado, mientras que los más avispados apostaban por el asesinato de la mujer de la limpieza del estudio. Para alimentar más la leyenda, la banda se negó a tocar el tema en programas de televisión aludiendo que les producía una tremenda congoja y alteración mental.

El tema apareció en una película de cine *slasher* de 1998, llamada *Urban Legend* y que trataba de un asesino psicópata. En la escena donde suena «Love Rollercoaster», un jovenzuelo imberbe intenta beneficiarse a una colegiala y no se le ocurre mejor cortejo que explicarle que en la canción hay «una niña asesinada, mientras pedía ayuda».

Jimmy Diamond Williams, batería de la banda, declaró a principios del 2000, que el famoso grito lo realizó el teclista Billy Beck y se grabó intencionadamente para provocar una sensación de desasosiego. No esperaban crear tanta polémica, pero una vez hecho, aprovecharon la leyenda urbana para vender más discos... todavía hoy en día hay quien piensa que falta un cadáver.

★

La leyenda de la mano cornuda

Hoy en día es habitual ver en los conciertos de heavy metal, centenares de manos cornudas levantadas al aire en señal de euforia, identidad y confraternidad con el artista. La mano cornuda ha trascendido del mundo del heavy y es fácil ver como cualquier rockero puede saludar o simplemente demostrar su satisfacción con un tema, grupo o repertorio extendiendo la mano cornuda. Un símbolo tan popular que el mismísimo whatsapp ha incluido un icono de dicha mano. Pero tras ese gesto existe una o varias leyendas que son totalmente erróneas.

Vamos por partes, tal y como dijo Jack El Destripador. La mano cornuda en el heavy metal, se le atribuye a Ronnie James Dio, quien tras abandonar Rainbow ingresó en las filas de Black Sabbath. Una dura aventura, tener que sustituir a todo un tótem como Ozzy Osbourne, sometiéndose a las inevitables comparaciones, que de entrada serían negativas por la fidelidad de los fans. Una de las estratagemas de Dio fue diferenciar-

Ronnie James Dio

se de Ozzy en los conciertos, no ya en la parte vocal, que era evidente, sino en la parte visual. La estética de Ozzy era satánica, mientras que la que transportaba Dio desde Rainbow era más bien medieval. El movimiento escénico estaba resuelto, pues Dio no iba a dar los saltos y piruetas de Ozzy, pero debía añadirle ese componente diabólico que Black Sabbath necesitaba y que en los textos había conseguido plenamente con su primer disco *Heaven & Hell*. Dio sorprendió al ejército de seguidores cambiando el signo de la paz (dedos índice y corazón abiertos en forma de V) por una mano que marcaba los cuernos con el índice y el meñique. El gesto fue adoptado rápidamente por los fans y se popularizó de forma extraordinaria, tanto para bien como para mal, puesto que asociaciones católicas, de extrema derecha y puritanas de todo tipo, arremetieron contra Black Sabbath y su nuevo cantante, acusándole de rendir culto al Diablo y más sandeces populistas.

Vamos primero a desmentir esa leyenda. El símbolo de la mano cornuda, conocido en el mundo del heavy como *Cuernos de Metal*, *Cuernos del Diablo* o simplemente *Cuernos de Rock*, es más antiguo de lo que muchos podrían pensar y no tiene ninguna relación con Satanás, ni nada que se le relacione.

El pueblo Sumerio en la baja Mesopotamia, utilizaba ese gesto (5000 a.C.) para invocar a los dioses de la fertilidad y la guerra, bajo el nombre de El Signo de Voor. Posteriormente se adoptó en otras culturas como la egipcia, griega y romana, pero siempre relacionado con la luna, la sexualidad y la fertilidad. Con la implantación del cristianismo, se consideró la sexualidad pecaminosa y los dioses de otras religiones fueron declarados paganos, por lo que se encuentra la primera visión cercana al malévolo señor de las tinieblas.

Algunas culturas mediterráneas han adoptado el gesto con diferentes significados y de ahí, precisamente, le viene heredado a Ronnie James Dio.

Su abuela de origen italiano lo utilizaba para espantar los malos espíritus, ya que en Italia hay la creencia que hace de escudo contra el mal de ojo y otros hechizos o maleficios, aunque también se utiliza para echarlos a alguien, dependiendo del contexto y la forma de marcarlo. Ese gesto es conocido como Malocchio y su derivación como anglicismo se quedó en Maloik.

Dio rechazó la paternidad del gesto en una entrevista a *Metal-Rules* en el año 2001: «Dudo mucho que fuera el primero que hiciera eso. Es como decir que inventé la rueda, estoy seguro de que alguien lo hizo en otro momento. Creo que tendrías que decir que lo puse de moda. Estaba en Sabbtah en ese momento. Fue un símbolo que pensé que era un reflejo de lo que se suponía que era esa banda. No es la señal del diablo como si estuviéramos aquí con el diablo. Es una cosa italiana que recibí de mi abuela llamada "Malocchio". Es solo un símbolo pero no tenía conjuros mágicos, sentí que funcionaba muy bien con Sabbath. Pero nunca diría que me atribuyo el mérito de haber sido el primero en hacerlo. Lo hice tanto que se convirtió en el símbolo del rock and roll de algún tipo».

Gene Simmons

Efectivamente, Dio no fue el primero en utilizar la mano cornuda en el mundo de la música, y esto nos lleva a la segunda leyenda, aunque más bien es un burdo ejercicio de egocentrismo desfasado de Gene Simmons, bajista de Kiss.

Él asegura que el gesto de la mano cornuda en el rock se le debe acreditar a su persona, pues asegura que fue el primero en utilizarlo, no James Dio.

Simmons asegura que el gesto lo inventó durante el Kiss' Hotter Than Hell tour en 1974. Se trataba de un homenaje al personaje de Spiderman, ya que Simmons era un auténtico fan de sus cómics. De esta forma intentó emular la acción de lanzar telarañas de su personaje preferido.

Simmons siempre ha sido un personaje muy excéntrico, que no le ha importado hacer el ridículo si le daba beneficios, por lo que en el año 2017 intentó patentar el gesto como propio, con la sana intención de cobrar royalties cada vez que alguien lo utilizara.

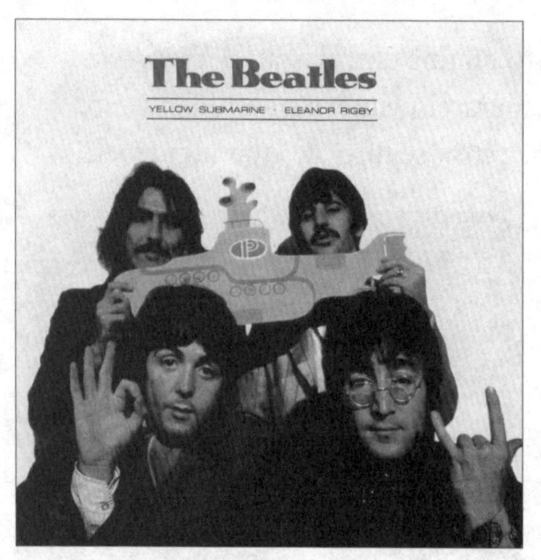

Sin entrar de nuevo en la historia y mitología Maloik, vamos a centrarnos en desmontar la teoría de Simmons. Kiss utilizó la mano cornuda en la portada del disco *Love Gun* de 1977, si bien hay fotos del tour del 74 donde aparece esgrimiendo el lanzatelarañas.

El disco *Heaven & Hell* es de 1980, por lo que es verdad que Simmons lo esgrimió con antelación, pero no lo hizo popular como Dio. Ahora bien, veamos qué pasó antes de 1977.

En 1967, diez años antes de la portada de Kiss, John Lennon aparece con la mano cornuda en algunas fotos de promoción de *Yellow Submarine* y en la portada del single, como ya se ha hablado en este libro al tratar la leyenda de la muerte de Paul McCartney. Lennon se equivocó, quería marcar «Amor» en el lenguaje de signos, pero se confundió al no abrir el dedo pulgar y de esta forma realizó un Maloik como se muestra en las fotografías.

Hay quien asegura que Mick Jagger utilizaba la mano cornuda durante los primeros años de carrera, como forma de diferenciarse de los chicos buenos de The Beatles, pero no se conoce documentación gráfica del hecho.

A principios de los setenta, los seguidores de Parliament y Funkadelic, adoptaron el gesto P-Funk como apoyo al grupo, en principio con el pulgar abierto y más tarde con las dos opciones. George Clinton salió en algunas portadas con la mano cornuda erguida.

Pero si hemos de hablar de los pioneros de mostrar la mano cornuda en el rock, debemos remitirnos a finales de los sesenta, para descubrir a Coven, banda de rock psicodélico, catalogada de satanista por el contenido de sus letras.

En 1969 editaron su álbum debut, llamado *Witchcraft Destroys Minds & Reaps Souls*, en el cual aparecen en portada simulando lo que parece una misa negra, mientras dos de sus miembros alzan la mano cornuda ostentosamente.

Sus conciertos estaban presididos por un gran crucifijo, con Cristo incorporado, y su cantante Jinx Dawson utilizaba el Maloik de forma asidua, para increpar al público y dirigirse a la cruz. El disco fue retirado del mercado y prohibido por su contenido satánico y blasfemo. Hoy está considerado un disco de culto.

Una vez desmontadas las teorías de vinculaciones infernales de la mano cornuda y desmontada la ambición de Simmons, lo mejor que podemos hacer es extender el índice y el meñique, recoger el anular y el corazón con el pulgar, buscar una mesa y dar unos golpes al mismo tiempo que decimos: «¡Toco madera!». Por si acaso.

★

La venganza de Phil Collins

El mundo del rock está repleto de historias inverosímiles de difícil comprobación, algunas de ellas se perpetuan en el tiempo, aumentando su engaño o grandiosidad hasta tal punto que escapan al control por parte de sus protagonistas y toman vida propia, que jamás se las quitarán de su currículum porque para qué engañarnos, una historia bien contada y popular es verdad o debería serlo.

Es el caso de la terrible y trabajada venganza que perpetró Phil Collins; toda una obra de novela negra que fue tejiendo a lo largo de su carrera musical y que puso en práctica con una sangre fría aterradora y una puesta en escena digna de las mejores cintas de Hollywood sobre espías y asesinos despiadados.

El joven Philip David Charles Collins, conocido más tarde solo como Phil Collins, estaba pasando un agradable día en el río, playa o lago, según el narrador, cuando uno de sus mejores amigos comenzó a pedir ayuda, porque algo le pasaba y se estaba ahogando. Al parecer ni Phil, ni nadie que estuviera con él, se vio con fuerzas para intentar rescatar al bañista, por lo que se dirigió a solicitar auxilio desesperadamente.

Otra vez toma vital importancia el narrador, porque un individuo que se encontraba allí se pudo negar a socorrerle, se limitó a recriminarles por haberse bañado sin saber nadar o incluso, podría haberse mofado de la situación tan cruel que estaba presenciando.

Fuera como fuese, el amigo de Phil murió ahogado y este hecho le produjo una angustiosa frustración que le indujo a planear una lenta venganza, pacientemente planificada y extremadamente cruel a la hora de ejecutarla.

Se desconoce la edad de Phil Collins cuando su ingenuidad se extinguió tras la muerte de su compañero, pero con tan solo 13 años ya consiguió figurar en *A Hard Day's Night*, la película de The Beatles y con 17 años hizo de niño vagabundo en *Chitty Chitty Bang Bang*. Pero, a pesar de intentar abrirse camino como actor, Collins ejercía de detective privado para localizar al personaje siniestro que negó el auxilio a su amigo. Posiblemente investigando encontró un anuncio en la revista *Melody Maker*, donde indicaba que se necesitaba «batería sensible a la música acústica», probando suerte y pasando a ser directamente el batería de una de las bandas más importantes del rock progresivo, Genesis.

El vengativo Phil Collins

Mientras no perdía de vista su principal objetivo, vengarse de aquel hombre siniestro, grabó junto a sus compañeros los discos más impactantes de la banda: *Nursery Cryme* (1971), *Foxtrot* (1972), *Selling England By The Pound* (1973) y *The Lamb Lies Down On Broadway* (1974). Llegados a este punto podríamos hablar de otra leyenda negra que apunta a que Phil Collins consiguió primero echar de Genesis a Peter Gabriel y a Steve Hackett después, para transformar la banda en un grupo al servicio del pop comercial. Sin negarlo o afirmarlo, lo dejaremos en el baúl donde se encuentra esa otra leyenda que apunta a que «La culpa de todo la tiene Yoko Ono».

En 1981 publica su primer álbum sin Genesis, el exitoso *Face Value*, donde incluye el tema «In the Air Tonight», donde vuelca toda la frustración sobre el incidente del ahogamiento.

> «Puedo sentirlo venir en el aire esta noche, oh Señor.
> Y he estado esperando este momento por toda mi vida, oh Señor.
> ¿Puedes sentirlo venir en el aire esta noche, oh Señor, oh Señor?
> Bueno, si me dijeras que te estabas ahogando, no te echaría una mano.
> He visto tu cara antes que mi amigo, pero no sé si sabes quién soy.
> Bueno, yo estaba allí y vi lo que hiciste, lo vi con mis propios ojos.
> Para que puedas borrar esa sonrisa, sé dónde has estado…
> Es la primera vez, la última vez que nos encontramos.
> Pero sé por qué mantienes tu silencio, oh no, no me engañes.
> Bueno, el dolor no se muestra, pero el dolor aún crece.

No es extraño para ti y para mí.
Puedo sentirlo venir en el aire esta noche, oh Señor.
Bien he estado esperando este momento por toda mi vida, oh Señor…».

La canción, según cómo se interprete, predice que la venganza está al doblar la esquina. Collins había conseguido averiguar quién era la persona que tanto había buscado, al que consideraba responsable de la muerte de su compañero de infancia o juventud. El odio y la rabia que vuelca sobre el texto viene remarcado por la austeridad de la música, una batería sometida a través del *talkback* que produce un efecto misterioso y tétrico, una guitarra con riffs aguantados hasta la saciedad y la monotonía más absoluta, que se rompe en el minuto 3:41 con la entrada de la batería, sin demasiadas florituras. El tema obtuvo un extraordinario éxito, alcanzando el núm. 2 del ranking de singles británicos y el 9 del *Billboard* americano, además de ser núm. 1 en Austria, Alemania, Suiza, Suecia y Nueva Zelanda.

Phil Collins le hizo llegar una entrada para uno de sus conciertos al individuo que había estado persiguiendo toda la vida; una entrada de primera fila, en una situación inmejorable. Aquella noche, cuando llegó el momento de interpretar «In the Air Tonight», Collins se acercó al límite del entarimado y la luz del escenario se apagó quedando iluminada su cara y con un cañón de luz marcando el rostro del asombrado espectador, que poco a poco fue percatándose de la situación y recordando el fatídico día, al mismo tiempo que adivinaba que Phil Collins era aquel niño que le pidió ayuda para su amigo.

Aquí el narrador pone más imaginación en el desenlace de la historia. Por una parte, Phil Collins consigue humillar en público al individuo insolidario, quien, avergonzado, solo puede escuchar en su cabeza la letra de «In the Air Tonight», mezclada con los gritos desesperados de aquel día. Sin poderlo aguantar, terminó por suicidarse, completando la venganza de Collins. Sin embargo, hay una versión en la que el hombre no se siente culpable de lo hecho, o mejor dicho de lo que no hizo, pero es repudiado primero por el público, más tarde en su familia, abandonado por su mujer y sus hijos, despedido de su trabajo y terminando en la más absoluta y anónima indigencia. Una variante indicaría que fue detenido por la policía y acusado de un crimen que no cometió, para infringirle el castigo que se merecía y del que había escapado durante décadas. Más secuelas indicaban que se trataba de un violador o de un asesino y que Collins había presenciado una violación o asesinato, pero la policía no le había hecho caso, por lo que tramó su propia venganza, cual Charles Bronson y su justiciero de ciudad.

En el año 2016, el famoso presentador de televisión Jimmy Fallon le invitó a su *The Tonight Show Starring Jimmy Fallon* y contó la historia, poco más o menos como lo hemos podido leer nosotros, mientras que Phil Collins iba poniendo diferentes caras, dependiendo de la versión que adoptara el relato.

Finalmente se limitó a explicar que la historia no es cierta, que fue una leyenda urbana que se creó en torno a la canción, pero que «desgraciadamente es falsa». Realmente no pudo explicar qué historia reflejaba la canción, porque simplemente dibuja una serie de sensaciones dispersas sobre un momento de su vida muy oscuro, cuando se estaba divorciando de Shirley, su primera mujer.

Pero aquí la leyenda supera de nuevo la realidad, y aunque queda más que probado que no es cierta, cada vez que Collins viaja a Estados Unidos le preguntan por la historia, con versiones que han mutado y que son cada vez más rocambolescas, cosa que cuesta imaginar.

Eminen editó en el año 2000 el disco *The Marshall Mathers* LP, donde incluye el tema «Stan», en el que mantiene un diálogo con un fan acosador llamado como el nombre del tema. En una de las estrofas, Stan le dice a Eminem:

> «¿Conoces la canción de Phil Collins "In the Air Tonight"?
> ¿Sobre ese tipo que podría haber salvado a ese otro tipo de ahogarse?
> ¿Pero no lo hizo?
> Pues Phil vio todo mientras y prueba que lo encontró

Qué bueno que es
Podrías haberme rescatado de ahogarme
Ahora es demasiado tarde».

Una leyenda que ya ha quedado plasmada en un tema de Eminem, una leyenda que ni Phil Collins, ni el amigo que se ahogó, ni el tipo desalmado que se suicidó por remordimientos, pueden conseguir que no sea cierta. Ya está escrito el veredicto: ¡Verdad!

Ozzy, la venganza de los murciélagos

Parece mentira que una persona que ha vendido más de 100 millones de discos, con su carrera en solitario haya conseguido siete discos multiplatino y con su banda, Black Sabbath, sea uno de los pilares sobre los que se aposentó el heavy metal, hecho por el cual se ganó el título de Padrino del Heavy Metal, sea capaz de caer en el ridículo de protagonizar con parte de su familia el bochornoso espectáculo *The Osbournes*. Y digo con parte de su familia, porque su hija mayor Aimee, se negó a aparecer en el reality de televisión, hasta el punto de obligar a que emborronaran su cara en las fotografías familiares.

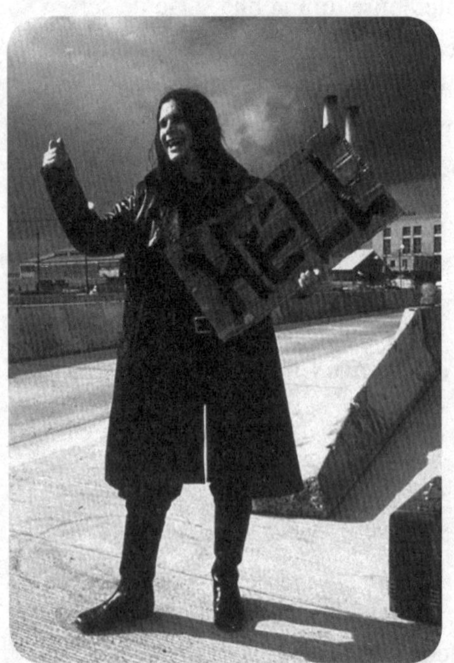

Pero no nos engañemos, por mucho que nos guste como artista (reconozco que me fascina su voz y aportación a Black Sabbath), Ozzy ha sido siempre un personaje excesivamente histriónico, que ha rozado en más de una ocasión el ridículo o al menos ha provocado vergüenza ajena, que posiblemente sea la peor de las afrentas.

Su personaje de Príncipe de la Oscuridad lo ha devorado en numerosas ocasiones, a lo que debemos sumar la incapacidad de lucidez que ha demostrado en otras, debido a la afición a las drogas y el alcohol.

El lunático de John Michael, verdadero nombre de Ozzy.

Ya de jovenzuelo, si es que en alguna ocasión lo fue, destrozó la moral de su padre, hasta tal punto de negarse a pagar su fianza cuando lo encarcelaron con 18 años, por un robo chirigotero. El lunático de John Michael, verdadero nombre de Ozzy, fue detenido por un robo sin importancia, al dejar todo el escenario del delito repleto de huellas dactilares, su socio le había obligado a ir con guantes al trabajillo, pero él, decidió que era mucho más eficaz y seguramente cómodo, usar unos sin dedos. Tres meses en la prisión de Winson Green no sirvieron para arreglar nada en su cabeza, más bien al contrario, pues en ese periodo se dedicó a tatuarse unas horrorosas caras sonrientes en las rodillas, y lo de horrorosas no es sinónimo de terroríficas, más bien de horrendo, antiestético, desagradable.

En los años setenta, todavía en Black Sabbath, una congregación satanista se concentró alrededor del hotel donde se hospedaban, desplegando un arsenal de velas encendidas y entonando cánticos satánicos. La banda estaba intentando sacudirse el sambenito de grupo con inclinaciones maléficas, pero Ozzy no estaba por la labor y salió a soplar velas y cantar el «Happy Birthday» junto a los adoradores del perverso.

El Álamo

Otro de los capítulos más sainetescos de su biografía, se produjo el 16 de febrero de 1982 en San Antonio, Texas, durante la gira de *Diary of a Madman*. Su mánager y posteriormente segunda esposa, Sharon Arden, tenía como una de sus misiones más importantes impedir que Ozzy se escapara de los hoteles, embriagado hasta lo inimaginable y provocara algún escándalo o simplemente desapareciera. Una de sus herramientas más recurrentes era esconderle la ropa, hasta que Ozzy comenzó a escapar de su habitación con vestimenta de mujer, la de la propia Sharon. Ese día, cuenta la leyenda que Ozzy orinó en las paredes de El Álamo, lo que no es cierto. Ozzy miccionó en el Cenotafio, la estatua de 60 pies al otro extremo de la calle, lejos del edificio. Si Ozzy hubiera vaciado su vejiga en El Álamo, se hubiera enfrentado a una pena de 18 meses de cárcel, igual que le pasó al joven de 23 años Daniel Athens, bastantes años más tarde: 18 meses de cárcel y 4.000 dólares de multa. Ozzy fue arrestado por escándalo público y embriagarse, pasando solo una noche en el calabozo.

Sí que es cierto que se le prohibió volver a tocar en San Antonio durante diez años, pero no fue por la meada en cuestión, sino por los alborotos que provocaron fans de Ozzy el 19 de febrero en el Hemisfair Arena, al quedarse sin entradas de su concierto, destrozando numeroso mobiliario público y enfrentándose violentamente con los agentes. Ozzy fue indultado una década más tarde al donar 10.000 dólares a la asociación Daughters of the Republic of Texas, encargadas de gestionar y conservar El Álamo.

Pero en el capítulo de leyendas urbanas, más o menos confirmadas, de la biografía de Ozzy Osbourne, ocupan un apartado muy especial los animales, o sus historias en torno a ellos, que le han aportado el galardón de persona non grata para la mayor parte de las asociaciones animalistas y protectoras de animales. Y dejaremos fuera de ese apartado, el episodio en el cual se narra que un Ozzy completamente intoxicado le comunicó a su mujer, Sharon: «lo siento mucho, pero hemos decidido que ¡tienes que morir!», para acto seguido comenzar a estrangularla sin comunicarle quién formaba parte de la decisión. Afortunadamente el alcohol no le permitió culminar un trabajo de clara violencia de género.

Su relación con los animales, abarca desde la fantasía a la cruel realidad, pasando del esperpento a la locura, sin parar ni un momento en algo que se asemeje a un atisbo de inteligencia.

Seguramente algún psicólogo vincularía esta historia a uno de los trabajos que desempeñó Osbourne antes de militar en Black Sabbath, como encargado de trocear animales en un matadero, según relata en *I Am Ozzy*, su autobiografía, «El primer día no podía dejar de vomitar,

El joven Osbourne, antes de militar en Black Sabbath, trabajó en un matadero de animales.

pero más tarde me di cuenta de que me gustaba matar a esos animales. En poco tiempo era el que mataba, troceaba y empaquetaba más rápido de todo el matadero. Llegaba a matar 250 animales al día. Eso me producía un placer difícil de explicar».

Después de estas declaraciones es mucho más creíble la historia que cuenta su compañero en Black Sabbath, Tony Iommi, quien asegura que, en una ocasión, Ozzy se presentó en el hotel con un pequeño escualo, lo abrió en canal y comenzó a embadurnar las ventanas con las entrañas del tiburón, gritando: «Falta algo de color».

Años más tarde, en sus peores momentos en Black Sabbath y a nivel personal, finiquitó su matrimonio con Thelma Riley, con quien tenía dos hijos, con una lamentable y dantesca escena. Armado con una escopeta se encargó de que no quedara ni una gallina viva en el gallinero de su mujer, aunque seguramente no hubiera hecho falta más que echarles el aliento para gasearlas con una mezcla tóxica de drogas y alcohol.

Decapitando una paloma en CBS

De palomas y murciélagos

Sin matrimonio, se quedó sin banda, cuando Iommi y el resto del grupo le despidieron por salud mental, la suya, no la de Ozzy que ya era irreversible. Fue cuando le rescató Sharon Arden, secretaria e hija de su mánager Don Arden, quien compró el contrato de Ozzy y relanzó su carrera en solitario. Para comenzar gestionó una reunión con altos ejecutivos de la CBS, interesados en editar su primer disco en solitario, *Blizzard Of Ozz*. Tenía que eliminar las reticencias que los chupatintas tenían sobre el personaje de Ozzy, por lo que le mentalizó a que fuera trajeado, y que escondiera dos palomas en los bolsillos, para que en el momento justo las descubriera como en un juego de magia y las dejara volar sobre los directivos. Estrategia bastante vulgar, que dio resultado gracias al giro inesperado que Ozzy ofreció a la trama. En primer lugar se presentó debidamente intoxicado, apestando a alcohol y no con muy buena predisposición al diálogo. A medida que los dirigentes de CBS narraban objetivos de ventas, operaciones de marketing y operaciones de mercado, Ozzy fue mezclando el Cointreau almacenado en su estómago con la rabia generada en su cerebro, llevándolo al punto de fusión donde estalló; se sentó en las piernas de una relaciones públicas, sacó una de las palomas blancas y le arrancó la cabeza de un bocado, arrojando el cuerpo del ave sobre la mesa de negociaciones. Se puede encontrar una serie de cuatro fotos muy descriptivas del momento bizarro del pájaro, que Sharon supo mover adecuadamente y construir una excelente promoción de un hecho execrable. El resultado es que la CBS le prohibió la entrada en su fausto edificio, pero firmaron el contrato deseado y *Blizzard Of Ozz*.

Ozzy llevándose el murciélago a la boca.

Con Ozzy otra vez en el candelero, la segunda manga de la gira de presentación de *Diary of a Madman*, llamada Speak of the Devil Tour, incluía el numerito de lanzar al público vísceras de cerdo, en un juego pringoso y de mal gusto, en el cual el público le devolvía el regalo. Cuentan que en algunos conciertos incluso le retornaron animales muertos, como improvisación diabólica; pero esto es algo que más bien pertenece al imaginario colectivo que a la realidad.

Lo que es cierto, aunque no lo parezca, es lo que sucedió el 20 de enero de 1982, en su concierto de Des Moines, Iowa. El joven de 17 años Mark Neal, le lanzó la mascota muerta de su hermano menor, un murciélago. Ozzy, pensando que era un animal de atrezzo, se lo llevó a la boca y le dio un bocado: «Inmediatamente, sin embargo, algo me hizo sentir mal. Muy mal». Declaraba Ozzy en sus memorias, «para empezar, mi boca estaba instantáneamente llena de este líquido cálido y espeso, con el peor regusto que puedas imaginar. Podía sentir cómo me manchaba los dientes y me corría por la barbilla. Entonces la cabeza en mi boca crujió». El incidente provocó que Ozzy fuera ingresado de urgencias y que el resto de la gira tuviera que estar inyectándose contra la rabia.

Otro daño colateral fue que la RSPCA, Real Sociedad para la Prevención de la Crueldad contra los Animales, lo acusó de maltratador y torturador de animales y lo persiguió durante toda la gira, por si volvía a suceder algo parecido.

Tanto el incidente de la paloma, como el del murciélago, son estrictamente ciertos, algo que no se puede afirmar de la leyenda que surgió tras la gira del *Bark At The Moon*, en compañía de Motley Crue, banda que también tiene su propia leyenda urbana, que indica que se inyectaban whisky directamente en la vena para que el efecto fuera más rápido.

Según Motley Crue y el propio Ozzy, este último esnifó una fila de hormigas, en una demostración más que evidente de la falta de lucidez mental, que se incrementa, según la disposición del narrador, a introducir orina en el repugnante relato. Algo que el autor de este libro no ha tenido, ni tendrá intención de documentar entre estas páginas.

Los que creen que lo bueno y malo que nos pasa en este mundo es consecuencia de nuestras propias acciones y de nada más, es decir que el karma nos retorna lo que es nuestro, estarán de acuerdo que a Ozzy le retornó algo de lo que merecía, al menos en parte, aunque seguramente en una futura reencarnación debería ser paloma, gallina o murciélago.

En febrero de 2015, los quirópteros se vengaron de Ozzy y sus años de pavonearse a costa de la decapitación de uno de su especie. El corporativismo de los vampiros voladores le produjo un dispendio económico considerable y aunque podríamos afirmar que el castigo no fue proporcional al pecado cometido, también le aportó un proceso burocrático que, a buen seguro, les proporcionó un placer laboriosamente perseguido.

Ozzy se planteó hacer una serie de reformas en su mansión de Buckinghamshire, Inglaterra, descubriendo que una colonia bastante abundante de murciélagos se había instalado cómodamente en el falso techo del edificio. Como, afortunadamente, ahora no podemos ir liquidando animales a placer (salvo en el caso de algún que otro monarca de cuyo nombre no quiero acordarme), Osbourne tuvo que ceñirse a la legislación vigente, que obligaba a realizar un estudio de la colonia de mamíferos, otro para averiguar la mejor reubicación y finalmente estipular un presupuesto que correría en todo caso a cargo del propietario del edificio. La venganza se consumó con algo más de ocho meses de letargo, durante los que estuvo la mansión desastrosamente empantanada, más el pago de más de 30.000 € por el coste de la limpieza y traslado de la colonia. Leve castigo para una persona que ha vendido más de 100 millones de discos, pero una gran vendetta para la especie chiroptera.

★

Dave Gahan quería ser vampiro

Dave Gahan y su obsesión por los vampiros.

De todos es sabido que Depeche Mode es posiblemente la banda de rock electrónico más importante del planeta, con cierta inclinación al sonido oscuro, aunque para nada satánico.

Sin embargo el vocalista de la formación, Dave Gahan, sí que tenía una cierta afición a los seres de ultratumba y en concreto a los vampiros, tal y como reconoció en una ocasión a la revista *Time*: «Tuve una gran obsesión con los vampiros en la década de los noventa, tanto, que hasta llegué a pensar que era uno».

Los noventa fue de por sí una mala época para Dave Gahan. A finales de la década anterior comenzó a tener sus primeros problemas con las drogas, que se evidenciaron peligrosamente en el World Violation Tour de 1990, gira del álbum *Violator*; en el Devotional Tour de 1993, donde presentaron *Songs of Faith and Devotion*; y problemas que llegaron a su punto más conflictivo en 1994 con el Exotic Tour. Diferentes recaídas, marcadas por fuertes depresiones que lo llevaron a las puertas de un intento de suicidio y a un hecho que marcó un punto de inflexión; un paro cardiaco de más de dos minutos, provocado por el consumo de una fuerte mezcla de drogas, con la consiguiente hospitalización, arresto, y la advertencia de no poder volver a Estados Unidos si no mostraba signos de desintoxicación. El final de década significó la salida del infierno de las drogas y al parecer de su extraña afición por los vampiros.

Sin embargo, en mayo del 2006, mientras la banda realizaba tres conciertos en México de su Touring The Angel, los *roadies* del grupo le hicieron un regalo extraño y con cierto gusto macabro como mínimo.

Le construyeron un ataúd y lo dejaron en el camerino, avisándole que tenía un regalo de parte de todos. Gahan, que suele dormir una siesta antes de los conciertos y normalmente estirado en el suelo, probó el féretro y lo encontró muy cómodo. No se contentó con utilizarlo durante el resto de la gira, sino que se mandó hacer una cama en forma de sarcófago fúnebre, pero sin tapa, porque según Gahan, «no hay que tentar a la suerte».

El maleficio de Hondarribia

El Hondarribia Blues Festival es uno de los más importantes festivales de blues de Europa, por ello fue galardonado con el prestigioso Keeping The Blues Alive, concedido por la Blues Foundation de Memphis. Si te agrada el blues, es una cita obligada cuando se acerca el verano; ten en cuenta que la localidad de Hondarribia, en Euskadi, te acogerá de forma matriarcal y te acunará con los ritmos más clásicos de la música afroamericana, de mojo y de vodoo.

Hasta la fecha llevan un total de 13 ediciones o 12 más 1, con un crecimiento de calidad musical exponencial al de asistencia de público, hasta tal punto que uno se pregunta si el Hondarribia Blues Festival puede llegar a crecer más.

Afortunadamente he podido disfrutar del paisaje de Hondarribia e impregnarme de la música y magia del festival, al menos en seis de sus trece ediciones, más que suficiente para escuchar cómo los aficionados de diferentes puntos del continente, extendían un rumor que poco a poco se ha ido convirtiendo en una leyenda urbana *underground*, no recogida por la prensa, pero que se ha cultivado como un poso de superstición, muy acorde con la cultura blues, cargando la historia de elixires maléficos, rituales de magia oscura y algo de mala suerte.

La cultura del blues invita a recrear historias del inframundo, dejando volar una imaginación morbosa y expansiva, cuando la cuestión a tratar tiene como protagonista a Belcebú, Satanás o el simple Demonio. Ya hemos visto en este libro que es bastante sencillo hacer un pacto con el Diablo, pero si en la perspectiva del pueblo afroamericano del sur de los Estados Unidos, los contratos se firmaban en la intersección de algún cruce, en Euskadi, tierra de leyendas, brujas y akelarres, no es necesario que dos caminos se entrelacen, y una localidad costera como Hondarribia puede tener su puerta al reino de los infiernos.

En el año 1611, cuatro mujeres de origen francés fueron acusadas de brujería en Hondarribia, tras los relatos de unas niñas que afirmaron que habían sido engañadas y embrujadas por ellas. Esto que parece el inicio de una leyenda, no lo es y se trata de un hecho histórico debidamente transcrito, archivado y conservado. Las cuatro mujeres fueron María de Illarra, Inesa de Gaxen, María de Echagaray y María de Garro. Fueron detenidas y sometidas a torturas, con la intención de que confesaran delitos que probablemente no habían cometido. Todo ello ejercido por una presión popular que, cegada por la ignorancia y el miedo a lo desconocido, pedía con más ansia que cerebro la quema en la hoguera de las que suponían siervas de Satán. Tan solo una confesó, María de Illarra, haber preparado ungüentos y brebajes con los que doblegó la voluntad de las niñas de entre 12 y 14 años, obligándolas a someterse al Diablo, tanto mental como físicamente. Relató que durante los akelarres, ella y sus compañeras de cautiverio fornicaban salvajemente con el anticristo, mientras que María de Echagaray solo confesó ser bruja para dejar de recibir castigos, y las otras dos no admitieron ninguna de las acusaciones.

Fueron encerradas en el Castillo de San Telmo, también conocido por el Castillo de los Piratas, ya que defendía la Bahía de Híger y la propia Hondarribia de los envites marinos de la piratería. El alcalde de Hondarribia no quiso mandar a las malditas mujeres a la hoguera, porque dudaba de su inocencia, pero no pudo dejarlas libres sin castigo, por miedo a que la turba del populacho le hiciera arder a él en el fuego purificador, a modo de rentabilidad crematoria, ya que estaba preparado de antemano. La decisión salomónica fue expulsarlas de Hondarribia, no sin antes justificar sus fechorías malignas con 200 latigazos por bruja.

James Cotton

En el año 2006, Carlos y Fernando Malles deciden poner en funcionamiento el primer Hondarribia Blues Festival, con un cartel repleto de bandas nacionales y que contaba con Bob Margolin, quien fuera guitarrista de Muddy Waters durante sus últimos años, como máximo atractivo.

Es posible que la llegada de los ritmos negroides como el blues, soul, swing y sonidos de Nueva Orleans, arrastraran de nuevo a Hondarribia a las puertas del más allá y, por qué no, despertaran el interés por viejos pactos y protagonistas. Hay quien opina que el festival fue un punto de encuentro entre este mundo y el más allá y que Lucifer podría haber regresado a esta intersección para cobrar lo demandado por los servicios prestados antaño.

Poco a poco, año tras año, se fue extendiendo la creencia que un halo oscuro se cernía sobre el Hondarribia Blues Festival, más en concreto sobre los galardonados con el Blues Hondarribia Award, a los que una vez se les otorgaba el Txapeldun, una boina de gran vuelo que en Euskadi se le ofrece a los campeones deportivos, pues Txapeldun quiere decir precisamente Campeón, quedaban marcados y debían pagar por los años de jovial y exitoso desenfreno, lujuria y fama en algunos casos.

En el año 2007 el premio se le concedió a Hubert Charles Sumlin, guitarrista de Chicago que se hizo popular por militar en la banda del gran Howlin' Wolf. Falleció el 4 de diciembre de 2011, de un paro cardiaco a los 80 años de edad. Keith Richards y Mick Jagger pagaron todos los gastos funerarios, del que consideraban un mito. Lo curioso del caso es que Hubert debía haber repetido en la edición de 2010, pero a pesar de estar anunciado en el cartel, ya comenzó a encontrarse mal y suspendió su comparecencia.

Al año siguiente, 2008, el premio se le otorgó a James Cotton, armonicista que fue alumno del maestro Sonny Boy Williamson II, de quien hemos hablado en este libro con anterioridad. Militó en la banda de Muddy Waters y junto a Little Walter y Big Walter Horton, es uno de los «sopladores» más importantes de la época. Cotton falleció de neumonía el 16 de marzo de 2017, en Austin, Texas, a los 81 años.

Dos años más tarde tocaba en el festival de Hondarribia Pinetop Perkins, en la que se ha declarado como la mejor edición del festival. Pinetop Perkins fue galardonado con el Txapeldun, en una edición que contaba con Magic Slim, Solomon Burke, Willie *Big Eyes* Smith, Bob Stroger y Sugar Blue entre muchos otros. Además del fantástico elenco de artistas, ese año el festival dio cobijo a la creación de la European Blues Union.

Pinetop Perkins, pianista que también había formado parte de la banda de Muddy Waters, acudió al festival con 96 años y se marchó con 97, pero con una energía increíble, sin embargo el 21 de marzo de 2011 falleció en su casa de Austin. No había pasado un año de su participación en el Hondarribia Blues Festival. Dicen que fue el último concierto en el que tocó para una multitud tan amplia.

Pinetop Perkins

En el año 2011 fue Johnny Winter el encargado de recoger el Premio Hondarribia, un héroe de la guitarra que no estaba muy bien físicamente, pero que contentó a los asistentes por el hecho de ver a una leyenda viva del blues. Winter sufrió el deceso en Suiza, mientras estaba de gira; el 16 de julio de 2014.

En 2012 el premio se lo dieron a Tail Dragger, vocalista discípulo de Howlin' Wolf, quien afortunadamente sigue cantando por los escenarios de medio planeta. Pero ese año, por primera ocasión se concedió un premio honorífico a Willie *Big Eyes* Smith, quien había actuado en 2010 y fallecido el 16 de septiembre de 2011.

El Blues Hondarribia Award, ha sido otorgado en más ocasiones, sin que los protagonistas del premio hayan sufrido ninguna desgracia. La lista la concluyen Bob Margolin, John Mayall, Tail Dragger, Eric Burdon, Taj Mahal, Bob Strogger, Henry Gray, Charlie Baty y Larry Taylor y Fito de la Parra de Canned Heat.

Por otro lado, también se contabilizan pérdidas notables entre los grandes músicos que han desfilado por el festival: Magic Slim actuó en el año 2011, dejándonos el 21 de febrero de 2013 en Philadelphia a los 75 años.

Solomon Burke estuvo en la mejor edición del festival, la de 2010. Unos meses más tarde, el 10 de octubre de ese mismo año, fallecía de causas naturales, en el avión que lo llevaba a Ámsterdam para ofrecer uno de sus conciertos.

El año 2014 fue la edición en la cual actuó Lazy Lester, gran maestro de la armónica que nos dejó en 2018, el 22 de agosto, a consecuencia de un cáncer.

Finalizaremos con la única mujer que ha entrado en esta ruleta fatídica, Candye Kane, quien actuó en la edición de 2015, ofreciendo un maravilloso concierto bajo las crueles señales del cáncer contra el que luchaba desde hacía años. Candye perdió la guerra el 6 de mayo de 2016, casi un año después de poder disfrutar de su música, su presencia y su magia en Hondarribia.

Con todo lo dicho es normal que se escuche un murmullo cuando en cada edición le dan el Txapeldun a quien consideran que es merecedor del galardón. Como este año, que cuando galardonaron a Fito de la Parra y Larry Taylor de Canned Heat, un tipo a mi costado, que por el acento debía de ser argentino, soltó «ya está, ya los han marcado». En realidad, lo que ocurre es que el Hondarribia Blues Festival, es uno de los pocos festivales que apuesta por traer a los grandes clásicos del blues que quedan vivos hoy en día, nombres que en algunos casos sobrepasan los 70 años de edad y que tienen tras de sí, no una, sino veinte mil batallas.

Hablando con Carlos Malles, director del festival, me explicaba que la sombra de la superstición es más extensa de lo que parece y, por un momento, he de reconocer que se me erizó el bello del cuerpo y noté un soplo en la nuca.

En diciembre de 2007, cerraron contrato con Ike Turner, para su actuación en la edición de 2008, donde también estaba James Cotton. Ike Turner falleció a los 76 años de edad, el 12 de diciembre de ese mismo año, de una sobredosis de cocaína en San Marcos, California.

Me considero una persona poco supersticiosa, aunque intento no pasar por debajo de una escalera si están trabajando en ella, no me produce temor cruzar el camino de un gato negro, pero seguro que hay una forma más cómoda de evitarlo, por lo que es normal que cuando Carlos Malles me explicó la siguiente anécdota esgrimiera la Mano Cornuda, que ya sabemos qué quiere decir.

El mismo año 2007 el festival de Hondarribia quiso contratar a la reina del blues Koko Taylor, pero algunos componentes de la banda que acompañaba a la *blueswoman* se estaban recuperando de un accidente de tráfico que habían sufrido, por lo que la organización tuvo que esperar un año más para contratarla. En 2008, Carlos Malles se reunió en Lucerna con Koko Taylor y el trato se concluyó para que fuera la estrella de la edición de 2009. Desgraciadamente, dos semanas después de actuar en los Blues Music Awards de la Blues Foundation, el 19 de mayo de 2009 Koko Taylor ingresó en el hospital con fuertes hemorragias gastrointestinales, por una reciente intervención quirúrgica. Falleció el 3 de junio, tan solo un mes antes de su deseada actuación en Hondarribia.

Esas son las auténticas leyendas del festival, el elenco de mitos que han pasado por sus escenarios, más alguno que no pudo actuar. De la edición más exitosa del mismo, la del año 2010, han desaparecido a fecha de hoy Pinetop Perkins, Magic Slim, Willie Big Eyes, Hubert Sumlin y Solomon Burke. Además, ese año significó el último de Reyes del KO, antes de su separación como banda.

Para los que no creen en brujas, pero saben que existen los pactos con el Diablo, Hondarribia seguirá siendo un punto de encuentro, aunque haya que luchar contra el maleficio... ¡o no!

IV. PROBLEMAS CON LA JUSTICIA Y LA MORAL

La rebeldía, otra doctrina del rock, se confunde demasiadas veces con la revolución, pero a menudo tan solo es una demostración más de egocentrismo desmesurado. Falsificaciones o suplantación de personalidad, relaciones pervertidas que terminan entre rejas, censura que protege la moral de la juventud americana y blanca; pero por encima de todo, la historia de la fotografía que define a un personaje imprescindible.

★

El impostor Sonny Boy Williamson

Actualmente estamos dominados por Internet, nos hemos acostumbrado a tener todo con una inmediatez impresionante, incluso la información fluye tan rápido que en ocasiones se adelanta a la realidad, como en el caso de Aretha Franklin, que falleció de cáncer el 16 de agosto de 2018, pero numerosas webs la habían finiquitado tres días antes.

Esa velocidad de información, que produce al mismo tiempo y con enorme fluidez una desinformación espeluznante, con noticias falsas que se convierten en verdades populares por las odiadas *fake news*, no existía en la primera mitad del siglo pasado, por lo que el contraste de información era no difícil, era imposible. Esa es la primera premisa que tenemos que entender para poder comprender esta leyenda urbana, que si bien puede contener algo de fantasía gratuita, es del todo real.

Nuestro protagonista se llamaba Alex o Aleck, primero con el apellido de Ford y más tarde el de Miller, algunos dicen que nació el 5 de diciembre de 1912 según los pocos registros censales hallados, mientras que él afirmaba que nació en 1899 y en su lápida, para terminar de aclarar las cosas, indica que su alumbramiento fue el 11 de marzo de 1908.

Todo este galimatías es fácil de entender si tenemos en cuenta que Aleck Miller nació en una plantación de algodón, en el condado de Tallahatchie, Misisipi, y si bien la esclavitud desapareció con el final de la Guerra Civil en 1835, el apartheid encubierto duró más de 100 años, y a principios del siglo XX a nadie le importaba cómo y cuándo había nacido un negro.

Pronto le marcaron con el apodo de Rice Miller, debido a su afición al arroz con leche y fue bajo este seudónimo que comenzó a hacerse un nombre como armonicista de blues, pero como desde muy pronta edad comenzó a tener problemas con la justicia, también adoptó el nombre de Little Boy Blue. Llegó a tocar en compañía de Robert Lockwood y el mismísimo Robert Johnson, de hecho la leyenda cuenta que Miller estaba con Johnson el día de su envenenamiento, aconsejándole que no bebiera de la botella que lo mató.

La gran oportunidad de Rice Miller o Little Boy Blue llegó en 1941, cuando junto con Robert Lockwood entraron a trabajar en la emisora de radio KFFA de Helena, Arkansas, actuando en el programa King Biscuit Time, patrocinado por la compañía Interstate Grocery Co. que comercializaba un nuevo producto destinado al mercado afroamericano, la harina de maíz King Flour.

Max Moore, gerente de Interstate, pensó que Little Boy Blue no tenía una reputación que pudiera aprovechar para su publicidad, así que le presentó usurpando el nombre de Sonny Boy Williamson, un *bluesman* afincado en Chicago que había obtenido un gran éxito con el tema «Good Morning, School Girl» en 1937. La leyenda no deja claro si la idea fue del propio Rice Miller y que se presentó en algunas

Little Boy Blue promocionando la harina de maíz King Flour.

actuaciones como el auténtico Sonny Boy Williamson, afirmando que había nacido en 1899, mucho antes que John Lee Curtis Williamson, el auténtico Sonny Boy Williamson.

El éxito del programa fue fulminante y la empresa comercializó una harina con la imagen del músico llamándola Sonny Boy Corn Meal, realizando conciertos en supermercados y tiendas de la compañía, para promocionar el producto al mismo tiempo que alcanzaba una relativa fama.

En un principio la distancia entre los dos músicos parecía suficiente como para que la suplantación no llegara a oídos del primero, pero el éxito del programa y la carrera del músico, acortó los casi 900 kilómetros que les separaban. Aquí entra otra parte oscura de la leyenda, alimentada por Lockwood, al asegurar que el auténtico Sonny Boy Williamson estuvo buscando al impostor durante una buena temporada con un revolver que tenía una bala con su nombre, recorriendo lugares cercanos a Chicago, donde se rumoreaba que iba a actuar. Sin embargo el propio Lockwood afirma que la fama de persona violenta que precedía a Rice Miller, más una corpulencia fuerte, de más de metro ochenta de estatura, unas manos que parecían de boxeador y una cara maltratada por la vida, lo presentaban como un hombre te-

Sonny Boy Williamson I está considerado como uno de los padres de la armónica blues.

mible. Se dice que John Lee Curtis Williamson marchó a Arkansas en 1942 para vengarse de Miller, pero que tras verle salir de una actuación desistió en su propósito, atemorizado por su imagen.

De esta forma se diluyó la historia con dos nombres iguales, que jamás coincidieron en un escenario y que han pasado a la historia con méritos propios. Sonny Boy Williamson I, el original, está considerado como uno de los padres de la armónica blues y maestro del blues moderno, mientras que Sonny Boy Williamson II, el impostor, es una de las referencias clave para la introducción del blues en Inglaterra.

Sonny Boy Williamson I falleció el 1 de junio de 1948 en el South Side de Chicago, cuando acababa de salir de una actuación junto a Big Joe Williams. Hay dos versiones del fatídico incidente, la primera asegura que una bala perdida de un atraco cercano le alcanzó mortalmente, mientras que la segunda afirma que fue apuñalado varias veces al intentar robarle.

Desde su muerte Rice Miller utilizó el nombre de Sonny Boy Williamson, incluso en Chicago, donde nunca se había atrevido a actuar. Fue uno de los primeros músicos afroamericanos en tocar en Europa y tras ver que los jóvenes británicos lo trataban como una estrella, mientras que en su país era un ciudadano de segunda o tercera clase, se afincó en el Reino Unido durante unos años. Grabó con The Yardbirds con Eric Clapton, Eric Burdon & The Animals y con Jimmy Page, siendo una referencia esencial para muchos músicos ingleses. Se dice que durante una de las giras un jovencito Robert Plant, más tarde vocalista de Led Zeppelin, le robó una armónica del escenario.

Sonny Boy Williamson tuvo que regresar apresuradamente a Estados Unidos en 1964, porque al parecer había apuñalado a un hombre en una discusión callejera.

Volvió a grabar en el programa King Biscuit Time en KFFA, y actuó en el área de Helena, Arkansas. El 24 de mayo de 1965, el grupo canadiense The Band, que ese mismo año pasaron a ser la banda de directo de Bob Dylan, llegaron a Helena de gira y buscaron a Sonny Boy Williamson, uno de sus ídolos. Según cuenta Robbie Robertson, lo encontraron en la emisora donde se hizo popular con un traje hecho a medida y un bombín, estuvieron bebiendo y tocando un buen rato, e incluso hicieron planes para grabar algo juntos. Cuando estaban comiendo en un garito de mala muerte, aparecieron dos coches de policía y les obligaron a marcharse, porque era inoportuno y escandaloso que unos jóvenes blancos comieran en la misma mesa que un viejo negro. Cuando el mánager de The Band llamó semanas más tarde a la emisora para cerrar las fechas de la grabación con Sonny Boy Williamson, le informaron que había fallecido de un ataque al corazón el mismo 24 de mayo por la tarde.

Rice Miller fue enterrado en una tumba sin nombre en el cementerio de Whitman Chapel, cerca de Tutwiler, Misisipi. Doce años más tarde, Lillian Shedd McMurry, propietaria de la discográfica Trumpet Records, instaló una lápida con su foto y la leyenda «Aleck Miller better known as Willie Sonny Boy Williamson». Curiosamente con una errata en su fecha de nacimiento y en la de su muerte, como si la mentira quisiera seguirle hasta el infierno.

La cárcel de Chuck Berry

Siempre hay al menos dos versiones de la misma historia y el rock'n'roll no iba a ser menos, sobre todo a la hora de construir su extraña y adorada monarquía. Es por eso que existen dos reyes del rock'n'roll, enfrentados entre ellos y admitidos en total convivencia al fin y al cabo. Elvis Presley siempre será el Rey blanco del Rock, mientras que Chuck Berry se quedó con el cetro del Rey negro del Rock, el auténtico, el verdadero padre del rock'n'roll. Ya tenemos la dualidad perfecta para el mercado.

Si Elvis representó, sin serlo, el niño bueno, el patriota, el ejemplo de buen yerno para todas las madres americanas, Berry representaba el demonio, el salvaje, ese sujeto al que cualquier padre querría levantarle la tapa de los sesos de un tiro, si lo ve de la mano de su hija por la calle. Pendenciero, vicioso, borracho, mujeriego y además negro, sobre todo y por encima de todo negro. No era de extrañar que terminara en la cárcel.

El bueno de Chuck Berry declaró en sus memorias que jamás estuvo en la cárcel: «Esa es la idea errónea que tiene la gente de que Chuck Berry fue a la cárcel. Están completamente equivocados. Pero eche un vistazo a cualquiera de los periódicos locales y verá que fui absuelto. Nunca fui a la cárcel». Curiosa esa afirmación, posiblemente buscando más la controversia que la realidad, porque Chuck Berry pisó en dos ocasiones la cárcel.

Su debut carcelario fue en 1944, cuando con tres amigos se dirigían a California y atracaron tres tiendas armados con una pistola. En plena *road movie* se les estropeó el coche y se agenciaron otro de un conductor samaritano que paró para socorrerles. Esta gamberrada juvenil le costó una condena de 10 años en el Reformatorio Algoa de Jefferson, Missouri. Berry solo cumplió tres años y fue liberado en 1947 al cumplir los 21 años, tiempo suficiente para aprender canto y boxeo.

En 1959 Chuck Berry estaba disfrutando de un éxito muy trabajado, con varios temas colocados en las listas de éxitos de todo el país («Roll Over Beethoven», «Rock 'n' Roll Music», «School Days», «Sweet Little Sixteen» y «Johnny B. Good», entre otros), había girado con el *Mayor Espectáculo de Estrellas* de Alan Freed, y aparecido en un par de películas,

Chuck Berry en una de sus posturas más emblemáticas.

Rock Rock Rock (1956), y *Go, Johnny, Go!* (1959), en la cual tuvo diálogo interpretándose a sí mismo. Era un acaudalado empresario que había abierto un club nocturno en St. Louis, llamado Berry's Club Bandstand, cuya principal virtud era ser uno de los primeros locales con una integración racial total, un hecho que a finales de los cincuenta no era tan común como podríamos imaginar y que le granjeó muchos enemigos entre la comunidad blanca, puritana, moralista y sobre todo racista, entre los que se encontraban las autoridades y el cuerpo de policía.

En verano de 1959, tras un concierto en El Paso, Texas, conoció a una preciosa camarera de 21 años, llamada Janice Norine Escalante de descendencia Apache, a quien propuso un puesto de trabajo en su local de Missouri. La chica aceptó y se marchó con Berry al resto de conciertos, para comenzar a trabajar en el Club Bandstand.

Mientras Chuck Berry estaba realizando otra tanda de conciertos durante dos semanas, Norine fue detenida por ejercer la prostitución en St. Louis. Cuando el músico regresó fue arrestado el 23 de diciem-

bre de 1959, acusado de infringir la Ley Mann, por «transportar a una menor de edad a través de la frontera del estado para fines inmorales». Janice Norine Escalante tenía 14 años no 21, como había afirmado y el músico había traspasado la línea estatal al traerla de Texas a St. Louis.

El juicio duró dos semanas en marzo de 1960 y Chuck Berry fue declarado culpable y condenado a cinco años de prisión y 5000 dólares de multa. Chuck Berry apeló la sentencia esgrimiendo que el juez George H. Moore Jr., realizó una serie de comentarios racistas durante la vista, posicionando al jurado en contra suya. Se realizó otro juicio entre mayo y junio de 1961 y fue condenado a tres años de prisión, de los que solo cumplió un año y medio entre febrero de 1962 y octubre de 1963. Cuando salió de la cárcel, Chuck Berry ya no fue el mismo, transformándose en una persona fría, huraña, violenta y muy distante.

Una de las primeras acciones de Berry al cumplir la condena fue denunciar a Beach Boys por copiar la melodía de «Sweet Little Sixten» en su éxito «Surfin' USA».

Años más tarde, en 1989, Berry fue acusado por Hosana A. Huck, cocinera de un restaurante propiedad del músico, de realizar grabaciones de vídeo en el lavabo de mujeres. En junio de 1990, la policía de St. Louis realizó un registro en casa del músico, encontrando varias cintas de vídeo, hachís, marihuana, tres armas de fuego y una cantidad importante de dinero en efectivo. Varias mujeres que aparecían en las cintas, comenzaron a interponer demandas contra Berry. Todo quedó borrado con una indemnización de más de un millón de dólares e inscribirse en un programa de rehabilitación para la adicción al alcohol y la marihuana.

La primera regla de un mentiroso patológico indica que debes creerte tus propias mentiras; Chuck Berry la llevaba a rajatabla.

Bandas prohibidas por el comunismo

Probablemente estamos viviendo en Europa una ola de conservadurismo desmesurado que no se recordaba desde los tiempos previos al inicio de la Segunda Guerra Mundial. El fascismo campa a sus anchas por todo el viejo continente aderezado además por las más casposas políticas de censura de la Guerra Fría. No obstante, esperemos no llegar a cuotas tan absurdas de falta de libertad de expresión como las marcadas por la antigua Unión Soviética para proteger a su juventud de los efectos perniciosos del capitalismo occidental. En 1985 se conoció la existencia de un documento interno del Comité de Komsomol (Unión Comunista de la Juventud), en el cual se prohibía la emisión y escucha de una serie de bandas musicales por parte de la juventud de la URSS.

La lista de bandas es extensa y los motivos por los cuales estaban vetadas eran diversos y en algunos casos algo ridículos. KISS fueron censurados por llevar en su logotipo las Runas Armanen, características de la SS, las temidas escuadras de protección Saal-Schutz de Hitler; además de considerarlos extremadamente violentos. Por idéntico motivo fueron incluidos en la lista AC/DC, aunque tan solo llevaran una runa en el logotipo.

10CC y Julio Iglesias (no es un error) están catalogados de neofascistas, mientras que bandas como Dschinghis Khan y Van Halen eran claros ejemplos de música anticomunista ya que lanzaban proclamas antisoviéticas en sus canciones.

La larga lista apareció publicada en el libro *Everything was forever, until it was no more* (*Todo era para siempre, hasta que dejó de serlo*), de Alexei Yurchak, profesor de la Universidad de Berkeley y experto en cultura e ideología popular. En la lista negra destaca la aparición de Judas Priest como anticomunista y sobre todo racista, mientras que la gran mayoría están por incitar a la violencia, nombres como UFO, Scorpions, Sex Pistols, Iron Maiden, Ramones e incluso Village People (vuelve a no ser un error). El apartado más numeroso es el de grupos que poseen un alto contenido erótico en sus textos o incluso su forma de vestir, moverse o gesticular en escena; de esa etiqueta podemos destacar a Donna Summers, The Originals, Manish Machine y Tina Turner.

Pero el ranking más curioso lo podrían encabezar Black Sabbath, por satanismo y oscurantismo religioso; Nazareth, por misticismo religioso y vandálico; Talking Heads, por alarmar del peligro militar soviético; y Pink Floyd, por interferir en la política exterior de la URSS, remarcando Afganistan.

El caso de Pink Floyd es curioso, ya que cuando a finales de los setenta el partido comunista pensó que no podía detener la entrada del rock en la URSS, intentó manipular su inclusión aceptando ciertas canciones y una de ellas, por su contenido anticapitalista, fue «Money» de Pink Floyd. Evidentemente la edición de «The Wall» desquebrajó cualquier tipo de relación sentimental entre banda y partido comunista.

A principios de los años ochenta se crearon discotecas organizadas por las Juventudes del Partido Comunista, donde poder controlar a la juventud ansiosa de esos ritmos consumistas, pero el efecto fue el contrario al deseado. Los propios funcionarios del KGB que salían fuera de la URSS volvían con discos que pirateaban y vendían en el mercado negro, realizando las copias sobre placas de acetato de radiografías. El rock fue minando poco a poco tanto a los jóvenes ansiosos de nuevo aires, como a los acólitos del comunismo que fueron infectándose poco a poco. Quizás por eso hay una teoría que asegura que el capitalismo le ganó la batalla al comunismo a base de rock'n'roll... pero eso es otra historia.

★

La ridícula censura de Ed Sullivan

Ya hemos podido conocer con anterioridad a Ed Sullivan en este libro. Se trata de uno de los personajes más importantes del mundo de la televisión de mediados del siglo pasado. Su programa *Ed Sullivan Show* estuvo emitiéndose en la CBS, desde el 20 de junio de 1948 hasta el 6 de junio de 1971. Un programa de variedades donde la música ha jugado siempre un gran papel, siendo un trampolín estupendo para innumerables músicos y grupos, pues una aparición en el *Show de Ed Sullivan* era la promoción más importante que se podía permitir un artista.

Estos son algunos de los músicos y bandas que pasaron por el programa: B.B. King, Bill Haley & His Comets, Buddy Holly, Credence

Clearwater Revival, Ella Fitzgerald, Ike & Tina Turner, Jackson Five, James Brown, Janis Joplin, Jefferson Airplane, Johnny Cash, Louis Armstrong, Mamas & The Papas, Ray Charles, Roy Orbinson, Sam Cooke, Santana, Stevie Wonder, The Animals, The Byrds, Tom Jones y muchos más, entre los que se encuentran The Muppets.

Ed Sullivan, comunicador y censor de la moral americana.

Ed Sullivan tenía un poder extraordinario desde la caja catódica para implantar una cultura televisiva moderada, con un discurso de modernidad pero una férrea moral, por lo que se erigía como estandarte de los valores tradicionales americanos y del *establishment* más convencional. Este rol auto concedido le llevó a tener episodios de censura, que en algunos casos rozaron el ridículo. Algunos de ellos están detallados a continuación.

El 20 de noviembre de 1955, Bo Diddley era el invitado del programa. Ed Sullivan le pidió que interpretara el tema «Sixteen Tons», una versión de Ernie Ford, que había estado tocando en los ensayos. Al parecer los técnicos del programa le dejaron una nota en el suelo que indicaba «Bo Diddley. Sixteen Tons», por lo que el músico entendió que debía tocar las dos canciones, la que llevaba su nombre y la de Ford empalmadas, sin percatarse que era el indicativo del artista más el tema que interpretaba. Diddley ejecutó los dos temas seguidos saliéndose de tiempo y provocando la ira de Sullivan.

Cuenta la leyenda que el presentador le gritó en camerinos: «Eres el primer negro que me engaña». Bo monto en cólera y cuando su mánager le intentó calmar con un «Tranquilo, es el Sr. Sullivan», le contestó: «Me importa una mierda el Sr. Sullivan; nadie me habla así». La bronca se zanjó con una amenaza de Sullivan y un portazo: «Nunca más tendrás un programa de televisión en tu vida». Una verdad a medias, porque Bo Diddley actuó en numerosos programas de televisión, si bien es verdad que nunca volvió a *Ed Sullivan Show*.

El 9 de septiembre de 1956, se produjo la primera aparición de Elvis Presley en el programa, a pesar de que Ed Sullivan había manifestado públicamente que jamás lo contrataría. Al parecer rechazó contratarlo por 5.000 dólares, por lo que Elvis marchó a la competencia, el programa de Milton Berle, fulminando las estadísticas de audiencia de Sullivan. Un mes más tarde, cuando quiso que apareciera en su programa, tuvo que pagar 50.000 dólares de caché.

Sullivan había atacado en público a Elvis, acusándolo de pervertido y mala influencia para la juventud, pero no tuvo que retractarse en directo porque no se llegó a ver con Elvis. Estaba convaleciente de un accidente de automóvil que lo mantuvo en cama varias semanas, por lo que contrató al actor británico Charles Laughton que fue el maestro de ceremonias. Cuenta la leyenda que Sullivan ordenó que no se filmara a Elvis de cintura para abajo, para evitar sus movimientos y bailes obscenos, si bien es verdad que esa censura se aplicó, hubo planos de cuerpo entero, pero solo al término de los temas o desde una cámara tras la batería, por lo que se le veía parcialmente. La audiencia de ese programa fue de 60 millones de espectadores.

El 26 de enero de 1958 Ed Sullivan demostró ser un déspota egocéntrico al que nada le importaba la música, más allá de ganar dinero y alimentar su enorme ego. Actuaba por segunda vez en el programa Buddy Holly & The Crickets, para interpretar dos canciones, de las cuales una debía ser su último éxito «Oh, Boy!». Ed Sullivan consideró que el tema era muy escandaloso y le pidió a Holly que lo cambiara por otro más tranquilo, sin aceptar como razonamiento que el músico había avisado a familiares y amigos que les dedicaría ese tema. Cuando apareció por los ensayos y comprobó que solo estaba Buddy, Sullivan dijo en tono irónico: «¿Qué pasa, que los muchachos no están emocionados por salir en el show de Ed Sullivan?». Buddy, en lugar de explicarle que se les había avisado con poco tiempo y que en breve llegaban, le dijo con cara de pocos amigos: «¡Estarán tan emocionados como yo!».

Ed Sullivan mandó avisar que solo podían tocar un tema, que apagaran el canal de la guitarra de Holly y subieran el resto de instrumentos para que no se le escuchara. Tan solo se le abrió el canal para el pequeño solo del centro del tema, mientras que Buddy Holly no cantaba sino berreaba para poder escucharse por encima del resto de instrumentos. La actuación fue todo un éxito, a pesar de la mala praxis de Sullivan, quien tuvo que comerse el orgullo y traer una tercera vez al músico.

El 12 de mayo de 1963 se produjo un choque de trenes o de egos, que son más peligrosos. El invitado del programa era Bob Dylan, que debía interpretar un solo tema, «Talkin 'John Birch Paranoid Blues», un tema que ridiculizaba a la asociación John Birch Society, considerada extrema derecha que abogaba por el anticomunismo y el gobierno limitado, propulsora de las listas negras, que contenían a presuntos activistas de izquierdas. Precisamente la actuación de Dylan en el *Show de Ed Sullivan* no había sentado muy bien en el sector folkie que protestaba por la inclusión en esas listas de Pete Seger. Incluso Joan Baez y Tom Paxton se habían negado a actuar en el programa de la ABC *Hootenanny*. El caso es que miembros de John Birch Society, se pusieron en contacto con la producción del programa para informarles que no consideraban oportuno, ni muy americano, dejar que Bob Dylan interpretara un tema en contra suyo. No fue Sullivan, mandó en esta ocasión al productor Stowe Phelps para convencer a Dylan de que eligiera otro tema, a lo que el cantautor respondió: «Si no puedo tocar lo que quiero me voy», guardando su guitarra y abandonando el estudio. Al fin y al cabo consiguió lo que pretendía, una tremenda publicidad, censurado por la derecha más rancia y cerrar la boca al sector de activistas que lo habían criticado. Movimiento perfecto.

El 17 de septiembre de 1967 le tocó el turno a The Doors. La banda debía interpretar el éxito «Light My Fire», pero se les exigió que cambiaran parte del texto que decía «Nena, no pudimos elevarnos tanto», por su clara alusión al consumo de drogas. Aquí la leyenda se volvió más turbia cuando Oliver Stone dirigió la película *The Doors* en 1991, aunque basada en el libro *Riders On The Storm* de John Densmore, se trata de una banalización del personaje de Jim Morrison y por supuesto exagera esta historia. En el film la banda interpreta el tema sin censura y Morrison (interpretado por Val Kilmer) remarca la frase polémica mirando a cámara desafiante, mientras que en realidad la interpreta de forma tímida y la mirada perdida en el techo. Hay dos versiones diferentes: una que indica que la banda decidió no cambiar la letra y otra que apunta que Morrison se olvidó de la frase de sustitución por los nervios y terminó cantando la original. Lo único cierto es que Ed Sullivan se negó a estrecharles la mano al final de la actuación y que jamás volvieron al programa.

El 17 de septiembre de 1967 The Doors
actuaban en el programa de Ed Sullivan.

El 15 de enero de 1967, aparecieron por segunda vez en el programa The Rolling Stones y se les dijo que debían cambiar el título y estribillo del tema «Let's Spend The Night Together» (Pasemos la noche juntos) por «Let's Spend Some Time Together» (Pasemos un tiempo juntos), tan solo Bill Wyman y Keith Richards hicieron un poco el payaso cada vez que llegaba el estribillo y volteaban los ojos escandalosamente. The Rolling Stones también pasaron por el aro de Sullivan al aparecer con chaquetas, tras la bronca monumental que Ed Sullivan les dio en directo varios programas más tarde de su primera aparición el 25 de octubre de 1964, al recibir centenares de cartas quejándose de la banda, incluso patrocinadores amenazando abandonar el programa. «Les prometo que nunca volverán a nuestro show. Me llevó 17 años construir este espectáculo y no voy a destruirlo en cuestión de semanas –dijo Ed Sullivan en directo–. Nos han inundado con correspondencia protestando por la apariencia desordenada: ropa y cabello de The Rolling Stones. No volverán al show».

The Rolling Stones actuaron en Ed Sullivan Show en seis ocasiones, ahora bien, ¿por qué sus satánicas majestades accedieron a las peticiones de un conservador Ed Sullivan? Es muy sencillo, se dice que la primera visita de la banda al programa generó más de un millón de dólares en venta de entradas para su gira americana... ¡el dinero no entiende de puritanismo!

★

La fotografía de Johnny Cash

Una de las imágenes más icónicas de la cultura popular de estos dos últimos siglos es la fotografía de Johnny Cash levantando el dedo corazón de su mano derecha directamente hacia el objetivo, marcada por una semblanza llena de rabia y desprecio, como desafiando al espectador.

Hemos visto esa figura impresa en revistas, libros, camisetas, gorras, chapas, pañuelos, cojines de sofá, cuadros de comedor y todo tipo de *merchandising*. Una estampa acompañada por los más dispares pensamientos filosóficos, frases supuestamente atribuidas al protagonista, horrorosas leyendas comerciales sin ningún sentido, frases o eslogans de-

Posiblemente la foto más popular de Johnny Cash

corativos que obligan a sentir vergüenza ajena. Es posiblemente, junto al rostro del Che Guevara, una de las imágenes más plagiadas y utilizadas de la historia, con una trayectoria que ha caminado desde la leyenda al mito, del inconformismo militante a una respuesta de rencor y rechazo, para transformarse casi al final del camino en un simple grabado sin sentido, un producto comercial, un souvenir, una viñeta de moda.

La fotografía fue tomada por Jim Marshall en la prisión de San Quintín, el 24 de febrero de 1969. Durante mucho tiempo se mantuvo en la colección privada del fotógrafo, circulando solo algunas copias como valiosísimo contrabando, hasta que en 1997 se publicó de forma oficial.

El saber de su existencia disparó la imaginación, reforzada por el ocultismo y secretismo de la misma. Aparecieron varias leyendas sobre el porqué de la foto y sobre todo a quién iba dirigida, hasta que hace poco años se desveló el secreto de una de las fotos más interesantes del rock.

Johnny Cash comenzó su carrera profesional muy pronto, en 1954 audicionó para Sam Phillips, propietario de Sun Records. Con solo 20 años fue rechazado por haber interpretado solo canciones de góspel, algo que a Phillips había dejado de interesarle. Cuenta una de las numerosas leyendas en torno a Cash que Phillips le echó del estudio con un consejo: «Vete a tu casa a pecar y vuelves cuando tengas una canción que pueda vender». Al año siguiente grabó con Sun Records «Hey Poter» y «Cry! Cry! Cry!», obteniendo un gran éxito.

El 11 de octubre de 1957 Sun Records publicó su primer larga duración, llamado *Johnny Cash with His Hot and Blue Guitar*, incluyendo el single «Cry! Cry! Cry!» y temas imprescindibles como «I Walk the Line», «So Doggone Lonesome» y sobre todo «Folsom Prison Blues».

Ese tema cambió la percepción que el público tenía de Johnny Cash, nadie lo vio como un autor country, cristiano, que se esforzaba por expandir el evangelio a base de góspel: Johnny Cash pasó a ser el representante de los marginados y oprimidos, héroe de todos los presos repartidos por las penitenciarías del país; todo gracias a «Folsom Prison Blues».

«Oigo el tren viniendo
está doblando en la curva
y no he visto el brillo del sol desde no sé cuándo,
pero estoy atrapado en la prisión de Folson, y el tiempo sigue prolongándose
pero ese tren sigue rodando hacia San Antone.
Cuando yo era solo un bebé mi mamá me dijo. Hijo,
siempre sé un buen chico, nunca juegues con armas.
Pero le disparé a un hombre en Reno solo para verlo morir
ahora cada vez que escucho ese silbido bajo mi cabeza y lloro.
Apuesto a que hay gente rica comiendo en un vagón restaurante de lujo
ellos están probablemente bebiendo café y fumando grandes cigarros.
Bueno yo sé que tenía que venir, sé que no puedo ser libre
pero esa gente sigue moviéndose
y eso es lo que me tortura.
Bueno si ellos me liberaran de esta prisión
si ese tren fuera mío.
Apuesto a que me mudaría solo un poco más abajo de la línea
lejos de la prisión de Folson, ahí es donde quiero estar
y dejaría a aquel silbido solitario llevarse mi blues lejos».

La canción se convirtió en un himno carcelario, daba igual el delito cometido, cuál fuera la culpa del convicto y mucho menos la sentencia y condena recibida. Todos se identificaban con aquellos versos: «Pero le disparé a un hombre en Reno solo para verlo morir / ahora cada vez que escucho ese silbido bajo mi cabeza y lloro», un texto crudo donde la culpa y el arrepentimiento sucumben ante las ansias de libertad. No cabía ninguna duda, ese Johnny Cash debe ser un exconvicto, un expresidiario, uno de los nuestros, es imposible escribir esa letra y no ser como nosotros.

Johnny Cash se dejó querer, la imagen de persona peligrosa le iba como anillo al dedo, por lo que la cultivó y exprimió, pero no vamos a engañarnos, Cash nunca fue un convicto. Sí que es cierto que tuvo ciertos problemas con la justicia, todos ellos por culpa del alcohol y las drogas, pero jamás pisó la cárcel como condenado, se trató de detenciones leves que le obligaban a pasar una noche en el calabozo.

Cash estuvo en siete ocasiones entre rejas, pero por delitos menores que no le supusieron una condena firme. La primera de ellas fue el 11 de mayo de 1965, en Starkville, Misisipi, arrestado por allanamiento de morada a altas horas de la noche en una propiedad privada para recoger flores. Un episodio que le inspiró a componer la canción «Starkville City Jail», donde habla de lo mal que lo trataron, algo que veremos con más detalle en otro capítulo de este libro. El caso es que Cash aprendió a darle a su público lo que quería escuchar:

«Se requiere mucha imaginación para escribir a veces una canción y realmente ponerle algo real que alguien más pueda entenderlo y sentirlo. Bueno, hemos estado en varias cárceles. San Quintín, la prisión de Folsom, la cárcel de Starkville, Misisipi, y una cárcel de El Paso. Y uh, no lo creerías».

En esa presentación habla de la cárcel de El Paso, Texas, donde fue arrestado el 4 de octubre del mismo año. Lo detuvo la brigada de narcóticos, porque sospechaban que llevaba contrabando de heroína desde México, pero no había polvo, en su lugar encontraron una farmacia completa: 688 cápsulas de Dexedrine (anfetaminas) y 475 pastillas de Equanil (tranquilizantes) había escondido dentro de su caja de guitarra. Pasó otra noche en el calabozo, pero eran medicamentos recetados y quedó en libertad.

Johnny Cash tuvo algunos problemas con la justicia
por culpa del alcohol y las drogas.

La séptima y última vez que lo arrestaron fue en 1967 en Walker, Georgia, donde tuvo un accidente automovilístico y la policía le encontró un alijo de pastillas legales, pero drogas al fin y al cabo con un efecto pernicioso para conducir. Dicen que intentó sobornar a las autoridades, pero no lo consiguió, aunque finalmente solo volvió a hospedarse durante una noche en las celdas de Lafayette.

Cash explotó la imagen romántica del fuera de la ley y se proclamó como el cantautor de los desheredados, los perdedores y humillados, pero sin conseguir un currículum carcelario que todos sus fans imaginaban cruel y despiadado.

El gran problema de Johnny Cash fue el alcohol y las drogas, legales o no. Se pasó media vida enganchado a las pastillas y la otra intentando zafarse de su dominio… pero eso es otra historia.

Tras componer «Folsom Prison Blues», Cash comenzó a ofrecer conciertos en penitenciarías, siendo el primero de ellos en 1958 en la Prisión Estatal de San Quintín. Su intención era grabar algún disco en directo en una de las prisiones, sabía que la magia que alcanzaba con ese auditorio, era imposible lograrla en salas libres. Pero la idea chocaba una y otra vez con su compañía discográfica, que por entonces era Columbia, temiendo que centrar la identidad del cantautor en los presidiarios y delincuentes no sería comercial ni productivo.

En 1967 se produjeron cambios bruscos en el seno de Columbia y uno de ellos fue la entrada del productor Bob Johnston, un personaje radical y con ideas muy contrarias a los ejecutivos de la compañía, que se entusiasmó con la vieja idea de Cash de grabar un disco carcelario. Contactó con la Prisión Estatal de San Quintín y Folsom, siendo esta segunda la escogida para grabar el primer álbum.

Grabación y fotografía histórica

El 13 de enero de 1968, entró en la prisión de Folsom el equipo habitual del The Johnny Cash Show, The Statler Brothers, Mother Maybelle and The Carter Sisters (las hermanas Anita, Helen y June, quien fue posteriormente su mujer), Carl Perkins y Tennessee Three. Evidentemente también entraron el equipo de grabación, con Bob Johnston a la cabeza e invitaron al periodista de *Los Angeles Times*, Robert Hilburn y el fotógrafo Jim Marshall, contratado por Columbia a petición de Cash. Marshall había conocido a Cash mientras trabajaba con Bob Dylan y surgió entre ellos una gran amistad. El cantautor siempre pensó que un hombre al que Dylan dejaba jugar y trabajar con su imagen sería un buen aliado en su carrera, por lo que dejó en sus manos la imagen de aquellos conciertos. Las fotografías de Folsom son impresionantes y muchas de ellas han pasado a la memorabilia de la historia de la música popular.

Cash realizó un extraordinario guiño en Folsom para acrecentar su imagen de duro y peligroso, estando en completa sintonía con los reclusos. Grabó el tema «Greystone Chapel» escrito por uno de los reos, Glen Sherley. Se realizaron dos sesiones de grabación, una a las 9:40 a.m y otra a las 12:40 p.m, con todos los asistentes entusiasmados por tener delante a su ídolo, un hombre que era como ellos, encerrado en una sala de la prisión, cantando solo para ellos. «La sala era pequeña –contaba Marshall-, tenía quizás unas cuarenta o cincuenta personas. Grabó una canción llamada "Greystone Chapel" escrita por uno de los presos. Él se preocupaba mucho por los prisioneros. Se preocupó por las condiciones e intentó ayudar a mejorarlas.»

El 13 de enero de 1968 Johnny Cash entró en la prisión de Folsom para grabar el disco *At Folsom Prison*.

El disco, *At Folsom Prison*, fue un rotundo éxito, a pesar de los problemas que puso Columbia, que censuró el single «Folsom Prison Blues» y obligó a volverlo a editar sin la frase: «Pero le disparé a un hombre en Reno solo para verlo morir». La discográfica argumentó que no era un buen momento para ese texto, después de que el 5 de junio de ese año, Sirhan Bishara asesinara al Senador Robert F. Kennedy. El álbum vendió más de 300.000 copias en tan solo dos meses y hoy en día se sigue considerando el mejor testimonio de Johnny Cash.

Tras el éxito de *At Folsom Prison*, Columbia se embarcó en la siguiente grabación de San Quintín.

El 24 de febrero de 1969, todo el mismo equipo que grabó *At Folsom Prison* se instaló en la Prisión Estatal de San Quintín, todos no, faltaba Luther Perkins, guitarrista de Tennessee Three y amigo personal de Cash. Perkins (no confundir con Carl Perkins) falleció el 5 de agosto de 1968, tras dejarse un cigarro encendido y provocar un incendio en su casa. Cash rinde un sentido homenaje a su amigo en el disco que se grabó en San Quintín.

En esta ocasión, además de Hilburn y Marshall, el séquito de prensa lo complementaba un equipo completo de Granada TV, canal británico que consiguió los derechos de Columbia para retransmitir el concierto y realizar un documental de la grabación de *At San Quentin*, que es como se llamaría el disco.

El equipo de televisión invadió el espacio vital de Johnny Cash en numerosas ocasiones y poco a poco se fue caldeando el ambiente entre Cash y los cámaras. Por otro lado los encargados de producción le indicaban lo que sería bueno que interpretase y el orden deseado para su emisión, algo por lo que no estaba dispuesto a pasar. La tensión fue creciendo hasta el punto de que un Cash violento les increpó durante el concierto a que se quitaran de en medio, porque era imposible ver a la audiencia, la cual miméticamente les abucheó, increpó y casi provocan un altercado.

Todo esto derivó a que durante años se pensara que la famosa fotografía de Cash realizando la higa o peineta a la cámara, se trataba de un gesto de desprecio a algún cámara de televisión o al equipo al completo, pero nada más lejos de la realidad. Otra de las interpretaciones más comunes, apuntaba a un gesto realizado por Cash a uno de los guardias de la prisión que estaba increpando a algunos presos. Una interpretación más vinculada a los deseos vengativos y cierto rencor carcelario que a algún atisbo de realidad.

Antes de morir, el fotógrafo Jim Marshall explicó cómo surgió la imagen captada y desvaneció las versiones populares. La foto se realizó en la previa del concierto, en una zona intermedia entre las celdas que sirvieron de camerinos y la sala donde se produjo la actuación; lugar que se conoce habitualmente como *backstage*.

Cash estaba algo tenso por la incomodidad y malestar que le provocaban las cámaras y técnicos de televisión, por lo que intentaba relajarse y concentrarse en lo que debía pasar en el escenario. Jim Marshall estaba con él en todo momento, sacando instantáneas para inmortalizar ese momento y al verlo tenso le dijo: «Johnny, dame una foto para el alcaide de la prisión».

Como si de una metamorfosis se tratara, como si se sumaran todas sus frustraciones, sus quebraderos de cabeza, sus problemas con las drogas y el alcohol, la preocupación por los internos, la empatía con los reclusos de todas las prisiones, su personalidad impuesta de fuera de la ley… por todo eso y mucho más, un Johnny Cash de 37 años, enfundado en un mono de presidiario, puso su mejor cara de odio, se mordió el labio inferior desatando toda su rabia y levantó el dedo corazón de la mano derecha, transformándose sin saberlo en el icono de numerosas generaciones.

«San Quintín es donde pillé el dedo de Cash tras la prueba de sonido –declaró Jim Marshall en 2010, poco antes de morir–. Esa es probablemente la fotografía más copiada de la historia del mundo. Había un equipo de televisión detrás de mí y John estaba en el lado del escenario. Le dije: «John, dame una foto para el alcaide». Él hizo el tiro del pájaro (peineta). Tres instantáneas con una lente de 21 milímetros. No sé si el equipo de filmación lo atrapó. Elton John compró los tres negativos años más tarde».

Aquí podría terminar este capítulo, pues la leyenda de la fotografía ya está contada y desmontado el rumor popular, pero no lo hará. Esta fotografía, como si tuviera vida propia, generó más historia años más tarde, décadas más tarde.

El gran decálogo americano

Nos encontramos con un Johnny Cash al que todo el mundo conoce como Man in Black (el hombre de negro), desde que en 1971 editó el disco llamado así. La carrera musical de Cash durante la década de los setenta y ochenta fue como una montaña rusa, repleta de altibajos, pero cada vez más hundida y olvidada. Su exilio de Columbia, quien dejó de confiar en él y le obligó a marcharse, le provocó unos años caóticos en Mercury Records que socavaron más su prestigio y reputación. Había grabado 80 discos, algunos de ellos considerados obras maestras, pero el mundo del folk y el country le habían girado la espalda, los medios de comunicación especializados lo consideraban una vieja gloria en decadencia y su aura se estaba difuminando poco a poco.

Pero en 1994 el productor Rick Rubin, conocido más por trabajar con Rap y Heavy Metal, le propone un contrato para su nuevo sello

American Recordings, una transformación de *Def American*. Tras haber sufrido en toda su carrera la dictadura de los productores, que siempre manipulaban su sonido y no le daban plena libertad, Rick Rubin le propuso buscar el lado más minimalista de él mismo, por lo que Johnny Cash no se pudo negar y firmó el contrato.

El disco *American Recordings* se grabó en la sala de estar, con Johnny Cash tocando la guitarra y cantando. Además de cinco temas propios, se interpretaron temas de Nick Lowe, Leonard Cohen, Kris Kristofferson, de los hermanos Lomax, Tom Waits e incluso Glenn Danzing de Misfits y Danzing, que compuso el tema «Thirteen» para Cash.

El disco tuvo una acogida fantástica, pero sobre todo presentó a Cash a nuevas audiencias ajenas al country y al folk, que lo acogieron en una simbiosis perfecta, transformando al Hombre de Negro en un icono de la cultura americana, un símbolo del inconformismo y un nexo de unión entre géneros musicales y diferentes generaciones.

De *American Recordings* se publicaron seis volúmenes, configurando uno de los legados musicales más impactantes e importantes de la música americana y aupando a Johnny Cash a lo más alto del olimpo rock.

American Recordings: Unchained, segundo disco de la saga editado en 1996, ganó un Grammy al mejor disco de country. Fue cuando Rick

Rubin y Johnny Cash rescataron la famosa foto de la peineta y publicaron un anuncio donde se podía leer impresa en la fotografía la siguiente leyenda: «American Recordings y Johnny Cash quieren darle las gracias a la escena de Nashville y a las radios de música country por su apoyo». Toda una bofetada al *establishment* que lo había defenestrado y poco menos que enterrado, una declaración de principios, un nuevo ejemplo de ser un tipo fuera de la ley.

En el documental *Johnny Cash vs Music Row*, Rick Rubin comenta cómo surge la patada en la entrepierna del sistema: «Cash no me iba a decir que lo hiciera, pero desde luego tampoco me iba a decir que no lo hiciera. De hecho, escribimos juntos el texto que acompañó a la fotografía de Marshall».

Escribo estas líneas en septiembre de 2018, cuando se cumple 15 años de su muerte (12.09.03), pero Johnny Cash sigue siendo una de las figuras más queridas y respetadas de la música americana. Me gustaría cerrar este capítulo recordando unas palabras de Jim Marshall sobre Johnny Cash: «John tenía algo propio. Cuando John entraba en una habitación, tú sabías que estaba allí. Había un indicio de peligro, pero no creo que fuera un hombre violento. Solo sabías que él estaba allí. Tenía una presencia que muy pocos artistas tienen. Creo que se nota en las fotografías».

★

Pete Townshend vs Abbie Hoffman

Una de las leyendas violentas, más extendidas y engrandecidas del festival de Woodstock, es la que indica que el guitarrista y líder de The Who le dio un golpe con su guitarra al activista radical Abbie Hoffman.

El sábado 16 de agosto de 1969, The Who ofrecían un concierto de más de hora y media en la nación de Woodstock, el mayor acontecimiento musical de la era hippie y a la postre la cumbre del verano del amor.

En el festival se encontraba Abbie Hoffman, activista radical, escritor y político de Estados Unidos que fundó el Partido Internacional de la Juventud (Youth International Party, los Yippies). Hoffman estaba ayudando como voluntario en las instalaciones sanitarias del

Pete Townshend sobre el escenario de Woodstock

recinto y se tomó un descanso invitado por Michael Lang, organizador del festival, para ver sentado en el lateral del escenario la actuación de The Who.

Los de Pete Townshend estaban presentando su ópera rock *Tommy*, disco que había tenido muchos problemas de censura en los EE.UU., pero que los había encumbrado como una de las bandas más poderosas del momento. Cuando terminaron de interpretar «Pinball Wizard», uno de los temas estrella del álbum, se produjo un silencio mientras que los músicos bebían algo y retocaban la ecualización de sus amplificadores. Momento que aprovechó Abbie Hoffman para saltar al escenario y soltar una de sus proclamas incendiarias.

La leyenda asegura que un Pete Townshend enfurecido le agredió con su Gibson SG en la cabeza, tan fuerte que lo derribó fuera del escenario para continuar el concierto.

Al parecer los hechos ocurrieron de diferente forma. Hoffman, cargado de LSD y alcohol, saltó de su puesto y se fue directo al micro de Townshend y comenzó a gritar: «¡Creo que esto es una mierda! ... Mientras John Sinclair se pudre en la cárcel ...». John Sinclair, era un poeta y activista político fundador del Partido Pantera Blanca, de ideología socialista, antirracista y homólogo de las Panteras Negras. Había sido condenado recientemente a diez años de prisión por vender marihuana a unos agentes encubiertos.

Hoffman, años más tarde recordaba haber dicho: «Cuatrocientos mil de nuestros hermanos y hermanas están siendo perseguidos, por lo mismo que estamos haciendo en esta colina. Es justo que ayudemos. Somos la Nación de Woodstock. Somos uno», pero tampoco es cierto.

El micro se lo apagaron, pero Pete Townshend ya se había dirigido a él, sin saber de quién se trataba y sin importarle lo más mínimo, pues no era de la banda y no debía estar allí. En la grabación de audio de la actuación se puede escuchar como Pete grita: «¡Al diablo, vete a la mierda de mi maldito escenario!», pero no le sacudió con la guitarra en la cabeza, lo empujó y por el mal estado en el que se encontraba Hoffman se cayó del escenario.

Pete Townshend, entonces, se dirigió al público que estaba aullando y les excretó: «¡Puedo cavarlo!, ¿Creéis que está bien? La próxima jodida persona que suba a este escenario será jodidamente asesinada, ¿está bien? Podéis reíros, pero lo digo en serio».

Townshend declaró más tarde estar de acuerdo con lo que reclamaba Hoffman y a favor de la liberación de Sinclair, pero que de todas formas volvería a lanzarlo fuera del escenario otra vez, sin importarle el mensaje.

Años más tarde, Hoffman declaraba que no era verdad que el guitarrista de The Who le golpeara en la cabeza con la guitarra:

«Si alguna vez escuchas algo sobre mí en conexión con el festival, no fue por tocar "Florence Nightingale" para los hippies. Lo que escuchaste fue lo siguiente: Oh, ese, sí, ¿el que cogió el micrófono e intentó dar un discurso cuando Pete Townshend le partió la cabeza con su guitarra? He encontrado un sinnúmero de referencias al incidente, incluso un colosal mural de la escena. Lo que no he podido encontrar es una sola foto del incidente. ¿Por qué? Porque en realidad no ocurrió. Yo tomé el micrófono, y di una corta charla acerca de John Sinclair, que acababa de ser sentenciado a diez años en la Penitenciaría del Estado de Michigan por dar dos porros de hierba a dos policías secretos. Townshend, que había estado afinando, se dio la vuelta y chocó

conmigo. No fue un incidente en realidad. Cientos de fotos y miles de películas existen representando ese escenario, pero no hay ninguna foto de la tan comentada agresión».

Todo esto no ha cambiado el sentir popular y Pete Townshend sigue siendo el guitarrista que le abrió la cabeza a Abbie Hofman con su guitarra.

★

Johnny Cash, indultado tras morir

Ya hemos visto anteriormente que algunos rockeros o rockstars juegan a ser ex convictos sin tener derecho a serlo, en el más estricto sentido de la expresión. Es mucho más rentable parecer un *bad boy*, cultivar la mala fama y explotar el lado oscuro, que mostrarse a su público como el chico que desearía tu madre tener como yerno. Johnny Cash no fue una excepción y la mala fama de The Man in Black era más ficticia que real, aposentada en años de fecundación impuesta y construida sobre un mito.

En mayo de 1965 Cash estaba arrancando flores en un jardín privado de Starkville, bajo los efectos más que evidentes de una intoxicación etílica; fue arrestado y pasó una noche en la cárcel hasta que se le pasó la borrachera y salió al día siguiente sin cargos. Cash se inspiró en ese hecho para componer el tema «Starkville City Jail», alegando en el tema maltrato policial y supuesta detención por saltarse el toque de queda impuesto en la ciudad; luchando contra los supuestos guardias agresores y pasando toda la noche pateando las paredes, gritando y maldiciendo. Comportamiento mucho más rentable que estar toda la noche durmiendo la mona sin poder dejar claro quién eres.

El caso es que 42 años después del incidente y cuando Johnny Cash llevaba cuatro años enterrado, la ciudad de Starkville le rindió homenaje en el Johnny Cash Flower Pickin' Festival, y la ciudad del estado de Misisipi le concedió el indulto y borró de su expediente el incidente de mayo del 65. Cabría saber si Johnny Cash hubiera permitido el indulto o, por el contrario, lo hubiera considerado una ofensa.

V. SEXO, MENTIRAS Y CINTAS DE VÍDEO

Llegamos a los postres y nos relajaremos con una macedonia de frutas, una miscelánea, un *medley* de curiosidades, algunas de ellas verdaderamente curiosas, otras tristemente reales, la mayoría increíbles con algún toque ridículo. Pero no dejamos de lado el tema morboso, para ayudar a una buena digestión; como debe de ser.

★

La triste historia de Louisiana Red

Louisiana Red, cuyo verdadero nombre era Iverson Minter, fue un guitarrista, armonicista y vocalista de blues afroamericano, que a lo largo de su carrera grabó más de medio centenar de discos. Tras su muerte, el 25 de febrero de 2012, la lista va aumentando a consecuencia de los álbumes póstumos que se siguen editando; el último de ellos durante marzo de 2018, llamado *Blues Don't Leave Me*.

Louisiana Red se nutrió del blues del maestro John Lee Hooker, con quien estuvo tocando un par de años en Detroit, antes de comenzar a editar trabajos por su cuenta. Hombre muy corpulento y de gran estatura, por lo que fue reclutado como paracaidista y participó en la guerra de Corea en 1951.

Tuve la gran suerte de conocerle el 30 de junio de 1989, en su concierto de La Farga de L'Hospitalet (todavía una fundición en desuso), con la Harmónica Zummel Blues Band como *sideband* y en el marco del festival *Blues A L'Estiu*; donde además de disfrutar de una gran actuación (también actuó Phillip Walker) trabajé como *runner* de *backstage* y chófer de Louisiana Red, pudiendo comprobar su gran humanidad y su amor por la tortilla de patatas entre otras muchas cosas.

Volví a trabajar con Louisiana Red (acompañado de Tota Blues Band) el 16 de diciembre de 2005, en la primera edición del *Ciclo Blues & Boogie de L'Hospitalet*, en esta ocasión dirigiendo una producción videográfica del concierto, más una entrevista en camerinos para el programa *Bad Music TV*. Recuerdo que de aquella charla salimos todos un poco tocados anímicamente. Louisiana Red hacía ya años que no podía tocar de pie por problemas de espalda que arrastraba desde la niñez, en lo que es la conclusión de una triste y lamentable historia.

Su madre, una india Cherokee, falleció a consecuencia de complicaciones en el parto, una semana después de dar a luz, el 23 de marzo de 1932. Cuando Louisiana Red tenía tan solo 9 años, el Ku Klux Klan linchó a su padre, asesinándole en su presencia, mientras que a él le propinaron una cruel paliza y lo dejaron por muerto abandonado debajo del cadáver de su progenitor. Louisiana Red sobrevivió, pero le quedaron secuelas en la columna, que comenzaron a ser muy evidentes al final de la década de los noventa.

Recuerdo que las tres personas del equipo nos quedamos desolados y sin saber cómo continuar la entrevista, por lo que Red nos devolvió la sangre al cuerpo con un comentario humorístico, ciertamente macabro, pero que mostraba perfectamente la calidad humana de aquel grandullón de dedos amorcillados: «Lo peor de todo es que estuve mucho tiempo perdiendo los trenes donde nos colábamos, porque no podía correr bien».

El día que The Beatles conquistaron América

Todos hablamos de la beatlemanía y de la conquista de América, pero con el paso del tiempo apenas damos importancia a lo que la banda de Liverpool consiguió, cómo lo hizo y lo que supuso para la música, la industria discográfica y la televisión. Así es cómo The Beatles enamoraron a Estados Unidos, su conquista de América.

La leyenda cuenta que todo comenzó el 31 de octubre de 1963, cuando Ed Sullivan, famoso columnista de espectáculos que presentaba y dirigía el variety show de la CBS *El Show de Ed Sullivan*, se encontraba con su esposa y algunos colaboradores en el aeropuerto de Heathrow en Londres. Ese mismo día aterrizaban The Beatles, tras haber realizado un mini tour sueco y más de 1.500 fans, mayoritariamente féminas, colapsaron el aeropuerto. Al parecer Ed Sullivan preguntó: «¿Qué cojones pasa?, ¿a quién esperan?» cuando le comunicaron que se trataba de un grupo de jóvenes músicos llamado The Beatles, contestó: «Otra vez como Elvis. Los quiero en mi programa en exclusiva».

Tras algunas negociaciones, el mánager del cuarteto, Brian Epstein, consiguió bajar el precio del caché a cambio de más apariciones en el programa para que los chicos se pudieran mostrar en un país donde el tema «I Want To Hold Your Hand» había alcanzado las listas de éxito.

El 7 de febrero de 1964 los Fab Four aterrizaban en el Aeropuerto de Queens, recién bautizado como John F. Kennedy, en honor al presidente asesinado tres meses antes. Epstein no estaba tranquilo, George Harrison llegaba con un episodio de anginas importante y notaba que los muchachos estaban más nerviosos que de costumbre.

Dos días más tarde Harrison se quedó en el hotel mientras que el resto se desplazó a ensayar al CBS-TV Studio 50 (1697 Broadway, en 53rd Street), un viejo teatro donde se realizaba el programa *El Show de Ed Sullivan*. El primer ensayo se realizó sin Harrison, pero con el *road manager* Neil Aspinall ocupando su puesto para diseñar los tiros de cámara. Aspinall sujetaba la guitarra de Harrison para ser más fiel a la toma posterior, generando que alguna fotografía invitara a la imaginación de un posible sustituto.

Por la tarde, la banda al completo grabó una actuación que se emitió el 23 de febrero, cuando ya habían abandonado el país. Los temas escogidos fueron «Twist And Shout», «Please Please Me» y «I Want To Hold Your Hand». En esa grabación se les nota nerviosos y el sonido no es del todo bueno. Según narra otra de las numerosas leyendas que acompañaron a The Beatles en su primera visita a Estados Unidos, cuando hicieron el primer ensayo el sonido era horroroso, tras la prueba consiguieron variar ecualizaciones y demás parámetros para, al menos, poder escucharse, pero mientras que estuvieron fuera del estudio un empleado de la limpieza borró todas las marcas de tiza, pensando que se trataba de alguna gamberrada.

El 9 de febrero, a las 20 horas y en riguroso directo, Ed Sullivan presentó a los cuatro jóvenes de Liverpool y lo hizo de la mejor manera posible, leyendo un telegrama recién recibido del mismísimo Elvis Presley, deseando mucha suerte a The Beatles. Con esa premisa

The Beatles tocando para 73.700.000 espectadores en 23.240.000 hogares en los Estados Unidos.

y cargados de nervios, hasta el punto que Paul McCartney desafina en varias ocasiones, interpretaron «All My Loving», «Till There Was You» y «She Loves You». Las excentricidades de Sullivan se mostraron al exigirles que las dos primeras canciones fueran tranquilas, para no alterar a las 780 personas que estaban en el Studio 50 y no provocar altercados en la calle, donde se calcula que esperaban más de 5.000 fans completamente histéricas. Media hora más tarde, The Beatles volvieron a salir mucho más tranquilos e interpretaron «I Saw Her Standing There» y el éxito de las listas «I Want To Hold Your Hand».

Aquí es donde surge la auténtica leyenda de la invasión americana de la banda. Ese programa, donde interpretaron cinco temas tuvo una audiencia estimada de 73.700.000 espectadores en 23.240.000 hogares en los Estados Unidos. Cifras que no dejan de tener su controversia, porque los 73 millones fueron facilitados por la agencia Nielsen, mientras que otras fuentes apuntaban solo a 45 millones de espectadores. El baile de cifras continúa porque el record estaba hasta la fecha en la aparición de Elvis en el mismo programa de la CBS con algo más de 60 millones de espectadores. También hay quien afirma que sigue siendo

el programa más visto de la televisión americana, pero eso no es del todo cierto. Por un lado el último episodio de la serie *The Fugitive* lo sobrepasó según la misma agencia, actualmente la Super Bowl supera con creces los 100 millones de espectadores; pero si nos ceñimos tan solo a programas de entretenimiento, American Idol ha sobrepasado esa estratosférica cifra en numerosas ediciones.

Para 1964, 73 millones de espectadores fue un hito, que facilitó no solo el éxito de The Beatles en Estados Unidos, sino la llamada Invasión Británica de grupos de jóvenes melenudos como The Animals, The Rolling Stones, The Dave Clark Five, The Who y muchos más. El éxito de The Beatles destapó la Caja de Pandora del negocio musical, hasta la fecha no muy explotado y que a partir de ese día fue el objetivo primordial de la televisión en su visión de la música.

Tan solo una semana más tarde, The Beatles aparecieron de nuevo en *El Show de Ed Sullivan*, el domingo 16, grabado en esta ocasión en el Hotel Deauville de Miami, con el patrocinio multimillonario de la marca Lipton (té, británicos, The Beatles...), donde el programa vendió a precio de oro 3.500 entradas en un local que solo tenía aforo para 2000. The Beatles interpretaron «She Loves You», «This Boy», «All My Loving», «I Saw Her Standing There», «From Me To You» y «I Want To Hold Your Hand», para una audiencia de 70 millones de espectadores.

The Beatles marcharon de Estados Unidos; su tercera aparición estaba grabada del primer ensayo. The Beatles volvieron a actuar en *El Show de Ed Sullivan* en agosto de 1965 durante su segunda visita a EE.UU. Todo había cambiado con esta primera visita, la beatlemanía había estallado en Estados Unidos, la televisión había cambiado, la música se había convertido en un negocio muy rentable, The Beatles serían uno de los mayores negocios musicales que jamás hayan existido, todavía en nuestros días lo sigue siendo.

Cuenta la leyenda que The Beatles combatieron el crimen en Estados Unidos y en cierta medida es cierto. El 9 de febrero de 1964, día de la primera aparición de The Beatles en *El Show de Ed Sullivan*, fue el día de menos delitos cometidos en toda la década, según estadísticas de la policía americana.

★

Hendrix vs The Monkees

Se trata de una de las asociaciones más extrañas creadas jamás, The Monkees y Jimi Hendrix; más si hablamos de Hendrix, una de las mayores leyendas del rock, como telonero de The Monkees, una *boy band* que navegaba por un universo paralelo al del guitarrista zurdo.

The Monkees se habían creado para un programa de televisión, siendo escogidos entre más de 500 aspirantes. Participaron en dos discos pero sin tocar los instrumentos. Todo estaba dominado por el productor Don Kishner, quien componía música y letras, además de grabar y producir los temas.

Al enterarse el público que los cuatro jóvenes no tocaban la música que cantaban, se creó una corriente que pidió que tocaran ellos, al mismo tiempo que los cuatro jovencitos se reivindicaron como músicos y compositores.

Davy Jones (voz y percusión), Michael Nesmith (voz y guitarra), Peter Tork (voz, bajo y teclado) y Micky Dolenz (batería) grabaron su propio disco en 1967, llamado *Headquarted*.

Ese mismo año, en el Monterey Pop Festival de California, Tonk y Dolenz alucinaron con el guitarrista de color que quemó su guitarra y tocaba como un demonio. Sugirieron que sería un estupendo telonero para la gira de verano que estaba a punto de comenzar. Los mánager se pusieron de acuerdo y así es como Hendrix se convirtió en telonero de The Monkees.

El primer concierto se realizó el 8 de julio en Jacksonville, Florida, pero lo que ambas bandas no planearon que ocurriera, pasó. El público adolescente de The Monkees no estaba preparado para escuchar y ver a un negro tocando tan fuerte y moviéndose como lo hacía. Desde la primera canción le insultaron, abuchearon y gritaban que salieran sus ídolos. Hendrix lo consideró una vergüenza absoluta y solo pudo aguantar seis conciertos, abandonando la gira tras los tres días del Forest Hills Tennis Stadium en Nueva York.

Aquí la leyenda se dispara y dice que Hendrix le faltó el respeto al público, que en varios de los seis conciertos hubieron insultos mutuos y que el guitarrista se mostró beligerante enseñando en numerosas ocasiones el dedo corazón a la audiencia. Finalmente fue expulsado de la *tournée* al recibir presiones de la Asociación de Hijas de la Revolución Americana, entidad moralista vinculada a la extrema derecha que defendía los valores americanos en la juventud. Acusaban a Jimi Hendrix de ser obsceno en el escenario, por imitar mantener relaciones sexuales con la guitarra, sus letras eran malvadas y podían pervertir a la juventud que acudía a los conciertos de The Monkees, ejemplo de buenos americanos.

Pero la verdad es otra muy distinta, Jimi Hendrix y The Monkees se llevaron muy bien durante el tiempo de gira, era como si los jovenzuelos quisieran empaparse de las enseñanzas del gran guitarrista. Dolenz contó años más tarde que en los hoteles hicieron *jams* impresionantes todos juntos. «Tuvimos grandes momentos, recorriendo la escena psicodélica de la ciudad de Nueva York como niños en una tienda de golosinas, improvisando hasta altas horas de la noche en la habitación del hotel».

Una de las asociaciones más extrañas creadas jamás, The Monkees y Jimi Hendrix.

¿Qué pasó entonces? Don Kishner descubrió enseguida que Hendrix era un mal ejemplo para sus chicos, que se le podían descarriar todavía más. Ya consiguieron tocar ellos en el último disco, qué querrían ahora, ¿pensar por su cuenta? Fue Don Kishner quien escribió las cartas de protesta de las asociaciones puritanas, quien pagó para que llamaran quejándose a las emisoras de radio y, apoyado por las familias de los músicos de The Monkees, presionó para que al final Hendrix pidiera que le rescindieran el contrato. La única verdad era que el público no estaba preparado para un extraterrestre llamado Jimi Hendrix, y que lo abucheaban e insultaban en cada concierto. «Fue una vergüenza ver que la gente lo tratara así», declaró Dolenz años más tarde, dicen que todavía ruborizándose.

Cambiaron el mundo de la música sin ser músicos

Normalmente se remarcan muchos nombres que cambiaron el devenir de la historia de la música en estos dos últimos siglos. Músicos como Bob Dylan, Jimi Hendrix, Chuck Berry, The Beatles, Pink Floyd, etc.

Por lo general no se reivindica aquellos personajes, sin cuya participación en el desarrollo de la tecnología, la mayoría de los que consideramos clásicos del rock, rockstars, leyendas, no serían nada en nuestra memoria. Aquí tenemos unos ejemplos de emprendedores que cambiaron el mundo de la música, sin ser músicos profesionales y en algunos casos sin saber tocar ningún instrumento.

Fred Gretsch Sr. heredó una pequeña tienda de instrumentos musicales en el barrio de Brooklyn, Nueva York. Su padre, un inmigrante alemán que había fallecido en 1895, había montado la tienda al poco de llegar a Estados Unidos, especializándose en banjos y tambores. La búsqueda continua de innovación llevó a Gretsch Sr. a experimentar con un nuevo proceso de laminación de la madera, que erradicó la técnica de doblar la madera con vapor, utilizada hasta ese momento en la fabricación de tambores. Las baterías Gretsch pronto adquirieron una estupenda reputación, convirtiendo a Gretsch Company en uno de los fabricantes más importantes del país.

A principios de 1930 comenzaron la fabricación de las guitarras Gretsch, alcanzando una importancia vital en el desarrollo del rock'n'roll en los años cincuenta.

Robert Moog fue un inventor estadounidense conocido como Bob Moog. En este caso sí que estamos delante de un hombre que sabía tocar el piano, porque su padre le obligó, aunque siempre reconoció que le tiró más la parte tecnológica, sobre todo tras descubrir el theremín. Tras conocer al músico de theremín Herb Deutsch, dedicó más de 50 años a investigar cómo profundizar más en sus sonidos, hasta que conoció al compositor y también inventor Raymond Scott, que había inventado dos aparatos electrónicos llamados electronio y clavivox, con los que desarrollaba las melodías televisivas de las animaciones de Looney Tunes y Merrie Melodies de Warner Bros.

Moog consiguió crear su primer Sintetizador Modular Moog en 1964, presentándolo en Audio Engineering Society de Los Angeles con gran éxito. Desde ese momento no paró de innovar y penetró en el mundo de la música de forma irreversible. Aunque en un principio las bandas de rock rechazaron el uso de sintetizadores, finalmente sucumbieron a sus posibilidades. Como ejemplo Queen, que en todos los discos incluían la leyenda «En este disco no se utilizan sintetizadores» hasta que con *The Game* comenzaron a hacerlo.

Laurens Hammond y un experto probando uno de sus inventos.

Clarence Leo Fender era un claro ejemplo de educación mal encaminada. Desde muy jovencito le entusiasmó la electrónica al ver como su tío construyó una radio con piezas desechadas de su taller de electricidad de automóviles. La idea de inventar algo que sonara le fascinó, pero se vio obligado a graduarse en contabilidad, disciplina donde incluso trabajó durante unos años.

Afortunadamente en esta ocasión, la Gran Depresión le mandó al paro, por lo que comenzó a realizar trabajos chapuza reparando radios y pequeños aparatos eléctricos, hasta que en 1938 abrió su primer establecimiento al público, Fender Radio Service.

Al poco le comenzaron a llegar pedidos para amplificar las guitarras acústicas hawaianas, típicas del country. Tras el final de la Segunda Guerra Mundial, sonidos como el boogie-woogie, rhythm and blues, western swing, y el honky-tonk demandaban guitarras más potentes que superaran el murmullo del personal bailando, por lo que Fender comenzó a trabajar en amplificadores más potentes. En 1950 terminó su primera guitarra de cuerpo sólido, la Fender Squire, al año siguiente puso en circulación la Telecaster y en 1953 la Fender Stratocaster. Estas guitarras y su alta gama de amplificadores son todavía un síntoma de fiabilidad y calidad. Hoy en día no se puede entender el blues y el rock sin las aportaciones de Leo Fender, quien aseguró en más de una ocasión que no sabía ni tan siquiera hacer un acorde para probar sus instrumentos.

Por último destacaremos a Laurens Hammond, uno de los inventores más populares y prolíficos del siglo XX. Sin ningún tipo de actitud musical a sus espaldas, desde muy joven se descubrió como una mente privilegiada. Con 14 años había diseñado una transmisión automática de automóvil que la empresa Renault rechazó; en 1920 inventó el reloj eléctrico con calendario incluido, que le proporcionó el éxito económico suficiente como para crear la Hammond Clock Company.

En 1933 se centró en crear un órgano electrónico, algo que consiguió patentar el 19 de febrero de 1934. El primer órgano Hammond se lo vendió al músico de jazz George Gershwin, pero normalmente sus clientes eran las iglesias, hasta que en 1950 creó el Hammond B3 en combinación de una cabina Leslie. Comenzando por el jazz y el rhythm & blues, fue adentrándose en todos los campos musicales hasta llegar a su esplendor en los setenta con las grandes bandas de rock.

Cuatro ejemplos de personajes imprescindibles para el desarrollo de la música en los dos últimos siglos, no son los únicos, pero son un claro ejemplo de que no todos los héroes llenan estadios y venden millones de discos.

★

Frank Zappa se comió una mierda en un concierto

La leyenda urbana de que Frank Zappa se comió sus propios excrementos durante un concierto ha circulado durante muchos años por la mitología rock con diferentes interpretaciones, según quien lo contaba.

En una primera versión, un Frank Zappa bastante pasado de drogas y alcohol no estaba realizando un buen concierto, por lo que el público se lo recriminaba constantemente con abucheos e insultos. Zappa, cansado de improperios y haciendo gala de su excentricidad habitual, se puso a defecar ante el público y a comerse sus propios excrementos posteriormente, con la consiguiente locura y satisfacción de los presentes.

Sin embargo una adaptación posterior, afirmaba que Zappa y Captain Beefheart, habían realizado un concurso de guarradas en el escena-

«Lo más cerca que he estado jamás de comer mierda fue en el bufé del Holiday Inn de Fayetteville, Carolina del Norte, en 1973»

rio, consistente en excretar sobre el tablado y después comerse la descarga, lo que aquí aparece otra vertiente más gore que indica que cada uno se encargó de la ajena.

El *remake* de esta leyenda se basa en el supuesto pique entre Alice Cooper y Frank Zappa, siempre luchando por ver quién era más osado y la hacía más gorda. Según el relato, Cooper soltó pollitos por el escenario y los fue pisando uno a uno, ante tamaña hazaña, a Zappa solo se le ocurrió evacuar y merendar.

Años más tarde al publicar sus memorias, *The True Story of Frank Zappa*, un libro más divertido que enriquecedor, Zappa desmentía esta leyenda de forma categórica y contaba la anécdota que en el año 1968, en el Speak Easy Club de Londres, uno de los componentes de la banda The Flock le dijo:

«Eres increíble. Cuando oí lo de que te comiste una mierda en un concierto, pensé que este tío está muy, muy pasado».

Le dije: «Nunca me he comido una mierda en un concierto». Me miró totalmente abatido, como si le acabara de romper el corazón.

En ese mismo libro, con su ironía acostumbrada y su sentido del humor tan surrealista, afirmó:

«A ver, que conste en acta: Nunca he cagado en un concierto, y lo más cerca que he estado jamás de comer mierda fue en el bufé del Holiday Inn de Fayetteville, Carolina del Norte, en 1973».

Mama Cass Elliott y el sándwich de jamón

Ya hemos podido comprobar que la imaginación del fan no encuentra límites, escribiendo leyendas de meros chascarrillos, como si de un corrillo de viejas remendonas en la plaza de un pueblo se tratara. Aúpan al olimpo de los dioses a auténticos cretinos, alaban comportamientos de pervertidos que rozan la pederastia, como si se tratara de filántropos angelicales, y se inventan abducciones, fantasmas, maldiciones y ritos sacrílegos con la facilidad de quien abre una bolsa de snacks.

Pero ahora estamos ante una de las leyendas más crueles y de peor mal gusto que podamos encontrar. Una mofa cruel, propiciada por la prensa sensacionalista y alimentada por la maldad del ser humano, esa que consigue que, desde pequeños, nos regocijemos en el mal ajeno y nos burlemos de cualquier debilidad que demuestre tener el prójimo, en definitiva, transformándonos en auténticos necios.

La noticia de la muerte de Mama Cass Elliot, una de las dos vocalistas de Mamas & The Papas, a consecuencia de la ingesta de un sándwich de jamón, es uno de los ejercicios más deleznables de periodismo rancio, chabacano y barriobajero de la historia de la música rock.

Ellen Noemi Cohen, verdadero nombre de Mama Cass, nació el 19 de septiembre de 1941 en Baltimore, Maryland. Desde jovencita deslumbró por tener una poderosa voz, pero al mismo tiempo tuvo que luchar contra el rechazo que su corpulencia en un principio y obesidad más tarde producía en el mundo de la industria musical.

Tras varios experimentos folk, Cass ingresó en un grupo llamado The New Journeymen, que rápidamente cambió el apelativo a Mamas & The Papas, formado por John Phillips, Cass Elliot, Denny Doherty y Michelle Phillips. Aquí surge otra leyenda que indica que Cass quería cantar con el hasta entonces trío, pero que fue rechazada porque su tono de voz era muy bajo para armonizar con Michelle, además de tener una imagen poco comercial por su gordura. La historia da un giro espectacular, al apuntar que Cass se dio un fuerte golpe en la cabeza con una tubería de cobre, que le provocó una severa conmoción y varió su tono de voz que se volvió más agudo. Cierto o no, la realidad es que aquel verano de 1965 fue aceptada en la banda que se hizo mundialmente popular por canciones como «California Dreaming», «Monday Monday» y «Words of Love».

Tras la separación de Mamas & The Papas, Cass inició una carrera en solitario marcada sobre todo por la versión de «Dream a Little Dream of Me», que grabó en 1968.

En la cumbre de su carrera musical, Cass Elliot realizó dos semanas de conciertos con entradas agotadas en el London Palladium del Reino Unido, durante el mes de julio de 1974. La noche del 28 de julio, tras su última actuación en el London Palladium, llamó desde su habitación a su excompañera Michelle Phillips para explicarle lo feliz que se sentía por el gran éxito de aquellos maravillosos conciertos. A la mañana siguiente la encontraron muerta en la cama, a los 32 años de edad, dando comienzo a esta deleznable leyenda urbana.

La vocalista falleció en el piso número 12 del 9 de la calle de Curzon Place, Shepherd Market, en el lujoso barrio de Mayfair (Londres), un apartamento del cantante y compositor Harry Nilsson, el mismo donde falleció cuatro años más tarde, a consecuencia de una sobredosis, Keith Moon, batería de The Who.

Cuando llegó la policía, encontraron a Mama Cass tumbada en la cama y a su lado una Coca-Cola y un bocadillo de jamón. Supongo que por un afán desmesurado de protagonismo, o una demostración más

Jimi Hendrix con Michelle Phillips y "Mama" Cass Elliot.

que palpable de negligencia profesional, el doctor Anthony Greenburgh, encargado de certificar el óbito, explicó lo visto al *Daily Express* y las aves de carroña se lanzaron a devorar a la interfecta, con la podredumbre habitual de la prensa amarillenta.

La noticia que se divulgó es que Mama Cass falleció atragantada por un bocadillo de jamón, reciclando su historial de problemas con la comida y su evidente obesidad mórbida. Una carrera estúpida, en la que solo participa la prensa y sus propios egos, compitiendo por una exclusiva vital que vender como carnaza sensacionalista. El noticiario *The New York Times* y la revista *Rolling Stone* entraron al trapo, cual miura azuzado por un capote, sin contemplaciones y sin el mínimo respeto por la víctima.

Todos se toparon de bruces con la autopsia, que desveló que Mama Cass falleció de un ataque al corazón y no se encontraron restos de comida en la tráquea, ni en el aparato digestivo. Según el Departamento de Policía, un sándwich de jamón y el refresco estaban enteros, sin que se hubiera comenzado su ingesta.

La vocalista había sucumbido a largos años de obesidad mórbida, viviendo en una situación de constantes cambios y muchísimo estrés, intentando someterse a tediosas dietas de adelgazamiento, algunas de ellas no muy saludables y prescritas por dietistas parlanchines, que consiguieron hacerse un hueco entre los famosos. Su corazón no resistió tanta presión y dejó de funcionar, dándole alas a los buitres carroñeros de la prensa, que siguieron mofándose de su peso, de su debilidad como persona, haciendo leña de un árbol caído que sin dudarlo era mucho mejor persona que todos ellos juntos. Escoria humana con licencia para escribir.

★

Johnny Cash vs el hombre de negro

A Johnny Cash siempre lo recordaremos de negro, enfundado en camisas, americanas o pantalones oscuros. Pocas fotografías nos muestran al cantautor con otra indumentaria y debemos remitirnos a sus inicios como artista.

En 1971 se editó un disco llamado *Man In Black*, que incluía un tema del mismo nombre, el cual parecía una explicación al porqué de su indumentaria lúgubre. Hay que tener en cuenta que ese disco está marcado por la guerra del Vietnam y por su marcada personalidad de hombre peligroso, fuera de la ley, como ya hemos podido leer en otro capítulo de este libro.

La letra de esa canción provocó que el público, sus fans, de entre los que destacaban presos y delincuentes, le otorgaran el sobrenombre o seudónimo de *Man In Black*, el hombre de negro.

«Bueno, te preguntas por qué siempre me visto de negro,
por qué nunca ves colores brillantes en mi espalda,
y por qué mi apariencia parece tener un tono sombrío.
Bueno, hay una razón para las cosas que hago.
Yo uso el negro para los pobres y los golpeados,
viviendo en el lado desesperado y hambriento de la ciudad,
lo uso para el prisionero que ha pagado durante mucho tiempo por su crimen,
pero está ahí porque es una víctima de los tiempos…
Lo uso para los ancianos enfermos y solitarios,
para los imprudentes cuyo mal viaje los dejó fríos,
me pongo el negro de luto por las vidas que pudieron haber sido,

cada semana perdemos cien buenos jóvenes.
Y lo uso para los miles que han muerto,
creer que el Señor estaba de su lado,
lo uso para otros cien mil que han muerto,
creí que todos estábamos de su lado.
Bueno, hay cosas que nunca estarán bien, lo sé,
y las cosas necesitan cambiar donde sea que vayas,
pero hasta que comencemos a hacer un movimiento para hacer algunas cosas bien,
nunca me verás usar un traje blanco.
Ah, me encantaría usar un arco iris todos los días,
y dile al mundo que todo está bien,
pero intentaré llevar un poco de oscuridad sobre mi espalda,
hasta que las cosas sean más brillantes, soy el hombre de negro».

Como Hombre de Negro se quedó y como Man In Black se le recordará, pero la verdadera razón por la que Johnny Cash comenzó a vestir de negro es muy distinta y poco memorable. Simplemente vestía de negro porque era el color que parecía más limpio, o disimulaba más la suciedad y el sudor en sus primeros años de continuos conciertos y carretera.

El verdadero padre de Frank Zappa

Frank es un personaje que por su excentricidad y su iluminada locura siempre ha sido candidato a despertar la imaginación en un circo, el del rock, donde no faltan eruditos dispuestos a crear y difundir leyendas por doquier.

En el año 1969, Zappa editó el álbum *Hot Rats*, primero sin sus Mothers Of Invention que dentro contenía el tema «Son of Mr. Green Genes», una readaptación del tema «Mr. Green Genes», que ya había grabado en el álbum *Uncle Meat*.

Al parecer, casi todas las letras de Frank Zappa son autobiográficas o extraídas de experiencias en primera persona, por lo que haber regrabado un tema añadiendo «Hijo de...» provocó que durante muchos años circulara la leyenda urbana que apuntaba que Lumpy Brannum, actor que interpretaba el personaje de Mr. Green Jeans en el programa de televisión Captain Kangaroo, era el verdadero padre de Zappa. Todo ello con diferentes variantes, como siempre. Se habían distanciado, peleado, ignorado, etc...

Frank Zappa en la casa de sus padres

Por más que Frank Zappa lo negó explicando que su verdadero padre era Francis Vincent Zappa, un inmigrante siciliano de descendencia griega y árabe, lo único que consiguió es que durante un tiempo la prensa considerara que el verdadero nombre de Frank Zappa era el de su auténtico padre.

Por cierto, no queremos generar ninguna leyenda sobre el tema. El auténtico nombre del músico es Frank Vincent Zappa, no Francis, Frank.

Elvis es un extraterrestre

Sobre Elvis Presley circulan tantas teorías conspirativas que es complicado separarlas y no confundirlas. La más divertida y a la par extraña es la que asegura que Elvis en realidad era un extraterrestre, enviado como avanzadilla para, desde su posición privilegiada, la de *rock star*, poder averiguar todo lo posible de la raza humana e influenciar a las nuevas generaciones del país más poderoso de la tierra, así como a sus dirigentes políticos.

Esta teoría de la conspiración se basaba en una serie de hechos, los cuales comenzaban el día de su nacimiento, el 8 de enero de 1935, cuando su padre Vernon Elvis Presley, de 18 años de edad, salió a fumar un pitillo antes del parto, y desde el porche de la *shotgun house* de madera donde vivían, avistó un ovni que emitía una luz extraña. Según Larry Geller, estilista privado de Elvis, aseguraba que: «Su padre nos dijo que salió a fumar un cigarrillo a las dos de la mañana durante el parto y, cuando miró el cielo sobre su pequeña cabaña, vio una luz azul extraña. Sabía desde ese momento que algo especial estaba sucediendo», como si de un gran acontecimiento para la humanidad se tratara.

Lo que ocurrió es que el gemelo de Elvis nació muerto 35 minutos antes que él, lo que dispara más la mente de los conspiranoicos, que ven en este hecho la implantación de un ser extraterrestre en el cuerpo de su madre, Gladys Love Presley, tras la eliminación del hermano.

El propio Elvis narró en varias ocasiones que cuando tenía 8 años, fue contactado telepáticamente por dos seres extraterrestres y le proporcionaron unas imágenes donde se apreciaba un hombre con un traje blanco delante de una multitud. Este hecho se tradujo en una abducción, donde se le proporcionó información para el futuro: ese hombre de blanco sería el propio Elvis de adulto como Rey del rock'n'roll; y el traje blanco representaría su etapa musical en Las Vegas.

Lo realmente cierto es que Elvis era un aficionado a la ufología y poseía una colección de más 350 libros sobre la materia, además de interesarse por todo tipo de noticias sobre avistamientos. El propio Elvis afirmaba que en compañía de Larry Geller habían presenciado un avistamiento en el desierto: «Se estaban moviendo demasiado rápido para ser aviones, así que pensamos que eran ovnis», confirmaba Geller.

Esta afición de Elvis por la cultura ovni, preocupaba a la gente de su entorno, hasta tal punto que su mánager, el Coronel Parker, manifestó en varias ocasiones su incertidumbre sobre la obsesión de Elvis por la metafísica.

Cuando murió en 1977 a los 33 años, las especulaciones se dispararon, siendo una de las teorías más extendidas, la de que fue abducido por extraterrestres y sigue vivo, es más, que el propio Elvis era un extraterrestre y fue ascendido de nuevo.

Pero Elvis no fue el único que mantuvo contacto con los ovnis. John Lennon escribió en el tema «Nobody Told Me» del disco *Wall and Bridges*, «There's UFOs over New York and I ain't too surprised» (Hay ovnis en Nueva York y no estoy demasiado sorprendido). Él aseguraba haber visto un ovni en 1974, sobrevolando Nueva York.

Michael Jackson estuvo fuertemente influenciado por el mentalista Uri Geller, quien afirmaba mantener contacto telepático con una nave extraterrestre llamada Sirius. Incluso convenció a Jackson de asistir a simposios raelianos, sobre la religión ovni, interesado por la clonación y la inmortalidad.

Es también conocido el caso de Jimi Hendrix, quien aseguraba haber visto ovnis y era de la creencia que existía vida extraterrestre, civilizaciones más inteligentes y desarrolladas que la nuestra, en nuestro mismo sistema solar.

Sammy Hagar, quien fuera vocalista de Van Halen, Billy Ray Cyrus, Nick Jonas de la banda juvenil Jonas Brothers, David Bowie o Robbie Williams, son algunas de las celebridades de la música que han tenido, supuestamente, contacto con extraterrestres. El último caso que reflejaremos es el de Mick Jagger y Marianne Faithfull, quienes afirman haber avistado un ovni mientras acampaban en Glastonbury, «una extraña y luminosa nave nodriza en forma de cigarro»... Lo que no sabemos, es qué estaba fumando la pareja en aquella ocasión.

★

Brilla diamante loco

Pocas estrellas del firmamento rock han brillado con una luz tan potente y con tanta velocidad de ascenso al firmamento, como lo hizo Syd Barrett, fundador y líder de Pink Floyd. Una de las carreras musicales más cortas e influyentes de la década de los sesenta, pero que lejos de seguir los estereotipos marcados por el *star system*, vivió rápido, pero no murió joven y no dejó un cadáver bien parecido.

Syd Barrett despertó a muy temprana edad a las expresiones artísticas, especialmente a la pintura y la música, desarrollando un especial talento para crear. En 1964, con 18 años, se unió al guitarra Bob Klose, el bajista Roger Waters, el batería Nick Mason y el teclista Rick Wright, algunas biografías apuntan que se denominaban The Abdabs y otras sin embargo Tea Set. Barrett convenció al resto para cambiar el nombre por el de The Pink Floyd Sound, como homenaje a dos músicos de blues que le habían marcado mucho, Pink Anderson y Floyd Council. Tras un breve periodo con Bob Klose, se vuelven a quedar como cuarteto y Barrett asume el liderazgo de la banda, arrastrándola hacia un sonido personal marcado por la psicodelia. Dos singles bastaron para dejar claras sus credenciales, Arnold Layne y See Emily Play, dos temas de Barrett que obtuvieron un enorme éxito, sobre todo el segundo de ellos, consiguiendo que EMI les abriera las puertas de los

Syd Barrett, el diamante que dejó de brillar.

estudios Abbey Road para grabar su primer álbum, el visionario *The Piper at the Gates of Dawn*.

En el disco encontramos diez canciones firmadas por Barrett, configurando un trabajo que está considerado como uno de los más influyentes de la historia de la música del siglo pasado. El ascenso de Pink Floyd fue meteórico, pero el descenso de Syd Barrett fue más rápido y duro.

En los conciertos de presentación del álbum ya se comprobó que Barrett no estaba en plenitud de facultades, debido al consumo de alucinógenos como el LSD y antidepresivos. Lo peor de todo era que el éxito de sus composiciones le obligaba a superarse para seguir creciendo, algo que su cabeza no estaba dispuesta a hacer. En noviembre de 1967, durante su primer tour americano, Barrett sufrió un colapso en una entrevista en directo en el programa de televisión *The Pat Boone Show*. Se negó a asistir a una presentación en directo en la BBC, para tocar en el *Top Of The Pops* y en otra ocasión se negó a hacer mímica durante el playback de «See Emily Play», viéndose obligado Roger Waters a ocupar su puesto.

En el segundo disco, *A Saucerful of Secrets*, solo aparece un tema firmado por Barrett, «Jugband Blues», una grabación anterior a las sesiones del disco.

La banda pensó en un principio en contratar a un guitarrista y seguir manteniendo a Barrett en el grupo, igual que hicieron Beach Boys con Brian Wilson y sus ataques de ansiedad. Se pensó en Jeff Beck, pero finalmente fue David Gilmour, amigo de Barrett y Waters quien ocupó el puesto.

La solución no fue eficaz, ya que el deterioro de Barrett era irreversible. No componía, no acudía a los ensayos y si lo hacía se mantenía desubicado, como ausente, durante los conciertos podía desaparecer, quedarse en el escenario inmóvil o tocar de forma incoherente, hasta el punto de desenchufarle sus compañeros y seguir tocando. Esta situación solo se aguantó durante cinco conciertos, los que estuvieron Barrett y Gilmour actuando juntos, hasta que la banda tomó la decisión de prescindir de él. El 26 de enero del 68, cuando se dirigían a realizar una actuación en la Universidad de Southampton, simplemente no pasaron a recogerlo.

En 1969 EMI aceptó editarle un disco en solitario, más por el éxito que estaba obteniendo Pink Floyd que por la confianza que le ofrecía Barrett. *The Madcap Laughs* fue un disco acústico, producido por Gilmour, Waters y Malcolm Jones, donde colaboran músicos de The Soft Machine. Hay un par de temas destacados, pero la luz ya no brilla con tanta intensidad. En 1970 lo volvió a intentar con la ayuda de Gilmour a la producción y de Richard Wright que colaboró en la grabación. *Barrett*, que es como se llamó el disco, confirmó que el diamante se estaba apagando. En 1974 se encerró en los Abbey Road durante cuatro días, pero de las sesiones solo se extrajo un tema, «If You Go», el resto fueron pistas musicales en las que no fue capaz de colocar la voz.

Syd Barrett se encerró en casa de su madre y se retiró prácticamente del mundo. Concedió una entrevista a un periodista francés en la puerta de su casa y otra para el documental sobre su vida, en el que declaraba que le parecía gracioso y extraño ver tocar «una música tan ruidosa».

Todavía hoy en día se desconoce la deficiencia neurológica que padecía Barrett, barajándose la hipótesis que padecía de esquizofrenia, trastorno bipolar, psicosis o el síndrome de Asperger, donde todos parecen ponerse de acuerdo es que el elevado consumo de LSD le provocó un deterioro que agravó su estado y lo transformó en un ser completamente autista.

El 5 de junio de 1975, Pink Floyd se encontraban en los estudios de Abbey Road, mezclando el tema «Shine On You Crazy Diamond», a pesar que ese mismo día se había casado Gilmour. Se trataba del tema más largo grabado por la banda, pero sus 26 minutos de duración impedían que entrara en un lado del vinilo, por lo que se vieron obligados a separarlo en nueve capítulos servidos en dos partes, en el disco *Wish You Were Here*.

Cuando estaban con las mezclas del tema, apareció en la pecera de control un hombre gordo y con las cejas y el cabello rapado, casi todos pensaron que era una de esas personas que circulan por las grabaciones, invitados de la discográfica, que solo hacen que molestar; incluso unos pensaron que podría ser amigo de los otros, pero ninguno reconoció al individuo en cuestión. Hacía más de cinco años que no veían a su antiguo compañero y líder de Pink Floyd, y nadie le reconoció por el deterioro físico y la mirada ausente que tenía.

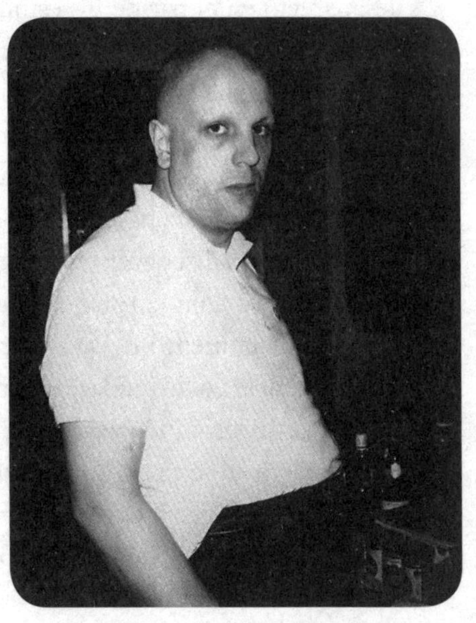

Imagen de Barrett cuando visitó a sus compañeros en el estudio.

La primera leyenda que circuló durante bastante tiempo fue que los músicos de Pink Floyd se quejaron de la presencia de aquel individuo que les provocaba tal estado de nerviosismo, que les impedía trabajar en condiciones y solicitaron que se le invitara a salir de los estudios. Precisamente cuando estaban mezclando una canción inspirada en él, «Sigue brillando, Diamante Loco».

Años más tarde se supo que, si bien al principio no le reconocieron, finalmente llegaron a la conclusión de que se trataba de Syd Barrett. En un estado de shock importante, reconocido por todos los miembros del grupo a posteriori, le invitaron a pasar, estuvieron hablando con él sobre su estado, obteniendo respuestas tan dispares como: «Tengo una televisión en color, una nevera con chuletas de cerdo que desaparecen y tengo que comprar más». Rick Wright declaró años más tarde que Roger Waters y él terminaron llorando. La banda le puso el tema «Shine On You Crazy Diamond» y le pidió su opinión, a lo que Syd contestó que sonaba muy antigua, pero acto seguido preguntó: «¿cuándo coloco yo mis guitarras?». Según Nick Mason le contestaron que ya las había grabado y lo aceptó, según Wright simplemente le dijeron que ya las habían grabado y tampoco pareció importarle mucho. Al poco tiempo, Barrett desapareció en el bar de los estudios, donde se improvisó una pequeña celebración por la boda de Gilmour y nunca más volvieron a verle.

Barrett falleció 31 años después de su visita a Abbey Road, el 7 de julio de 2006, ningún componente de Pink Floyd le volvió a ver, ni cuando falleció su madre, ni durante sus más de 30 años de autoexilio. Es cierto que nunca pasó penurias económicas, porque los royalties de las reediciones discográficas, más el documental sobre su vida y un par de Pink Floyd como protagonistas le aportaron estabilidad económica. Tras el fallecimiento de su madre fue su hermana, Rosemary Breen, quien se encargó de cuidarlo hasta su muerte.

Todas sus pertenencias se subastaron y fueron compradas por numerosos fans que pagaron cantidades desorbitadas por cuadros, pinceles, fotos e incluso cortinas y muebles. La casa donde vivió las últimas décadas estaba valorada en 300.000 libras y fue vendida por más del doble.

Syd Barrett siempre brillará con luz propia, pero su historia es probablemente una de las más tristes de este circo llamado rock'n'roll.

Chuck Berry, Louis Armstrong y Blind Willie Johnson en el espacio

El 5 de septiembre de 1977 fue lanzada desde Cabo Cañaveral, Florida, la sonda espacial Voyager 1, mientras que 16 días antes se lanzó su hermana Voyager 2. La misión de estas sondas era alcanzar Júpiter y Saturno, pero el Voyager 1 sobrepasará de largo este objetivo y alcanzará el espacio interestelar, a una velocidad superior a 17 km/s, al aprovechar las fuerzas gravitatorias de los planetas y satélites que cruzan en su camino, como impulsores del viaje.

The Sounds of Earth es el disco que acompaña a las sondas espaciales Voyager, lanzadas en 1977.

En esas sondas se introdujo un disco de gramófono llamado *The Sounds Of Earth (Los Sonidos de la Tierra)*, con la intención de establecer contacto referencial con alguna civilización extraterrestre. Una misión de contacto prácticamente imposible, porque se calcula que, de haber vida extraterrestre, la Voyager se cruzaría con ella no antes de 40.000 años, al pasar por la estrella más cercana a nuestro sistema solar. Solo sería factible si esa manifestación de vida tuviera la suficiente capacidad tecnológica de realizar viajes interestelares y la Voyager se cruzara en su trayectoria.

The Sounds Of Earth, como una auténtica cápsula del tiempo, contiene una recopilación de datos identificativos de la vida y cultura en la Tierra. Comienza con un saludo de la ONU en 57 idiomas, sonidos tan peculiares como el de lluvia, viento, fuego, mar, rayos y terremotos; se incluyeron algunos sonidos de animales, tales como perros, pájaros, elefantes, monos o lobos; también introdujeron audio de trenes, autos o código Morse, con la esperanza de que algún día alguien lo escuche.

Entre otros muchos apartados, se incluye uno musical, que será el más interesante para nosotros. Un total de 27 piezas musicales o canciones, entre las que destacan el «Concierto de Brandemburgo» de Johann Sebastian Bach, interpretada por la Munich Bach Orchestra dirigida por Karl Richter; «La Flauta Mágica» de Wolfgang Amadeus Mozart, interpretada por la orquesta de la Ópera de Baviera, dirigida por Wolfgang Sawallisch y con la voz solista de la soprano Edda Moser; la «Quinta Sinfonía» de Ludwig van Beethoven, interpretada por la Orquesta Philharmonia bajo la batuta de Otto Klemperer; y «La Consagración de la Primavera» de Igor Stravinski, quien dirige la Columbia Symphony Orchestra.

Se pueden encontrar con folclore Pigmeo, de Senegal o Nueva Guinea, canciones tradicionales mexicanas, australianas o japonesas, así como el canto nocturno de los indios Navajos, además de tres piezas que representan al blues, jazz y el rock'n'roll.

Como representante del blues escogieron a Blind Willie Johnson, un *bluesman* que mezclaba perfectamente el blues con los espirituales y se le consideraba un maestro de la guitarra *slide*, fallecido el 18 de septiembre de 1945 a los 48 años. Se incluyó el tema «Dark Was the Night, Cold Was the Ground».

Louis Armstrong, afamado trompetista y cantante de jazz afroamericano, fue el representante del jazz, con el tema «Melancholy Blues» que popularizó con su banda Louis Armstrong & His Hot Seven.

La última pieza a destacar de este *The Sounds Of Earth* es «Johnny B. Goode» de Chuck Berry, un personaje que fue muy incómodo para el gobierno americano, pero que terminó siendo adoptado como el auténtico rey del rock'n'roll, aunque hoy en día hay quien sigue diferenciándole como el Rey Negro del Rock'n'Roll. «Johnny B. Goode» está considerada como una de las mejores canciones de la historia y es uno de los temas que más versiones tiene grabadas, sin contabilizar las bandas que han interpretado el tema en sus conciertos sin llegar a grabarlo nunca en un disco.

Probablemente, cada cual tendrá su opinión sobre la música que debería escuchar un extraterrestre en su primer contacto con la humanidad, pero es muy probable que si escucha a Chuck Berry el esqueleto se le mueva solo... si tiene, claro.

The Beatles suenan en las estrellas

Cuando John Lennon escribió estirado en su habitación la letra de «Across the Universe», poco podía imaginar que el tema viajara por el espacio para recepción de una posible vida inteligente, 27 años después de su muerte.

Coincidiendo con el 50º aniversario de la NASA y los 45 años que lleva funcionando la Deep Space Network, red internacional de antenas de radio que dan apoyo a las naves espaciales y ayudan a explorar el Sistema Solar y el universo.

El 5 de febrero de 2008, a las 00:00 horas, la Agencia Espacial transmitió «Across the Universe» hacia la Estrella Polar, a más de 431 años luz de distancia de la Tierra.

La idea la propuso Martin Lewis, reputado historiador de The Beatles, y fue secundada por Yoko Ono y Paul McCartney, quien pidió que mandaran sus saludos a los extraterrestres. El tema se lanzó desde los laboratorios Jet Propulsion de Pasadena, California, hasta el complejo de comunicaciones que la NASA tiene instalado en Robledo de Chavela en Madrid, desde allí viajó a una velocidad de 300.000 kilómetros por segundo en dirección a la Estrella Polar.

Un hecho simbólico, porque para poder escuchar la canción se debe contar con una antena receptora y un convertidor de señal, algo similar a la TV por satélite. Lo que no se ha publicado jamás es la cantidad de derechos de autor que pudo generar esa difusión interestelar.

KISS: El cómic con sangre entra

En septiembre de 2018, KISS aparecieron en el programa de televisión yanqui *America's Got Talent*, interpretando el clásico «Detroit Rock City». Al terminar el tema Paul Stanley hizo el siguiente anuncio: «Esta va a ser nuestra última gira. Va a ser la más explosiva y grande que hemos hecho. Fans que nos quieren, vengan a vernos. Si nunca nos han visto, este es el momento. Esta última gira será nuestro mayor y más explosivo espectáculo para agradecerles a todos y decir adiós. Haremos todas las noches inolvidables. Mi gratitud a todos». Por su parte, Gene Simmons agregó en su cuenta de Instagram: «Será un tour que durará tres años, con paradas en todos los continentes».

KISS ya anunciaron en el 2000 su retirada en una gira de dos años, pero cuando esta terminó, siguieron cayendo conciertos y no se acordaron de lo prometido. Para saber si End Of The Road será su último tour, deberemos esperar hasta el año 2021 para comprobarlo, por el momento tenemos dudas razonables de que simplemente sea un bulo comercial.

Porque no nos engañemos, KISS es al rock lo que Disney es a la industria del entretenimiento. No hay, ni habrá, una banda que haya sacado más rentabilidad al negocio musical, mercantilizando un sinfín de licencias de *merchandising*, con muñecos, figuras articuladas, estatuas, gorras, tazas, camisetas, dibujos animados, telefilms, productos de todo tipo... se calcula que solo en beneficios del *merchandising*, sin tener en cuenta los royalties de los discos y el montante de sus conciertos, la banda ha generado más de 1.000 millones de dólares.

Dentro del catálogo de *merchandising* de KISS, también podemos encontrar los cómics, donde han trabajado con diferentes editoriales para publicar historias ficticias sobre los cuatro héroes de la banda. Image, Dark Horse, Platinum Studios, Archie, o IDW que ha sido la última editorial con la que han trabajado.

Pero sin duda alguna la etapa más brillante en el mundo del cómic fue la que les unió a la empresa de Stan Lee, Marvel Comics, dando pie a una de las numerosas leyendas que giran alrededor de la banda. KISS imprimió un cómic con su propia sangre como tinta.

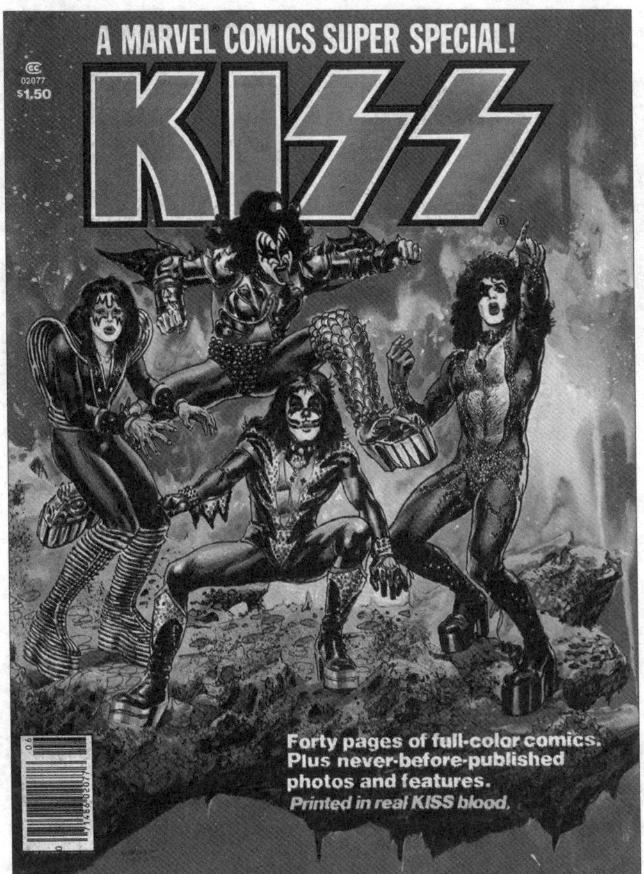

Marvel Comics Super Special #1 KISS

La primera aparición de KISS en Marvel tuvo lugar en los números 12 y 13 de *Howard The Duck*, en mayo y junio de 1977, donde surgen en una alucinación del protagonista que recorre tres páginas.

La segunda aparición es la más importante de todas. KISS llegó a un acuerdo con Marvel para editar un cómic donde la banda fuera la protagonista, narrando el supuesto origen de la formación, con aires fantásticos y extraterrestres, como no podía ser de otra manera.

Marvel Comics Super Special #1 KISS se editó en septiembre de 1977, siendo rápidamente superventas, primero porque los fans de KISS consumían todo lo que se les presentaba con el logo de la banda, pero también por la magnífica campaña de promoción que Marvel y la banda organizaron para la publicación del mismo.

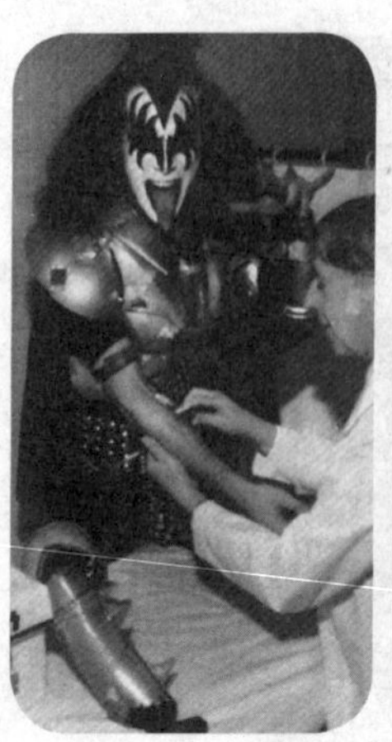

En la portada se podía leer la leyenda «Printed in real KISS blood», algo que si bien era cierto, resultó simplemente ser una patraña comercial. Marvel lanzó un comunicado en el que aseguraba que los miembros de la banda, en un acto de generosidad para con sus fans, habían donado su sangre para imprimir el cómic. Se publicaron fotografías de una extracción de sangre de los cuatro componentes en un acto que supuestamente estuvo avalado ante notario y que visto desde la distancia la sala donde se realizó parece un zulo de contrabandistas más que una clínica mínimamente higiénica.

La segunda demostración ante la prensa sería la publicación de una serie de imágenes, donde los personajes de KISS volcaban su ofrenda sanguínea en el bidón de tinta roja que iba a ser utilizado para imprimir el cómic. De ser cierta la leyenda, se trataba de un insignificante tubo de sangre por músico, volcado en un bidón de al menos 200 litros de tinta. La posibilidad de que el cómic comprado contuviera sangre de los ídolos era remota, pero la idea fue suficiente para que se vendieran miles de copias, en una promoción realmente brillante.

En 1978 y 1996 se editaron nuevos cómics bajo el sello Marvel y con KISS como protagonistas. En el último de ellos, *KISSNATION #1*, la banda se entrelaza con los famosos X-Men, fetiche preferido de Marvel durante los noventa. No sería de extrañar, que marchen o no de los escenarios, aparezcan en una de las entregas cinematográficas de la serie X-Men... y con esta conjetura no quiero dar pie a otra leyenda urbana.

Debbie Harry sobrevivió a Ted Bundy

Algunas de las leyendas urbanas de este firmamento rockero no se sostienen de pie si no son agarradas con pinzas, sin embargo se mantienen vivas y dando guerra sin que la demostración palpable de que son mentiras les afecte lo más mínimo.

Se cuenta que Debbie Harry, cantante y líder de Blondie, tuvo un incidente peligroso con el asesino en serie Ted Bundy.

Ted Bundy, cuyo verdadero nombre era Theodore Ted Robert Cowell Bundy, fue uno de los asesinos en serie más célebres de Estados Unidos. Autor confeso de 33 asesinatos de mujeres, por lo que fue condenado a muerte, se cree que su macabra lista de feminicidios supera las 100 víctimas. Bundy fue detenido el 16 de agosto de 1975, pero se escapó de prisión en dos ocasiones y siguió asesinando mujeres jóvenes. Durante los diferentes juicios celebrados, siempre declaró su inocencia, pero para retrasar su ejecución fue declarándose culpable en cuentagotas e incluso consiguió que las familias de las víctimas desaparecidas interpelaran a su favor para sí poder encontrar sus cadáveres. Finalmente, el 24 de enero de 1989 fue ejecutado en la silla eléctrica.

Ted Bundy siendo escoltado fuera del tribunal en el condado de Pitkin, Colorado.

Según la propia Debbie Harry, años antes de formar Blondie estuvo a punto de ser secuestrada por Bundy, en un relato que ella misma describió para *The Sunday Telegraph*: «Eran las dos o las tres de la madrugada y no podía encontrar un taxi. Se acercó un coche y se ofreció a llevarme. Una vez dentro del coche, me di cuenta de que no había manillas por la parte de dentro, lo que me puso en guardia. No sé cómo lo logré, pero conseguí sacar la mano a través de la ventanilla y abrir la puerta desde fuera. Siempre digo que fue mi instinto el que me salvó».

Curioso es que Blondie se formó en 1974 en Nueva York, alrededor de la escena *underground* del mítico CBGB, si es cierto que el ataque de Bundy fue años antes de que la banda se formara, no se le conocen antecedentes criminales previos. Su primera víctima fue el 4 de enero de 1974, Joni Lenz, una estudiante de 18 años, a la que golpeó con una barra metálica y violó, dejándola malherida, sobreviviendo con graves daños cerebrales.

Anteriormente a ese lamentable hecho, Ted Bundy era un ciudadano modélico, había estudiado en la Universidad de Washington, quería terminar Derecho e incluso había sido condecorado por la policía de Seattle por salvar a un niño de tres años de morir ahogado. No se le conoce actividad previa en Nueva York... seguramente Debbie Harry se equivocó.

El coleccionista de huesos

Michael Jackson es para muchos el Rey del Pop, etiqueta que pocos, ni siquiera los detractores, se atreven a cuestionar. Murió con 50 años y más de 45 años de carrera musical, ya que comenzó en 1964 bajo la batuta de su padre en Jackson 5.

Además de poseer una carrera repleta de éxitos, con una discografía envidiable que recorre parte de la historia de la música negra americana, Jackson ha sido uno de los personajes más controvertidos, excéntricos y estrambóticos del mundo del *show business*.

Se han escrito libros enteros con sus obsesiones, traumas o leyendas urbanas, manipuladas o tergiversadas hasta el ridículo. Fue objeto predilecto de la prensa amarillenta y sensacionalista, alimentada por un comportamiento casi infantil que le aportó más de un disgusto.

Su consabido síndrome de Peter Pan, su obsesión por la cirugía estética, el cambio del color de su piel: han echo correr ríos de tinta con las más inverosímiles lecturas. Su relación con los niños, incluyendo denuncias por acoso sexual, incluso tras su muerte; el que fuera su médico privado, y a la postre condenado por negligencia en el caso de su muerte, se ha regodeado con ese tema.

La propia muerte del astro del pop, sus problemas financieros, su pavor por ser espiado, sus extravagancias personales como el poner apodos a sus hijos para protegerles del mundo exterior, que todo ser humano menos su madre debiera pedir cita previa para hablar con él, o contar con amantes cuyos nombres no conocían ni su equipo privado de seguridad, no dejan de ser historias, ciertas o no, que han contribuido al crecimiento de esa enorme burbuja llamada Michael Jackson.

Sin embargo, lo que más me fascina del personaje de Jackson es que, a pesar de su enorme egolatría, siempre ha perseguido parecerse o identificarse con una serie de ídolos que han hecho mella en su personalidad y por los que ha sido capaz de realizar verdaderas barbaridades. Tres de ellos son Elvis, The Beatles y El Hombre Elefante.

La admiración de Jackson por todos los que podría considerar más grandes que él era más que evidente. Elvis Presley fue uno de sus ídolos y el 26 de mayo de 1994 se casó en La Vega, República Dominicana, con la única hija del Rey del Rock, Lisa Marie Presley.

Paul y Michael, de inseparables amigos a terribles enemigos.

Una boda secreta, llevada en la más absoluta privacidad, en un momento en el que Lisa acababa de salir de un divorcio traumático con Danny Keough, por el pleito por la custodia de sus hijos. Mientras, Michael Jackson estaba siendo investigado por supuestos abusos sexuales a menores. Todo se disolvió en menos de dos años, ya que se divorciaron el 1 de mayo del 1996, en lo que para muchos fue una maniobra publicitaria, pero para otros un nuevo episodio de obsesión y coleccionismo de Jackson.

Con los Beatles tenemos otro ejemplo de cómo Jackson conseguía casi todo lo que se proponía y no le importaba por dónde tuviera que pasar. Jackson y Paul McCartney eran amigos cuando grabaron juntos temas como «The Girl is Mine» y «Say Say Say». Paul le confesó que había intentado recuperar los derechos de las canciones que él y Lennon habían compuesto y que eran propiedad de ATV Music, pero que era imposible porque pedían que comprase la compañía al completo por 40 millones de dólares. Paul aconsejó a Jackson que vigilase sus derechos, que podría pasarle como a él, que cada vez que tocaba un tema suyo en el escenario pagaba por ello, y le puso ejemplos como los de Buddy Holly o Carl Perkins.

En agosto de 1985, Michael Jackson compraba ATV Music con todo el catálogo de The Beatles por 47 millones de dólares, en secreto y sin informar a su amigo Paul McCartney, quien consideró la maniobra como una traición y jamás volvió a tener contacto con Jackson. El exBeatle siguió luchando por conseguir los derechos de sus canciones, los cuales recuperará, tras años de demandas, recursos y juicios, durante la edición de este libro, en octubre de 2018. Tras la muerte de Jackson, Sony compró a los herederos de Michael Jackson la compañía por 750 millones de dólares, con lo que nos podemos hacer una idea de la intensidad del malestar de Paul McCartney con su antiguo amigo.

Termino con el tercer icono que impresionó a Michael Jackson, y que pasó a ser objetivo de su colección, Joseph Carey Merrick, también conocido como El Hombre Elefante.

Jackson se quedó fascinado cuando, en 1987, realizó un pase privado en Neverland del film de David Lynch *El Hombre Elefante* (1980), protagonizado por John Hurt y Anthony Hopkins. Jackson se sintió identificado por el personaje de Hurt, que interpretaba a John Merrick (verdadero nombre Joseph), un ciudadano inglés que se hizo popular por las terribles malformaciones que padeció desde la más temprana infancia. Tras la muerte de su madre y el desprecio de su progenitor, Merrick se exhibió como monstruo de circo, para el deleite de curiosos e incrédulos. Su cuerpo sufrió enormes malformaciones en cabeza y extremidades, parecidas en algunos casos a partes de un elefante, de ahí el apodo, siendo en realidad el síndrome de Proteus, en el caso más grave que se ha registrado hasta el momento.

Cuando estaba siendo exhibido en Londres, enfrente del Royal London Hospital, lo vio por primera vez el Dr. Frederick Treves, quien se convirtió en su médico y amigo, consiguiendo que pasara el resto de su vida en una habitación del hospital. Merrick se dedicó a leer y escribir, sobre todo novelas románticas, pero sorprendió a la sociedad de Londres por su educación y cultura. La película de Lynch muestra la brutalidad con la que era tratado Merrick, tratándolo como un animal en lugar de una persona. Esto es lo que produjo el crecimiento de un cordón umbilical entre Merrick y Jackson, quien a su vez también se sentía cuestionado y tratado como un bicho raro, más que como un ser humano.

Michael Jackson se obsesionó por Joseph Merrick, compró y devoró infinidad de libros que hablaban sobre él y su enfermedad. Llegó a saber todo sobre Merrick, incluso se desplazó al Medical College del

Réplica del esqueleto de Joseph Merrick en
el Royal London Hospital Museum.

Hospital de Londres, junto con su mánager, Frank Dileo, para poder visitar los huesos de Joseph Merrick, guardados desde su muerte en 1890. Fue en esa visita cuando Jackson le comentó a Dileo: «Cierto es que me gustaría tener esos huesos en casa. ¿No estaría bien ser su propietario?», dejando asombrado al mánager que le intentó hacer ver que era una locura, pero Jackson ya tenía una pieza más en mente para su colección: «Por eso mismo lo tenemos que hacer».

Frank Dileo ofreció medio millón de dólares a la dirección del hospital por los huesos de El Hombre Elefante, recibiendo una negativa por única respuesta. No se sabe cómo, pero la noticia llegó a la prensa, que no hizo otra cosa que comenzar una nueva campaña de mofa y derribo de Jackson, al que pasaron a llamar despectivamente Wako Jacko (Jacko el Perturbado).

Disgustado porque la prensa se hubiera hecho eco de la intención de comprar el esqueleto, Jackson obligó a Frank Dileo a realizar una oferta seria de compra, con la que dejaría sin palabras al mundo de la prensa amarilla. Frank ofreció a la institución médica un total de un millón de dólares, pero no consiguió su objetivo. Durante un periodo Michael Jackson fue el hazmerreír de los periódicos de informativos de radio y televisión; hasta que su madre, Katherine Jackson, única persona que tenía autoridad sobre el artista, le ordenó retirar la oferta, acusando a Dileo de haber conseguido que el público piense que su hijo era un idiota.

Jackson se quedó sin la pieza más preciada de su colección, aquella que le recordaba que a él también le trataban como a un monstruo. Hay quien dice que cuando Jackson salía con la cara tapada, para eludir a la prensa, se parecía a cuando el personaje interpretado por John Hurt se tapaba con un saco para no ser objeto de burlas y mofas. Posiblemente, Jackson solo quería los huesos para poder gritar como Merrick: «No, yo no soy ningún monstruo, no soy un animal, soy un ser humano, soy un hombre».

Hemos terminado el libro con el Rey del Pop, todo un obsesivo compulsivo. Hemos tenido depravados, asesinos, accidentes, maldiciones, conjuros y pactos satánicos, muertos con vida y muertos que posiblemente estén vivos y coleando. Lo importante es saber, que si la ruleta sigue girando, las leyendas urbanas mutarán y dentro de unos años tendrán otro aspecto. Por eso no debemos obsesionarnos y tomarlas como lo que son en realidad... un producto de la imaginación colectiva.

BIBLIOGRAFÍA

ARTIUMS PYLE & DEAD GOODMAN, *Street Survivor: Keeping the Beat in Lynyrd Skynyrd. Leonard Corporation*, Hal, 2017

BIANCIOTTO, JORDI, *Deep Purple. La Saga*, Quarentena, 2013BOTEACH, SHUMULEY, *The Michael Jackson Tapes*. Vanguard Press, 2009

BRANT, MARLEY, *Freebirds: The Lynyrd Skynyrd Story*. EPBM, 2006

CASH, JOHNNY, *Cash: The Autobiography*, HarperOne, 2003

COLE, RICHARD, *Stairway to heaven: Led Zeppelin uncensored*. HarperCollins, 1992

CLAPP, RODNAY, *The Johnny Cash and The Great American Contradiction*. WJKBooks, 2008

DES BARRES, PAMELA, *I'm with the Band: Confessions of a Groupie*, Chicago Review Press, 2005

DAVIS, STEPHEN *Hammer of the gods*. William Morrow & Co, 1985

DOMENECH FEDI, JOSÉ M. *La música del Diablo. Historia del blue británico*, Curbet Edicions, 2012

FERNÁNDEZ, CARLOS, *Deep Purple. Made In japan. El directo que cambió la historia del rock*, Quarentena, 2014

GUINN, JEFF, *Manson. The life and times of Charles Manson*, Simon & Schuster, 2013

HILBURN, ROBERT, *Johnny Cash*. Es Pop Ediciones, 2018

HOPKINS, JERRY & SUGERMAN, DANIEL, *No One Here Gets Out Alive: The Biography of Jim Morrison*, Plexus Publishing Ltd, 1991

JOPLIN, LAURA, *Love Janis*, Bloomsbury, 1992

LENAIN, THIERRY, *Un pacto con el Diablo*, Fondo de Cultura Económica, 2017

LOPÉZ POY, MANUEL, *Camino a la libertad. Historia social del blues*, Bad Music Blues, 2009

LOPÉZ POY, MANUEL, *Mitos del rock'n'roll. Pink Floyd*, Ma Non Troppo, 2017

LUCKMAN, MICHAEL C *Alien Rock: The Rock'n'roll Extraterrestrial Connection*. Pocket Books, 2005

MARSHALL, JIM, *Not Fade away: The Rock and Roll Photography*. Bulfinch Press,U.S.,1997

MARSHALL, JIM, *Johnny Cash at Folsom & San Quentin*. Reel Art Press, 2018

OZZY OSBOURNE & CHRIS AYRES. *I Am Ozzy*. Grand Central Publishing. 2010

PRIETO, MIGUEL ANGEL, *La música del Diablo: Satanismo, maldiciones y leyendas negras del rock*, Factoria del sur, 2015

PRESLEY, PRISCILA, *Elvis and me*, Arrow Books, 1986

SIERRA I FABRA, JORDI, *Cadáveres bien parecidos*, Ultramar Editores, 1987

SIERRA I FABRA, JORDI, *La guitarra de John Lennon*, Timun Mas, 1990

SIERRA I FABRA, JORDI, *En busca de Jim Morrison*, Timun Mas, 1990

SIMMONS, GENE, *KISS And Make-Up*. Three River Press, 2002

STRATTON, STEPEHEN S, *Nicolo Paganini. His life and work*, Street Lib White, 2016

STOCKDALE, TOM, *Jimi Hendrix. They Died Too Young*, Parragon Book Ltd, 1995

WILLIAMSON; NIGEL, *The Dead Straight Guide to Led Zeppelin*, Red Planet, 2014

Playlist en Spotify

Si quieres escuchar algunas de las canciones que hacen referencia a las historias de este libro aquí tienes un link que te conducirán a ellas:

https://open.spotify.com/user/badmusic/playlist/6l1lbwFxCne5mzptue5jRI

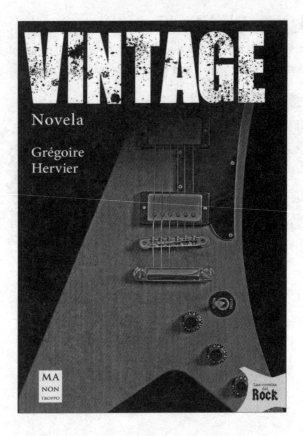